乡村振兴战略下
农村科技创新体系构建

徐颀强　王文彬　著

科 学 出 版 社
北　京

内 容 简 介

本书以构建适应乡村振兴需求的科技创新体系为目标，在科学界定农村科技创新体系内涵和系统梳理新中国成立以来我国农村科技创新工作演变的基础上，精准审视当前农村科技创新工作所面临的多重困境及深层病因，并积极结合国内外科技创新工作的有益探索经验，试图提出构建农村科技创新体系的突破口、解决方案、构建原则和建设路径。

本书可供高等院校本科生、研究生使用，也可供党政部门公务员、研究机构人员、培训人员等阅读参考，还可以作为农村科技创新工作继续教育学习的教材和广大农村问题研究爱好者的参考用书。

图书在版编目（CIP）数据

乡村振兴战略下农村科技创新体系构建 / 徐顽强，王文彬著. —北京：科学出版社，2022.10

ISBN 978-7-03-070409-2

Ⅰ. ①乡… Ⅱ. ①徐… ②王… Ⅲ. ①农业技术-技术革新-研究-中国 Ⅳ. ①F323.3

中国版本图书馆 CIP 数据核字（2021）第 227168 号

责任编辑：徐 倩 / 责任校对：贾娜娜
责任印制：张 伟 / 封面设计：有道设计

科学出版社 出版
北京东黄城根北街 16 号
邮政编码：100717
http://www.sciencep.com
北京盛通商印快线网络科技有限公司 印刷
科学出版社发行 各地新华书店经销
*
2022 年 10 月第 一 版 开本：720 × 1000 1/16
2023 年 2 月第二次印刷 印张：13 1/4
字数：267 000

定价：136.00 元

（如有印装质量问题，我社负责调换）

前　言

党的十九大正式提出了乡村振兴战略[①]，不仅从国家战略设计层面确定了农业农村现代化的重要任务，而且也为破除“三农”难题提供了清晰的行动策略。从宏观上看，我国乡村面临着前所未有的发展机遇，全面推进系列振兴工作将变成长期性的国家任务。为此，各级党委、各级政府、社会组织及农民等多元主体都应快速明确自身在乡村振兴中的重要角色，清楚地认识自身的价值作用，并尽快投入到具体性的乡村建设发展进程中。在此过程中，如何科学有效地保证乡村振兴战略的快速落地？哪些工作应该成为推进乡村振兴工作的战略基点？怎样构建振兴乡村的重要支撑体系？这些问题都应成为政府部门和学术界的研究焦点，并需结合历史发展经验和实践探索，尽快给出相应的解决方案，进而理顺乡村振兴工作的开展思路。

实践证明，优势产业、科技支持和人才供应，正是推动乡村建设发展的重要依托。借助优势产业，既能夯实农业农村发展的物质基础，也能为其他事业发展提供充足支撑。而确保人才供应，不仅决定着乡村建设的正确发展方向，还有助于开展高效的乡村治理工作，更好地保存和发展各项乡村发展成果。相对来说，科技支撑对乡村发展的重要价值则得到的关注较少，这与科技的重要价值作用严重不匹配。事实上，优势产业发展和人才作用的发挥都高度依赖先进的科学技术，科技在很大程度上发挥着基础性的支撑作用。因此，本书明确提出：加速构建农村科技创新体系，为农民富裕、农业生产和农村发展提供充足的科技创新服务，理应成为推动乡村振兴工作的基础性支撑体系，农村科技创新工作也应成为实现农业农村现代化的战略基点。此外，依托农村科技创新服务，不仅能够提高乡村振兴的工作效率，还能保证实现高质量的乡村振兴图景。

本书主要围绕“构建服务乡村振兴战略的农村科技创新体系”展开，从战略价值识别、概念界定、历史发展梳理、现实困境扫描、成功经验借鉴、构建突破口选择及原则设定、多元主体参与、整体制度设计和配套政策制定等方面展开系统论述。从整体上看，基于乡村振兴战略的工作需求和时代环境推动，亟须加速构建农村科技创新体系，为乡村“产业兴旺、生态宜居、乡风文明、治理有效、生活富裕”等任务提供充足的科技创新服务，并帮助培育农业农村的发展竞争力。

---

① 习近平：决胜全面建成小康社会 夺取新时代中国特色社会主义伟大胜利——在中国共产党第十九次全国代表大会上的报告[EB/OL]. http://www.gov.cn/zhuanti/2017-10/27/content_5234876.htm[2021-10-10].

具体而言，在结合创新和科技创新概念的基础上，可以清楚界定农村科技创新的科学内涵，进而明确农村科技创新的构成要素和有关类型；为了更加精准地认识我国农村科技创新工作，本书尝试对新中国成立以来的农村科技创新历程进行分段梳理，并尽可能地总结出各个阶段的重要贡献和工作不足；结合我国农村科技创新工作现实情况，精准归纳当下农村科技创新的多重困境和核心病症，进而明确构建农村科技创新体系的行动方向；全面剖析国内外的农村科技创新尝试探索，总结出多种创新模式和成功经验，能为我国不同区域构建农村科技创新体系提供相应的方案选择和经验借鉴；引入科学管理知识，既能明确完善我国农村科技创新工作及体系的突破口和解决思路，也能结合乡村振兴的实际需求，科学设定实际工作中的构建原则；在发挥政府主导作用的同时，也要更加强调新型农民职业、农业企业、农业生产合作社和社会组织的重要作用，为构建农村科技创新体系培育强有力的行动者联盟；为了系统科学地推进农村科技创新体系建构工作，不仅要从全局角度构建系统性的工作制度，并推动各项制度在实际工作中精准下沉，还要结合制度落地需求和现实要求，不断出台和优化完善相关的配套制度。

相较于其他更加关注技术性内容的研究来说，本书更加强调构建农村科技创新体系的科学性和系统性。在科学分析乡村振兴战略这个宏观背景的基础上，本书尝试从公共管理学角度，并借鉴社会学、经济学等学科的相关知识，尝试精准剖析整体性建构工作的横截面，试图将“农村科技创新体系”作为一只麻雀，进而科学展示各项建构工作的实际内容和行动要求。总的来说，本书不仅希望为本领域增加较为丰富的研究素材，同时也希望能够为其他研究者提供可以参考的研究框架和思路。

徐顽强

2021 年 12 月

目　录

第一章　乡村振兴呼唤农村科技创新

党的十九大报告正式提出了实施乡村振兴战略，要求“坚持农业农村优先发展，按照产业兴旺、生态宜居、乡风文明、治理有效、生活富裕的总要求，建立健全城乡融合发展体制机制和政策体系，加快推进农业农村现代化”①。在此时代背景下，我们既要科学认识乡村振兴的战略价值，也要明确乡村振兴战略的重要着力点。创新是农业经济发展的战略支撑，必须发挥科技创新在实施乡村振兴战略中的关键作用，以创新驱动乡村振兴发展②。因此，实施乡村振兴战略必然呼唤加速构建农村科技创新体系、科学有序地开展各项科技创新工作。

第一节　乡村振兴的战略价值

科学审视乡村振兴战略的重要价值，不仅能够明确推动乡村振兴的任务目标，也有助于清晰指明实施乡村振兴战略的行动方向。当前，虽然我国已经全面建成小康社会，但从城乡比较的角度来看，我国许多乡村发展仍然相对迟滞，亟待全面高效地实施乡村振兴战略。乡村振兴战略的高质量落地，也关系我国全面小康成色的进一步提高。从战略落地的微观操作角度来看，加快实施乡村振兴战略，能够从根本上消除城乡发展不平衡、不充分的难题，以有效突破城乡二元对立格局，最终促进城乡融合发展。与此同时，借助乡村振兴工作的科学规划设计，也能够翔实描绘新时代乡村建设发展的全新图景。

一、进一步提高全面小康成色

2021 年 7 月，习近平在天安门广场举行的庆祝中国共产党成立 100 周年大会上宣告：“经过全党全国各族人民持续奋斗，我们实现了第一个百年奋斗目标，在

---

① 习近平：决胜全面建成小康社会 夺取新时代中国特色社会主义伟大胜利——在中国共产党第十九次全国代表大会上的报告[EB/OL]. http://www.gov.cn/zhuanti/2017-10/27/content_5234876.htm[2017-12-03].

② 乡村振兴：出路是科技 活力在创新[EB/OL]. http://www.ce.cn/xwzx/gnsz/gdxw/201803/30/t20180330_28671196.shtml[2018-03-30].

中华大地上全面建成了小康社会，历史性地解决了绝对贫困问题。”[①]但我们依然要看到，我国还存在着许多区域发展相对不均衡的现象，仍需开展更高质量、更广范围的建设工作。其中，城乡差距、城乡发展失衡，不仅是许多地方面临的现实难题，也是下一步的工作重点。为此，我国大力实施乡村振兴战略和城乡融合发展战略，就是希望进一步改善全国区域发展不均衡的问题。从这个角度说，我们可以认为全面实施乡村振兴战略，既能快速回应乡村社会建设的发展诉求，也有助于进一步提高全面小康成色。

习近平指出“农业强不强、农村美不美、农民富不富，决定着全面小康社会的成色和社会主义现代化的质量”[②]。为此，在实践中一定要深刻认识实施乡村振兴战略的重要性和必要性，扎扎实实把乡村振兴战略规划好、实施好。当前，我国城乡差距过大和乡村建设发展缓慢难题仍旧比较突出，严重阻碍着我国经济社会的高质量建设步伐。为此，在进一步巩固和拓展全面小康社会建设成果的过程中，必须重点关注乡村建设发展。借助乡村振兴战略的快速落地，在乡村地区开展产业振兴、人才振兴、组织振兴、文化振兴和生态振兴工作，有望从根本上改变农村发展面貌，从而尽可能地消除全面小康社会中的不均衡问题。从全局来看，乡村振兴战略的成效如何，关系乡村地区能否获得长足进步和发展，快速推进乡村振兴战略的科学实施，精准推进各项振兴实践工作，已经成为进一步提高全面小康成色的必然选择。

二、及时破除城乡二元对立格局

当前，城乡二元对立矛盾仍然相对突出，不仅影响着我国经济社会的均衡发展，甚至还在一定程度上影响到社会稳定。在城乡失衡关系中，乡村地区长期处于劣势地位，城市发展速度远超农村，如果任其持续发展下去不加以调控，必然会加剧统筹城乡发展的难度。尤其是进入 21 世纪以来，“三农”问题引起了历届政府和全社会的高度关注，如何保证农业发展、农村稳定和农民富裕始终是影响国家建设发展的重大命题。党的十九大全面着眼国家发展需求，提出实施乡村振兴战略，这既能够为乡村建设发展提供科学指导，加快乡村发展进程，也有助于及时破除城乡二元对立格局。为了支持乡村振兴战略的快速落地，中共中央通过发布一号文件等方式对各项振兴工作做出了重要部署，并明确指出了消除城乡差距的新要求。2018 年 2 月，国务院公布了 2018 年中央一号文件，即《中共中央 国务院关于实施乡村振兴战略的意见》，文件明确提出“到 2020 年，乡村振兴取得

① 习近平庄严宣告：在中华大地上全面建成了小康社会[EB/OL]. https://www.12371.cn/2021/07/01/VIDE1625100754586814.shtml[2021-07-01].

② 写好乡村振兴大文章[EB/OL]. http://theory.people.com.cn/n1/2018/0309/c40531-29857325.html[2018-03-09].

重要进展，制度框架和政策体系基本形成”“农民增收渠道进一步拓宽，城乡居民生活水平差距持续缩小”[①]。2019 年 2 月，国务院公布了 2019 年中央一号文件，即《中共中央 国务院关于坚持农业农村优先发展做好“三农”工作的若干意见》，指出“全面提升农村教育、医疗卫生、社会保障、养老、文化体育等公共服务水平，加快推进城乡基本公共服务均等化”[②]。

事实上，加快实施乡村振兴战略，促进乡村的快速发展，也正是偿还乡村发展缓慢的历史欠账。自新中国成立以来，乡村长时间担当着“牺牲者”的角色，为国家经济社会建设发展做出了巨大贡献，但同时也造成了自身发展的迟滞与落后。新中国成立初期，我国采取了优先发展重工业的经济发展战略，而乡村为工业发展提供了充足的原材料和劳动力，为我国快速建立基本工业体系提供了充足的支持。伴随着发展资源的不断流失，再加上我国农业生产水平相对较低，都使得乡村地区发展比较迟缓。改革开放以后，城市化和工业化成为经济社会建设的重点内容，各级政府先后制定了大量倾向于城市发展的相关制度与政策，这使得乡村地区所能获得的发展支持也比较少，并最终导致城乡发展差距的不断加大。以发展资源为例，城市拥有更加适宜的资源集聚环境与吸纳氛围，同时也能为各项产业的发展壮大提供更加有力的支持，而乡村地区则很难赢取发展资源的注入和扩充。与此同时，城市借助丰厚的经济实力，不仅大大加速了城市基础设施建设，还不断提高着城市居民的生活水平，进一步加大了城乡发展差距，这也在很大程度上吸引着农民入城而居。基于长时段审视上述问题，我们可以在很大程度上认为这是一笔历史欠账，亟待通过政策支持和调整来帮助乡村重获新的发展机遇，最终消除城乡发展失衡问题。

同时，借助乡村振兴战略的实施，快速改变乡村建设发展风貌，也有助于推进城乡统筹和一体化建设。在开展社会主义新农村建设以来，许多农村风貌和农民生活水平都有明显改善，但城乡发展差距悬殊的事实仍未根本改变；再加上“三农”问题在新的历史环境中不断呈现出的新表现和新特征，更加成为阻碍农业农村现代化建设的典型难题。在此背景下，城乡统筹进展较为缓慢，难以匹配提高小康成色的发展要求。为此，为了快速激发乡村地区的发展潜力，尽快消除城乡发展差距，我国正式提出了乡村振兴战略，将乡村放置到与城市同等重要的地位，这必然会为乡村建设发展创造良好条件。借助各级政府的科学指导和多元主体的共同参与，既能为乡村建设发展提供充足的资源供给，也能加快乡村建设的发展速度；通过乡村地区的内生性发展，也可以大幅度降低城市援助

① 中共中央 国务院关于实施乡村振兴战略的意见[EB/OL]. http://www.gov.cn/zhengce/2018-02/04/content_5263807.htm [2018-02-04].

② 中共中央 国务院关于坚持农业农村优先发展做好“三农”工作的若干意见[EB/OL]. http://www.gov.cn/zhengce/2019-02/19/content_5366917.htm[2019-02-19].

压力，进而更加关注选择合适有效的城乡统筹发展模式，最终彻底破除城乡二元对立格局。

三、科学规划农村建设发展图景

党的十九大报告指出，“按照产业兴旺、生态宜居、乡风文明、治理有效、生活富裕的总要求，建立健全城乡融合发展体制机制和政策体系，加快推进农业农村现代化”。①这正是对农村建设发展图景的科学规划。与新农村建设的总要求相比，乡村振兴的二十字总要求不仅体现在字面调整上，更体现在内涵深化上，可以说是新农村建设的升级版②。具体来说，就是要将这二十字总要求贯穿乡村振兴工作始终，以促进农业农村现代化为根本宗旨，全面有效地开展新时代的乡村建设发展工作。

实现产业兴旺主要是指在乡村地区培育具有较强竞争力的现代农业，实现农村产业繁荣与经济高质量发展。当前，受到农村人口外流及农用物资成本不断提高的影响，务农收益相对较低，难以真正吸引农民参与农业生产建设。而我国农产品资源种类较为丰富，具有发展特色农业的显著优势，亟待通过推进产业化经营等方式，构建内容丰富的大农业格局。借助产业兴旺工作，既能为农村发展和农民生活水平提高提供充足的物质基础，也能为其他方面的乡村建设发展提供有力保障。因此，部分学者认为产业兴旺正是实施乡村振兴战略的重要基石。生态宜居，正是对美丽乡村建设的有效回应。在以往的农业生产过程中，存在着过度使用化肥等农用物资的现象，造成了一些地区的土壤污染、水污染等问题，这在一定程度上影响了新农村建设与持续发展。在此状况下，现有的农村生态环境很难为各项农村建设发展工作提供良好载体，因此亟待高度重视生态宜居问题的快速解决。乡风文明主要指在农村重建符合乡土社会发展诉求的文化规范体系。抓好乡风文明建设既是为我国乡村建设创造良好氛围的必然要求，也是推动新时代乡村振兴落地的重要内容。实施乡村振兴战略，不仅要让农民腰包鼓起来，住上好房子，还要让农民的精神生活充实起来，活出好面貌③。为此，不仅要为农村发展培育出一套行之有效的村规民约等约束规则，也要充分发挥新乡贤群体的带动作用与引领价值。治理有效则是加速推进乡村治理能力和治理体系现代化的发展进程。乡村作为国家治理的重要基础阵地，理应重点关注其治理能力建设，既要科学推进乡村自治工作，确保各项自治任务的按时完成，也要积极开展基层民主

① 习近平：决胜全面建成小康社会 夺取新时代中国特色社会主义伟大胜利——在中国共产党第十九次全国代表大会上的报告[EB/OL]. http://www.gov.cn/zhuanti/2017-10/27/content_5234876.htm[2017-12-03].

② 叶兴庆. 2018. 新时代中国乡村振兴战略论纲[J]. 改革，(1)：65-73.

③ 夏锦文. 2018-12-28. 以乡风文明引领乡村振兴[N]. 经济日报，(9).

政治创新，为乡村振兴创造稳定和谐的政治环境。生活富裕则是实现乡村振兴的最终目标，不仅要建设美丽的乡村，也要不断提高农民的生活水平。总的来说，农民的人均收入水平较低，很难快速有效地改变自身的生活状况。与此同时，农民群体所享有的公共服务与产品也远低于城市水平，这些问题都有待于借助乡村振兴战略的实施来彻底解决。

在实施乡村振兴战略的进程中，只有紧扣二十字总要求，按照乡村建设发展要求高质、高效地完成各项建设任务，才能真正实现农业农村现代化目标。总体来看，产业兴旺、生态宜居、乡风文明、治理有效、生活富裕这五个方面是相互联系、有机统一的整体，统一于乡村振兴的整个过程中，产业兴旺是乡村振兴的有力支撑，生态宜居是乡村振兴的关键环节，乡风文明是乡村振兴的维序基础，治理有效是乡村振兴的基本保证，生活富裕是乡村振兴的目的①。

第二节　以农村科技服务乡村振兴

在推进各项乡村振兴工作时，亟待寻找有利的工作支撑点。历史发展经验证明，人才与科技是开展乡村建设的重要依托。其中，科学技术与创新正是实现农村跨越式发展的重要工具。实施乡村振兴战略，面临发展生产、提高生活、改善生态等重要任务，迫切需要加快科技进步。发达国家的成功经验告诉我们，科技创新是提升农业生产率与推进农业农村现代化发展的根本动力。发挥科技创新在乡村振兴战略中的支撑作用既是中央提出的明确工作要求，也是践行“三农”发展路径的必然要求②。有学者指出，借助科技创新支撑乡村振兴，要围绕产业兴旺、生态宜居等具体目标开展工作，这也能够为乡村振兴注入关键动能③。此外，不断完善农村科技创新体系，强化农村科技创新服务，也有助于增强农村发展的竞争能力，并持续服务于乡村振兴工作。

一、助力农村产业兴旺

实现乡村产业兴旺，关系国计民生和国家发展全局，是加快农业转型升级的必然要求，是农民就业增收的主要途径，是乡村全面振兴的经济基础④。为此，在全面推进乡村振兴工作的过程中，必须高度注重培育农村产业，提高农村的经济

---

① 郭晓鸣，张克俊，虞洪，等. 2018. 实施乡村振兴战略的系统认识与道路选择[J]. 农村经济，(1)：11-20.

② 王志刚. 2018. 走创新驱动乡村振兴发展道路[J]. 智慧中国，(8)：29-31.

③ 王书华，郑风田，胡向东，等. 2018. 科技创新支撑乡村振兴战略[J]. 中国科技论坛，(6)：1-5.

④ 吴海峰. 2018. 乡村产业兴旺的基本特征与实现路径研究[J]. 中州学刊，(12)：35-40.

实力。但当前，许多农村面临发展资源短缺，可用人才和劳动力不足等问题，迫切需要创新发展思路。而强化农村科技创新服务，正是助力农村产业兴旺的重要路径，不仅能够进一步挖掘农村发展资源价值，也能帮助农村调整产业结构，进而选择一条可持续的绿色发展道路。

首先，积极推广和应用科技创新服务，是农村摆脱资源短缺、科学技术支撑不足和寻找全新发展路径的重要选择，同时，这也能够不断为农村输入更加现代与绿色的发展要素。多数农村长时间担当资源输出者的角色，为我国经济社会发展做出了较大贡献，但同时许多乡村自身却都面临着发展资源短缺的硬约束。以农村土地资源为例，人均耕地面积较少、人地矛盾突出始终是限制农业发展的重大难题。特别是进入21世纪后，青壮年农民为了寻求更高的经济收入，纷纷选择外出务工，这也使得农村的劳动力资源和人才资源出现了严重短缺，同时还引发了比较严重的抛荒撂荒现象，这也造成了土地资源的进一步闲置与浪费，使农村发展面临更加严峻的资源短缺束缚。除此之外，我国农村产业发展还面临着科学技术支撑不足的显著短板。虽然我国初步建立了覆盖范围较广的农业技术推广网络，但仍然难以满足农民对科技服务的发展诉求，这也在很大程度上影响着我国农村产业的快速完善与发展。为此，在实现农村产业兴旺的过程中，亟待寻找全新的生产要素。而依托科学技术投入和创新服务，不仅能够化解较多的农业发展难题，也能帮助农村重新获得强有力的发展要素支持。特别是鼓励乡村大面积推广使用先进的科学技术，能够大幅度提高农业生产效率，有效促进现代农业的跨越式发展。

其次，不断完善农村科技创新体系，为农民提供充足的科技创新服务，也能够帮助他们更加有效地挖掘农村发展资源潜力，积极发展各种特色产业，进而丰富农村产业体系。总体看来，我国农村的农产品种类较多，但受到劳动力短缺和开发能力有限的双重制约，大量农产品的经济价值得不到充分开发，不仅造成了大量的资源浪费，而且也使得许多农村错失了发展特色产业的良好机遇。在实现农村产业兴旺的进程中，理应正确认识和深层次挖掘各种农产品资源，实现农村发展资源的价值最大化和农产品资源向经济价值的高效转化，帮助农民获得更多的经济收益。在此过程中，我们必须充分发挥农村科技创新服务的指导作用，真正让农业插上科技的翅膀。实践证明，许多乡村结合本地的农产品优势，并大胆借助先进的科技支撑，发展了许多较具竞争力的特色农业，并且有效丰富了农村产业体系。例如，许多乡村借助互联网技术，积极发展各种定制农业，为农村产业发展创造了多种可能性，最终构建了以现代农业为核心的大农业格局，为实现产业兴旺奠定了良好的基础。事实上，中央政府和学术界对农村发展资源的开发也提出了较多指导意见，这也为嵌入农村科技创新服务提供了有利机遇。2018年9月中共中央、国务院印发的《乡村振兴战略规划（2018—2022 年）》进一步指出要“深入发掘农业农村的生态涵养、休闲观光、文化体验、健康养老等多种功能和多重价值”①。在具体发掘农村功能和价值的过程中，既需借助农村科技创新服务的有力支撑，也要为各类科技人才参与农村建设发展提供宽广的舞台。

再次，积极借助农村科技创新服务，也有助于调整农村产业结构，不断提高农村经济效益。在传统乡村，农村产业以种植业、畜牧业为主，产业结构比较单一，所能获得的经济收益也比较有限。更有甚者，部分乡村的农业生产基础条件较差，还存在靠天吃饭的现象，这意味着传统的农业生产过程较为脆弱。因而，为了实现农村产业兴旺，必须尽快调整农村产业结构，提升农村产业的竞争力，真正帮助农民重拾发展农村产业的信心和积极性。就传统农业而言，亟待实现规模化生产经营，进而走向现代化的农业生产。为了发展现代农业，不仅需要先进的农业生产机械装备，而且需要强有力的科学技术服务。就当前的农村科技服务现状来看，很难完全满足农村产业的发展需求，也难以帮助调整农村产业结构。因而，必须加速完善农村科技创新服务体系，在农村地区下沉各种行之有效的科学技术，为农村产业发展注入更多的科技因素。整体来说，发展农村产业应优先发展现代农业，其次积极发展以特色加工、旅游等为代表的融合第一、第二、第三产业的特色产业。资源禀赋不同的城市郊区、近工业园区地区、农业基地示范区、欠发达山区等不同地区，可以因地制宜，走独具特色的产业发展之路②。当然，不同地区的发展资源存在显著差异，既要选择发展相应的特色产业，也需赢取针对性较强的科技创新服务。

最后，将大量农村科技创新服务注入农村产业发展中，也能够帮助农村走上一条绿色发展道路，最终实现农业农村的高质量发展。以往的农村产业发展往往高度依赖发展资源的不断投入，更多的是一种资源消耗型的发展模式，产业发展效率和效益都较低。以种植业为例，虽然我国粮食作物实现了连年增产增收，但也要清楚认识到化肥、农药等农用物资的使用量在逐年增加，如果不合理控制使用这些生产资料也极易造成农村土壤污染。为此，在实现农村产业兴旺的进程中，必须寻找一种绿色的生产模式，特别是应从源头上贯彻落实绿色发展理念，构建以绿色为鲜明底色的现代农业产业体系③。因此，必须积极寻找实现绿色发展的基础载体，而农村科技创新服务有望成为促进农村产业绿色发展转型的重要动力。依托农村科技创新服务，不仅能够科学有效地开发农村发展资源，也能系统高效地组织农业生产过程，尽可能避免资源浪费和环境污染。除此之外，借助农村科

① 马九杰，崔恒瑜. 2018. 农村自然资源价值实现和乡村振兴投融资创新[J]. 农村金融研究，（12）：7-13.

② 崔彩周. 2018. 乡村产业兴旺的特色路径分析[J]. 中州学刊，（8）：47-52.

③ 郭强，刘良军. 2018. 实现“乡村振兴”与“生态优先、绿色发展”的有机融合[J]. 中共成都市委党校学报，（6）：73-78.

技创新服务，还有助于消除各种落后的生产生活方式，实现生态宜居的目标。例如，鼓励农民使用绿色无污染的沼气进行生产生活，既能够实现发展资源的充分再利用，也能减少使用传统燃料所造成的环境污染，利用科学技术来创新农业农村的绿色发展之路。总之，积极完善农村科技创新体系，能够帮助农村产业走上一条绿色发展道路，最终促进农业农村的高质量发展。

二、增强农村发展竞争能力

农村科技创新在支撑产业兴旺的同时，也能够增强农村的发展竞争能力。在失衡的城乡关系背景下，农业农村不仅需要较强的发展能力，也需培育强有力的竞争能力。在此过程中，各种类型的人才和科学技术理应成为支持农村发展的重要因素，尤其是需要在农村下沉优质的农村科技创新服务。同时，实施乡村振兴战略也必然要求不断增强农村的发展竞争能力，为此，在农村构建科学有效的科技创新服务体系已经成为迫在眉睫的重要任务。为农村和农民提供充足的科技创新服务，既能理顺农村产学研工作，帮助农村培育强大的发展能力，也能完善农村发展格局，增强农村与城市的竞争能力。更为重要的是，依托农村科技创新服务，可以帮助农村不断调整发展内容，使农村更加适应现代经济社会的发展要求。

第一，积极构建完整的农村产学研体系，紧密结合农村发展状况，帮助农村培育强大的发展能力，实现农业农村的产业提升与快速进步。产学研合作是实现国家和区域的科技、教育与产业资源高度整合，增强自主创新能力和综合竞争力的有效机制，既能发挥高等学校的学科优势，又能充分利用当地的多种资源，结合龙头企业的带动作用，可以又好又快地推进社会主义新农村建设工作[①]。但当前许多农村的产学研工作进展缓慢，以致许多农业发展和农村建设的科技需求难以得到满足，这在很大程度上约束了当地的快速发展。其中，既有当地政府重视程度不足的错误导向影响，也有当地科技创新工作系统化不足的原因。可喜的是，随着乡村振兴战略的快速落地，政府部门和学术界逐渐认识到了农村科技创新工作的重要性，纷纷强调要在农村构建高效的科技创新服务体系[②]。许多政府部门也纷纷发文，要求在农村开展扎实有效的科技创新工作。2018 年 8 月，科学技术部（以下简称科技部）印发了《中共科学技术部党组关于创新驱动乡村振兴发展的意见》文件，明确指出“农业农村现代化的关键在科技进步，创新是实现乡村振兴的战略支撑”“科技战线必须立足世情国情科情农情，切实增强责任感使命感

① 严会超，邵玉昆. 2010. 产学研合作推动高校服务社会主义新农村建设[J]. 科技管理研究，30（6）：111-113.

② 徐顽强. 2018-11-01. 推动完善农村科技创新体系[N]. 经济日报，（15）.

紧迫感，必须强化创新驱动能力，加快农业科技进步”“为保障国家粮食安全、食品安全和生态安全，推进农业全面升级、农村全面进步、农民全面发展提供战略支撑”①。2018 年 12 月，教育部印发的《高等学校乡村振兴科技创新行动计划（2018—2022 年）》指出“以适应乡村振兴战略实施需求为目标，通过五年时间，逐步完善高校科技创新体系布局，强化高校科技和人才支撑体系，高校服务乡村振兴的创新能力和质量显著提升，培养造就一支懂农业、爱农村、爱农民的人才队伍，使高校成为乡村振兴战略科技创新和成果供给的重要力量、高层次人才培养集聚的高地、体制机制改革的试验田、政策咨询研究的高端智库”②。由上可知，在实施乡村振兴战略的进程中，我们需要准确把握农村发展的科技诉求，并开展卓有实效的产学研工作，为农业生产和其他方面的农村发展工作创造强有力的科技支撑。进而，借助农村科技创新工作的强有力援助，及时化解阻碍农业农村发展的各种挑战，最终帮助农村培育强大的发展能力，更具效率地推进各项振兴工作。

第二，借助农村科技服务体系，为农业生产、农民与农村发展提供更多的科学技术指导，不仅能够提高农村的生产能力，也能借助科技的力量完善农村发展格局，最终增强农村在统筹城乡过程中的竞争能力。当前，许多农村的发展思路不够明确，科学技术服务较为短缺，共同导致了农村竞争能力的衰弱，也使得农村在城乡关系中处于劣势地位。而通过科学技术及服务的持续投入，不仅能够提升农村产品竞争力，而且能快速完善农村发展格局。一方面，在农村产业发展过程中，积极引入先进的农业科学技术，既能够提高农村产业的经济效率，又能保证农产品生产的供给质量，最终提高农产品的市场价格和竞争能力。以果蔬生产为例，借助绿色生产技术，许多农村生产了较多有机食品，在提高食品营养价值的同时，也大大增强了这些产品在市场上的竞争能力。另一方面，农村发展的范围较广，除了传统的产业发展之外，为农民提供优质的公共服务与产品也成为农村发展的重要内容。我国乡村较多，且分布较为分散，再加上农民人数庞大，使得公共服务均等化工作在农村的进展十分缓慢，农民所享有的公共服务参差不齐，这也正是农村发展不充分的典型特征。而借助各种先进的资源投放技术，不仅能够实现公共服务的定点投放，还能为农民提供定制化的公共服务，这些都是农村快速发展的重要内容。以医疗服务与产品为例，借助互联网传播技术，可以在农村发展“互联网+医疗”，帮助农民享受更加优质的医疗服务与产品③。总之，不断

① 中共科学技术部党组关于创新驱动乡村振兴发展的意见[EB/OL]. http://www.moa.gov.cn/ztzl/xczx/zccs_24715/201811/t20181129_6164042.htm[2018-11-29].

② 教育部关于印发《高等学校乡村振兴科技创新行动计划（2018—2022 年）》的通知. http://www.gov.cn/xinwen/2019-01/04/content_5354819.htm[2019-01-04].

③ 徐顽强，王文彬. 2018. 农村“互联网+医疗”的发展难题与对策[J]. 中国卫生经济，37（7）：16-18.

增强农村产业的竞争力，以及农村发展内容的不断扩展，都能有效增强农民发展农村的信心，进而吸引这一群体主动积极地参与乡村振兴工作，以人才与队伍建设保障农村竞争能力的不断提高。

第三，积极依托农村科技创新体系，科学调整优化农村发展内容，也能够不断提高农村在经济社会发展中的适应能力。在城乡二元失衡的状况下，推进乡村振兴和农村发展，必须高度关注农村能否有效适应经济社会的整体发展环境。具体来说，农村发展既要回应农村内部的各种诉求，也要及时化解外部的发展压力，为此必须不断调整优化农村发展内容。在此过程中，除了依托农村产业提供的物质基础外，也需要充分借助农村科技创新的高效支撑。首先，推进农村发展是更好地解决“三农”问题、真正有效地实现乡村振兴和促进农民生活水平提高的主要手段与重要目标。改革开放以来，我国农村经济社会发展迅速，现在的农村产业体系不仅包含传统农业，而且涵盖在此基础上形成的新型产业形态与业态。特别是，农村第二、第三产业发展迅猛，农村社区建设、农村生活环境、农村医疗、文化事业的发展也繁荣起来，这些新型的产业和民生领域对科技产生了新的、更强烈的需求①。随着农村经济形势的变化，农业生产和农民群体都会提出全新的发展要求，这些都亟待通过农村的高质量发展来予以满足。例如，伴随着物质生活的基本满足，农民更加关注文化生活和精神产品消费，在此情况下农村需要在文化建设方面增加投入，以便为农民提供更为多元的文化产品与服务。但由于农村发展资源的整体性短缺，很难抽调出更多的发展资源用于文化建设，在此背景下，农村可以尝试使用先进的科学技术获取尽可能多的文化资源。比如，借助农村数字技术设施设备建设，能够更加有效地承接外部主体援助的文化资源，最终为农民提供更多的文化服务。其次，农村发展往往受到城市发展的较大影响，城市的快速发展建设也会给农村带来较大压力。在城乡比较与交流的情况下，农村两委组织要善于借鉴吸收城市发展的成功经验，不断调整优化农村的建设发展道路，并为当地农民提供尽可能多的公共服务与产品，尤其是需要借助先进的科学技术，逐渐消除城乡之间的“信息鸿沟”“数据鸿沟”“服务鸿沟”。总之，借助农村科技创新服务，既能够快速满足农业生产和农民生活的科技需求，不断调整农村发展道路和内容，还能帮助农村更好地适应经济社会发展的新情况。

如上所述，为了快速有效地实施乡村振兴战略，帮助农业农村获得长足发展，必须高度重视农村科技创新的作用。当前，我国许多农村初步具备了为农业和农民提供科技服务的推广网络，但科技服务数量和质量相对较差，难以真正匹配乡村振兴的发展诉求。因而，在摸清农村科技创新服务现状的基础上，理应尽快完

① 袁学国. 2012. 面向新农村建设构建新型农村科技服务体系[J]. 中国农村科技，（11）：24-25.

善农村科技创新体系，最大化地满足农业生产和农民的生活需求。通过弥补农村发展的科技服务短板，为农村发展提供源源不断的动力支持，同时高效增强农村发展竞争能力，最终服务于乡村振兴战略的有效实施。

三、持续性服务乡村振兴工作

按照2017年中央农村工作会议部署，乡村振兴战略的实施将分三步走：到2020年，乡村振兴取得重要进展，制度框架和政策体系基本形成；到2035年，乡村振兴取得决定性进展，农业农村现代化基本实现；到2050年，乡村全面振兴，农业强、农村美、农民富全面实现①。这意味着实施乡村振兴战略是一项系统性、持续性工程，需要获得持续有效的动力支撑。而在农村积极构建科技服务体系，为农业生产和农村发展提供充足的科技创新服务，不仅能够提高农业农村发展质量，还能为开展各种类型的乡村振兴工作提供强有力的支持。事实上，科学技术及其不断创新都有着较为长久的功效，能够在很长时间内服务于相关事务的持续发展。也就是说，实施乡村振兴战略呼唤加速开展农村科技创新工作，而农村科技创新工作反过来能持续性地服务于乡村振兴工作。此外，从农业国际竞争看，发达国家利用农业高技术垄断挤压发展中国家发展空间的趋势愈加明显，我们要搭乘新一轮科技革命和产业变革快车，提升乡村振兴的质量效益和科技含量②。

首先，强化实施乡村振兴战略的科技创新服务，能够提高乡村振兴的工作效率，实现低成本、高质量的乡村振兴工作。在推进各项乡村振兴任务时，我们必须正视农村发展资源相对短缺的前提条件，思考如何尽可能地使用更少的资源实现更多的产出。而为了实现这一目标，亟待获取农村科技创新服务的有力支撑。借助各种先进的科学技术，可以更加有效地开发与挖掘农村资源，通过价值最大化进程来帮助农业农村发展。在此过程中，既能缩短各种振兴实践的工作时间，还能提高工作效率，因而必须高度重视科技创新服务在振兴中的重要作用。与此同时，依托先进的科学技术支持，也能帮助农村少走发展弯路，克服发展的盲目性。例如，借助超级计算机的模拟能力，能够及时运算出各种决策的可能后果，进而帮助农村选择更优的发展策略。通过这种科学选择过程，也能够帮助提升乡村振兴工作的效率和效益，最终促进乡村振兴战略的高效落地。

---

① 乡村振兴战略实施分三步走 相关细化政策将陆续出台[EB/OL]. http://finance.people.com.cn/n1/2018/0102/c1004-29740823.html[2018-01-02].

② 用科技创新引领乡村振兴[EB/OL]. http://finance.china.com.cn/roll/20180309/4563679.shtml[2018-03-09].

其次，强化农村科技创新能力，不仅能够为当前的农村建设发展工作服务，还能为未来的乡村振兴工作奠定良好的基础。就科技创新工作本身而言，其具有较强的持续性，且在不同的发展阶段都能产出相应的科技成果，这些都能及时服务于经济社会发展。结合农村发展需求来看，农业生产和农村发展在任何时候都具有强烈的科技诉求，这也意味着农村科技创新工作应该是久久为功的长期事业。在特定的历史阶段，农村科技创新服务能够优化农业生产和丰富农村发展内容，而这一阶段的工作又可以为下一阶段的科技发展和农村建设打下坚实的基础。正如乡村振兴和农村发展的科技创新诉求具有日益更新的特点一样，不断强化农村科技创新能力，也能够为农业农村提供可升级更新且具持续性的科技服务。总之，在审视农村科技创新工作时，我们既要认识到科技创新服务的时代价值，也要充分明确各种科技及其创新对未来乡村振兴工作的持续性支撑作用，因而必须坚持在构建农村科技创新体系和促进农村科技创新发展上下大力气，并给予其充足的资源供应保证。

第三节　时代推动农村科技创新

随着乡村振兴战略的全面实施，农村发展也迈入了新的建设时代。在实现农业农村现代化的过程中，我们需要高度重视农村科技创新工作，通过为农业生产和农民生活提供优质的科技创新服务来不断推进各项振兴工作。但当前，我国部分基层乡镇干部及村干部对农村科技创新推动乡村振兴的作用缺乏深刻的认识，农村科技创新人才匮乏和人才浪费现象仍然存在，农民科技创新意识较弱，农业科学技术推广力较差，以及农村科技创新缺乏资金支持等问题，都影响了乡村振兴中的科技创新成效[①]。为了破解上述难题，我们必须科学认识农村科技创新的重要作用，农村科技创新既是振兴乡村的第一生产力，满足农村科技需求的必然选择，同时也是发展现代农业的必经道路。因而，应该尽快在农村构建完整有效的科技创新服务体系，并为推动乡村振兴提供充足的科技创新支持。

一、乡村振兴的第一生产力

科学技术是第一生产力的科学论断已经得到了学术界的广泛认同，众多经济活动也都围绕着科技创新而进行不断优化。借鉴这一论断，我们可以认为科学技术也正是乡村振兴的第一生产力。一方面，在推动各项乡村振兴工作的进程中，亟待引入新的生产要素，这为科学技术切入乡村振兴创造了良好机遇。另一方面，

---

① 李巧玲. 2018. 乡村振兴中科技创新存在的主要问题及解决对策[J]. 乡村科技，（22）：53-55.

农民广泛应用科学技术，不仅能够深度挖掘各种发展资源的价值，而且还能创造全新的农村产业样态，进而实现良好的经济效益和社会效益。

科学技术是第一生产力是一个关于科学技术在生产力发展中的作用问题的科学论断，是对马克思主义科技学说和生产力理论的创造性发展，它准确地反映了当代生产力发展的特点和规律①。历史证明，人类社会历经四次工业革命，正是借助科学技术的不断更新升级，才最终实现了经济社会面貌的全面改变。通过社会公众广泛应用科学技术，不仅拓展了多种产业发展内容，创造了新的产业形态，而且还大大优化了生产方式，并使得各种经济活动的效率呈现几何级数的增长。以煤炭行业为例，在科学技术尚未发达的时期，煤炭只是人类社会普遍采用的基础燃料之一；伴随初步的提取技术应用，人类开始尝试祛除煤炭燃烧中的污染物质，这为煤焦行业兴起创造了良好条件；随着化工技术的发展，煤炭处理技术不断升级，科学家和工厂开始从煤炭中提取各种化学元素，煤炭的经济价值得到了全面开发，时至今日，煤炭早已不是单一的燃料选择，已经成为支撑众多行业发展的基础材料。正是借助科技的不断革新，煤炭行业的发展内容才得以不断拓展，并且创造了更加丰富的产业形态。在丰富人类社会生产内容的同时，诸多先进科技的应用，也正在改变人类社会的生产方式，尤其是实现了对劳动力的快速解放。借助机械臂和机器人技术，许多工厂开始大范围地采用机器人生产，既降低了对传统劳动力的过度依赖，还实现了生产效率的快速提高。同时，伴随着人工智能技术、虚拟现实等技术的不断推广应用，人类社会的传统生产方式也正在遭遇前所未有的挑战。对于生产者和消费者来说，只有积极迎合和拥抱技术变革，才能完成高质量的生产活动和满足自身的发展需求。总之，随着时代进步，科学技术必将与社会生产进行更加紧密的结合，成为决定经济社会发展质量和影响发展趋势的重要因素，甚至我们还可以看到科学技术不仅是第一生产力，还将成为基础性的生产力。

相较于经济社会发展需求来看，科学技术也将成为振兴乡村的第一生产力。应围绕乡村振兴战略的实施，运用科学技术这一利器，大力发展农村生产力，稳定粮食生产能力，提高农产品质量、效益和竞争力，推动农业绿色、安全和可持续发展②。在农村大范围地使用科学技术，既能突破当前的农村发展难题，也能实现农村产业样态的更新升级，最终确保各项乡村振兴工作的高效完成。首先，农村科学技术研发及创新工作较为缓慢，正是阻碍农村发展的重大难题。一方面，许多乡村拥有较为丰富的农产品，但产品开发技术不成熟，不仅造成了较多资源浪费，而且还无法帮助农民获得可观的经济收益。同时，这些现实难题还造成了

① 梁树发. 2003."科学技术是第一生产力"与科技决定论辨析[J]. 思想理论教育导刊，(3)：40-43.

② 科技创新是乡村振兴第一动力[EB/OL]. https://news.sciencenet.cn/sbhtmlnews/2018/2/332394.shtm[2018-02-14].

农村产业发展的整体疲软，甚至导致许多农民丧失了对农村发展的信心。另一方面，农村产业的发展缺乏科学技术的可靠支撑，也使得农村产业十分脆弱。以种植业为例，由于病虫防治技术不成熟，许多农村应对病虫灾害的能力严重不足，一旦发生灾害，农民将很难获得稳定的务农收益。总之，只有尽快在农村构建科学有效的科技创新服务体系，为农民和农村提供便利的技术“定心丸”，才能真正帮助农民和农村破除各种发展难题，促使农村生产走上安全放心的发展道路。其次，在实现农村产业兴旺的过程中，农村的产业样态亟待丰富和完善。事实证明，单纯依赖传统的种植业等产业力量，很难帮助农民获得更高与更多元的经济收益。只有借助科学技术投入，在夯实传统农业生产的同时，相应地发展初级农产品加工等产业，尽快形成现代化的大农业格局，才能真正实现传统农业向现代农业的有效转变。当前，许多地方推进的农村第一、第二、第三产业融合发展，正是构建现代农业格局的重要尝试，其中科学技术必将成为重要的决定因素。根据不同的产业需求，农村都应提供相应的科技创新服务，进而促进农业等周边产业的共同繁荣发展，这样既能促进农村发展资源的充分开发，也能为农民提供更多的就业机会，进而提高农民的经济收益。

总之，在全面实施乡村振兴战略的过程中，必须高度重视科学技术的重要作用。只有不断夯实科学技术是乡村振兴第一生产力的认识，才能在农村构建高效的农村科技创新服务体系，进而真正调动各类振兴主体应用科学技术的积极性和热情，最终为各项振兴工作插上科技的翅膀，不断提高乡村振兴的工作效率。

二、满足农村科技需求的必然选择

当前，为了快速推进农业农村发展和乡村振兴工作，必须积极响应农村发展的各种现实需求。当前，我国基础性科技工作积累不足，在农业生物资源、水土质量、陆地生态功能等方面缺乏长期系统的观测、监测，再加上重要资源底数不清、许多机械设备高度依赖进口，这些都严重阻碍着我国现代化农业的长足发展。为此，可以预计的是，伴随时代发展，农业和农村对现代科技的需求将会不断增多，不仅希望获得更多的科技创新服务支持，也渴望获得更高质量的科技。进入 21 世纪以来，虽然我国的现代农业和农村产业已经取得较大进步，但我们依然需要清楚地认识到：我国的农村科技创新工作与国外发达国家仍然存在较大差距，而且现有的农村科技创新服务也很难满足日益增长的农村科技需求。为此，在全面推进乡村振兴工作的背景下，加速构建农村科技创新体系，必将成为满足农村科技需求的必然选择。借助农村科技创新服务，既能助力农业供给侧结构性改革，进一步理顺农村科技管理工作体系，而且还能够为农村培育充足的科技人才和科技工作者，这些都有利于促进乡村振兴战略的高效实施。

首先，增加农村科技创新服务是助力农业供给侧结构性改革的重要选择，通过充足的科技供给来高效破除各种农村发展难题。我们必须清楚地认识到，在我国粮食生产连年增产的喜人成绩背后，也存在农产品供求结构失衡、资源环境面临较大压力等问题。以农产品生产为例，为了保证产品质量，不仅要在育种技术上下功夫，而且还要采取更加科学有效的种植方法，而这些都有赖于强有力的科技创新服务。虽然我国初步构建了覆盖全国的农村科技推广网络体系，但由于我国整体性的农村科技研发缓慢，再加上许多地方的农民介入程度并不高，都使得农民很难获得充足的科技创新服务。因此，在推进农业供给侧结构性改革时，必须将构建农村科技创新体系纳入其中，想方设法地激发科技创新活力，借助科技力量实现供给端与需求端的有效匹配，进而真正实现现代农业的可持续发展，并促进产业振兴工作的高效落地。

其次，借助科技创新服务体系建设，也能够理顺农村科技管理体制，进而提升农村科技创新工作的效率和效能。当前，我国农村科技创新工作的系统性不足，在管理体制上也存在一些混乱，难以精准有效地部署农村科技创新工作，也很难真正发挥各项科技创新的作用。特别是农业科技创新和协同管理机制欠缺，导致农业科技创新不能完全发力，效果也不突出①。为此，在完善农村科技创新服务体系时，理应加快设计出一套运行流畅、行之有效的科技工作管理体制。一方面，各级政府应该为科学布局农村科技创新工作提供强有力的政策指导和制度保障，并为农村科技研发及创新提供充足的资源支持。通过制度设计和政策指导，不仅能够帮助农村正确选择科技创新的前进方向，也能帮助农村在科技创新工作中少走弯路。就资源供应来看，政府仍旧是支撑农村科技创新工作的主要力量，为此在人才培育和资金拨付等方面，农村仍需获得政府的大力支持与援助。另一方面，在构建农村科技创新体系时，针对各个科技创新平台和多元主体行动都应建立相应的管理制度，防止农村科技创新工作陷入不必要的混乱。从农村发展全局来看，推进农村科技创新工作是一项系统性工程，涉及的参与主体和资源供应比较多，理应设计出科学有效的工作流程，并加强对各项工作的有效监管，这样才能确保农村科技创新工作的有序完成。具体来说，在科技创新资源投入、实际工作开展及后期效果评估等方面，都必须借助高效的管理体制和制度进行有效约束，督促农村科技创新工作在可控的轨道内运行。总之，为了响应乡村振兴和农村发展需求，在农村构建科技创新体系和开展轰轰烈烈的科技创新工作，都需要从制度和管理层面着手进行顶层设计，

① 李晓乐. 2018. 努力突破农业科技创新瓶颈[J]. 人民论坛，（29）：60-61.

系统规划出农村科技创新工作的运行规则和监管方案。

最后，通过持续开展农村科技创新工作，也能够为农村培育充足的科技人才，进而为乡村振兴战略的快速落地提供坚实的人才保障。农村科技型人才主要包括从事农业生产的应用型人才，从事农村科技推广的技能型人才、带动性人才、经营管理型人才及农村社会服务型人才等[①]。只有借助这一群体发挥联结作用，才能推动各项先进科技真正下乡，真正做到科技为农户所用。但当前，农村却面临着科技创新人才匮乏和人才浪费现象并存的实际难题。由于农村的生活环境相对艰苦，个人发展机遇也相对较少，许多科技创新人才为了自身更好的发展，纷纷离开农村。同时，许多农村科技人员还将大部分时间花费在乡镇政务工作上，直接从事技术应用和生产的农业人才严重不足，开展农业科技研究的人才几乎没有，更不要说深入到基层抓点带面搞科技创新工作[②]。除此之外，农村科技人员队伍日益老化，这也是阻碍农村科技创新工作的重要因素。为此，必须借助农村科技创新工作的开展来培育一批愿意长期服务于农业农村发展的科技人才。一方面，在农村科技创新工作中建立“干中学，学中干”的培养模式。其一，通过物质奖励和精神激励的方式，积极吸引农村中文化素质较高的青壮年积极参与农村科技创新工作。既要鼓励他们积极提出农村发展进程中的科技需求，同时也要鼓励他们在实践探索中寻找到有效的解决方案。在此过程中，农村也要积极邀请科技专家对这一群体进行教育培训，帮助他们尽快掌握丰富的科技创新知识。其二，由于培育农村内部科技人才的周期较长，很难及时供应农村的科技发展诉求，为此也应积极吸引外部科技人才来参与农村科技创新工作。为了吸引外部科技人才长期服务农村，不仅需要为他们提供舒适的工作生活条件，而且也要与上级主管部门联系，为这一群体争取更多的晋升机会，并给予较多的表彰奖励。另一方面，建议在农村设立“免费农技生”计划，鼓励农村学生积极投身农村科技创新工作。就学期间，由农村承担其相应的学费和生活费，但学生毕业后应该为农村提供一定时间的农村科技创新服务。农村两委组织和农业高等院校达成合作意向后，每年从农村高中专毕业生中选择一批人作为未来的农村科技人才培养对象。总之，加强农村科技创新工作能够为培育科技人才和工作者提供良好的机遇，帮助农村更好地推进乡村振兴工作。

三、发展现代农业的必经道路

农业科技是农村科技体系的重要部分，不断推进农业科技更新升级也是开展

---

① 陈建. 2016. 农村科技型人才缺口如何填补[J]. 人民论坛，(28)：76-77.

② 李巧玲. 2018. 乡村振兴中科技创新存在的主要问题及解决对策[J]. 乡村科技，(22)：53-55.

农村科技创新工作的核心内容。从这个角度看，我们可以认为构建农村科技创新体系正是发展现代农业的必经道路。事实上，农业科技服务的提供对农村经济的发展至关重要，伴随着农村经济的快速发展，传统农村科技服务体系已难以满足现代农业的发展要求[①]。总的来看，农业科技创新对农业可持续发展发挥着重要支撑作用，但我国许多地区的农业科技创新体系还存在基础薄弱、条块分割、力量分散、层次重叠、职责不清、机制不全和创新不强等问题。为了真正发挥农村科技的作用，用现代农业设施和技术武装农业，提高农业基础设施和物质装备水平，加强农业科技的研发和投入，通过农业科技创新增强农业技术转化率、提高农业科技进步贡献率，通过机械化、信息化、标准化、科技化建设提高农业综合生产能力[②]。具体来说，借助先进的农业科技，不仅可以增强现代农业的发展质量，还能帮助实现现代农业的可持续发展。

第一，在农业生产中大规模使用先进的科技，既能够提高生产效率，还有助于提高农产品品质，进而实现现代农业的高质量发展。现代农业具有规模化、集约化和绿色生产的典型特征，而这些特征的形成都有赖于农业科技的不断投入。其一，随着土地流转工作的日益开展，规模化种植和养殖、产业化经营已经成为现代农业的首要特点。在这种规模化的生产进程中，很难完全依靠人力来开展各项工作。例如，在植保领域，借助无人机技术进行农药播撒已经成为越来越普遍的生产方式，既能节省大量人力，还能实现更加精准的农药投放。其二，相对于粗放型的生产方式，集约化生产更加关注成本节约和更多的产出。为此，更加高效的农用物资投入已成为经营者的关注重点，在此过程中，必然需要借助强有力的科技支撑。其三，为了追求绿色生产，必须实现科技与现代农业的紧密结合。在积极整合农村科技资源的基础上，也要加强与涉农类科研院所的协同合作，借助科技的力量尽快化解阻碍现代农业发展的各种难题。此外，在发展现代农业的过程中也必须高度关注农产品的质量安全，而农业科技又是保证农产品安全的重要依托。总之，为了确保现代农业的正确发展方向，以及不断提高现代农业的发展质量，必须尽快完善农村科技创新体系，为现代农业发展提供更加充足的科技创新服务。

第二，借助先进的农业科技，也能够支持现代农业的持续发展。从整个农业生产环节来看，虽然生产过程是可循环的，但是各类资源的大量消耗却是不争的事实。为此，发展现代农业时不仅要节省发展资源，而且还要尽可能地缩短农业生产周期，而这些工作都需要得到农业科技的大力支持。首先，借助先进的农业科技，有望实现发展资源的精准投放，尽可能实现低投入高产出，也就是说，需

① 熊亮. 2016. 农村科技服务体系建设中的政府作用研究[J]. 管理观察，(2)：16-19.

② 蒋和平. 2018. 改革开放四十年来我国农业农村现代化发展与未来发展思路[J]. 农业经济问题，(8)：51-59.

要改变资源漫灌式的生产模式，尽快打造资源节约型的生产方式。其次，通过不断压缩农业生产周期，既能够实现更多的农业产出，同时也能实现更高的现代农业效益。在此过程中，亟待根据现代农业发展诉求，并围绕缩短生产周期开展科技创新工作。此外，将科技创新工作与现代农业紧密结合，也能够帮助培育现代农业的核心竞争力，进而更加有效地应对各种风险挑战，最终实现现代农业的可持续发展。

第二章　农村科技创新与创新体系界定

农村科技创新是乡村振兴背景下我国农村高质量发展的重要基础，也是促进农民收入增加、助力农村更好更快建设的有效途径。宏观而论，农村科技创新不仅关系农村经济的长远发展，甚至还会影响全国现代化经济体系建设和经济发展水平的提高。而农村科技创新效用的发挥要求必须完善其创新体系，促使农村科技创新朝着预期的方向健康发展和快速前进。因此，本章着力就农村科技创新及其创新体系的内涵界定、范畴认知、构成要素和类型等方面进行研究。

第一节　创新与科技创新

创新（innovation）是人类社会进步发展的核心标志和不竭动力。习近平指出"改革开放 40 年的实践启示我们：创新是改革开放的生命"①。那么，什么是创新？科技创新的内容及模式是什么？弄清这些问题，对于我们探讨科技创新行为具有十分重要的意义。

一、创新的科学含义

"创新"一词，《现代汉语词典》中将其定义为"抛开旧的，创造新的"。因此，创新从字面意义上看是与守旧相对立的，其本质在于突破，即突破旧有的思维定式，打破旧时的戒律常规。哲学意义上的创新是人类的一种创造性实践行为，人类通过重新排列组合、引申发散、否定重构等方式利用和改造物质世界，设计创造出一种与原来的事物既有联系又存在明显区别的新事物，独创性是这种新事物的关键特征。普通意义上认为的创新，是没有领域、层面限制的，从政治体制、经济发展、技术创造到哲学思维、文化意识等各个角度都可以谈论创新。

最先从学术角度赋予"创新"一词科学概念的是美籍奥地利裔政治经济学家熊彼特，他在《经济发展理论》一书中明确提出了"创新"。1939 年，他又重新界定了创新理论，明确指出创新是指通过新产品、新方法、新市场、新来源、新

① 创新是改革开放的生命[EB/OL]. http://theory.people.com.cn/n1/2018/1228/c40531-30492585.html[2018-12-28].

组织等五种手段，在生产体系中引入新的生产要素和生产条件①。

在当时的社会背景下，经济学家研究经济增长模式的视角多聚焦于资本、劳动力、原材料等生产要素，而把知识、技术和制度的变化等视为外生变量。熊彼特突破了原有的视角，实现了对传统竞争所起作用的观念转变，其对“创新”的定义具有丰富的时代内涵。

第一，首次实现了创新与经济发展的紧密相连。熊彼特打破了既有关于创新的理论研究僵局，构建了一个全新的概念框架和统一的理论体系，系统地对技术进步促进经济增长的内在机制进行了探讨。除资本、劳动力、原材料等基本生产要素外，熊彼特将知识、技术和制度也视为生产要素的重要组成部分，这种创新丰富了生产要素的内涵，使其得以以一种全新的组合方式呈现。

第二，将创新外延扩展到生产的各个层面。采用新的生产方法、开辟一个全新的市场、采用一种革新的企业组织形式等都是一种创新，即创新是一个贯穿于产品的研究开发、设计、生产、销售乃至新的组织形式产生全过程的综合事务。这使得关于创新的视角大大拓宽：不仅要从产品开发、设计等基础环节注重产品的创新，而且还要关注市场因素、组织形式等层次的创新。

第三，熊彼特对创新的定义使得发明与创新得以区分。他认为创新是新技术或者新发明在生产过程中的首次应用，只有在生产体系中引入新发明才能称为创新，对发明与创新的界限进行了界定。熊彼特认为，技术创新的核心驱动力量是企业家。他对创新的研究一经发布，便引起了当时学术界的广泛重视，为后续创新及技术创新理论的研究奠定了重要基石。

综合来看，本书将创新界定为创造知识和对多种知识资源集成整合并加以利用的过程。创新是将新的材料、产品、设备、工艺及服务，或是将某种现存事物以一种新的方式在市场上使用并获得经济效益的过程，这一过程不仅涉及设计、生产、销售等基本环节，还涉及技术、组织等其他形式的变革。

随着创新理论研究的深入推进及研究方向的不断分化，出现了众多创新理论学派，可大致分为四个学派：以索洛、曼斯菲尔德、斯通曼等为代表的技术创新学派，以诺斯、拉坦等为代表的制度创新学派，以弗里曼、纳尔逊、克里为代表的国家创新系统学派②，以及以库克、奥提欧等为代表的区域科技创新学派。

创新在技术创新学派中被定义为技术变革的集合，该学派认为技术创新的复杂过程可以通过利用各种新思想、新概念对各种问题加以解决。国外经济学家对技术创新理论的研究内容广泛，成果丰硕，主要涵盖技术创新的源动力、技术创

① 熊彼特 J A. 1990. 经济发展理论[M]. 何畏，易家详，等译. 北京：商务印书馆.

② 吕火明，李晓，刘宗敏，等. 2015. 农业科技创新机制研究[M]. 成都：四川科学技术出版社.

新与市场结构的选择、技术创新扩散问题等各个方面①。

制度创新学派的主要理论观点是设定一种有效的制度是经济增长的关键。该制度的有效性主要表现为建立一个系统的产权制度，确定所有权，合理支配一定的资源，使得社会收益率和个人收益率相当。而新技术的发展，必须以提高个人收益率为目的，并使得个人收益率相当于社会收益率。

国家创新系统学派的典型代表克里则认为技术创新是一个由国家创新推动的系统工程，并不是企业或企业家个人的单独行为。国家创新系统的概念是弗里曼于 1987 年首先提出的。他认为，大国间的比拼较量不是技术创新的一己之力就可以达成的，还涉及诸如各种制度及组织的创新，进而以一种国家创新系统演变的结果加以呈现。国家创新系统是一个集配置创新资源、影响创新行为主体及其关系网络和创新运行机制的综合体系，企业、科研机构等创新主体在国家制度的宏观背景下进行协同合作，推动完善知识体系、实现知识的扩散与创新，以此提升一国的科技实力和综合国力。

区域科技创新学派是一个起源于技术创新学派和国家创新系统学派的新兴研究学派。区域科技创新系统是国家创新系统纵向网络向下延伸的子系统，覆盖范围既包括科学与技术创新，也涵盖政策创新、制度创新及组织创新等多个领域。1996 年，库克详细阐述了区域科技创新系统的概念，他指出区域科技创新系统是在某个区域范围内，由诸多分工明确且相互联系的科技创新主体构成，该组织是该区域内科技创新的主要源泉②。区域科技创新系统研究的核心内容之一是作为区域科技创新系统内组织关联形式的组织结构，伦德瓦尔指出各组织单元间的主要关联形式是“学习”③，帕特尔和帕维蒂认为“激励”才是各组织单元间的主要关联形式④。劳森和罗伦兹通过对明尼阿波利斯和剑桥地区的实证研究，探讨了如何通过优化区域创新组织结构来增强区域创新实力⑤，这一主题也成为现阶段区域科技创新研究的重点领域。

二、科技创新内容及模式

科技是科学与技术的集成名词，因此可以认为科技创新是科学创新和技术创

① 范维，王新红. 2009. 科技创新理论综述[J]. 生产力研究，(4)：164-166.

② Cooke P. 1992. Regional innovation systems：competitive regulation in the new Europe[J]. Geoforum，23（3）：365-382.

③ Lundvall B A. 1992. National System of Innovation[M]. London：Priter Publishers.

④ Patel P，Pavitti K. 1994. The Nature and Economic Importance of National Innovation System[R]. OECD. STI，(14)：9-32.

⑤ Lawson C，Lorenz E. 1999. Collective learning，tacit knowledge and regional innovative capacity[J]. Regional Studies，33（4）：305-317.

新的结合。科技创新涵盖了知识层面、物质条件、人才素质及劳动技能的创新，其中，知识创新是科技创新的起点与动力源泉，在科技创新中起着关键效用①。因而，本书将科技创新的概念定义为：围绕市场需求充分挖掘科技创新潜力，将科技创新变为科技创新技术，并对科技创新成果加以应用的全方位过程。

（一）科技创新内容

知识经济已成为新的经济形态，科技创新的内容可从知识创新、技术创新和管理创新三个方面加以划分。知识创新是指基础性的科学研究，其核心内容在于创设新的思想理论或构建新的理论体系，以全新的科学概念及学说开拓人们认识和改造世界的视野；技术创新以科学技术的发明与市场价值的创造为核心，是企业家通过提高生产或经营系统的效率、重新组合原有生产要素等方式，获得新材料、创造新工艺、开辟新市场、推出新产品及组建新型组织等系列活动的全过程，最终实现创新成果的营利性与科学技术的进步性；管理创新的核心内容在于以科技创新引领管理变革，通过引入激励机制激发人们的积极性，创新组织管理形式激发人们的创造性，最终实现优化社会资源的配置方式。宏观层面的政治制度、经济制度及管理制度等均属于管理创新的范畴，同时，管理创新也涵盖了企业、社会组织、科研机构等微观主体的创新②。

知识创新、技术创新和管理创新是科技创新内容中相辅相成的三个方面，三者均对提升国家综合实力、推动社会进步具有至关重要的作用。社会进步的“软件”依赖于知识创新和管理创新，而社会发展的“硬件”则以技术创新为基础。知识创新是创新的基础和前提，所带来的新的思想观念、理论学说或知识体系都对技术创新和管理创新的思路转变与方向转换具有关键性的引导作用。国家宏观政策导向及微观制度环境的提供是以管理创新为风向标的，它为知识创新和技术创新提供及时准确的信息资源。同时，知识创新和管理创新是以一定的物质基础为前提的，技术创新则是提供物质基础的载体。

（二）科技创新模式

科技创新模式是一种致力于促进与发展科技创新活动、产生与增强新的经济增长动力的组织结构和操作形式③。依据创新的不同程度，可以将科技创新模式划

① 刘诗白. 2001. 论科技创新[J].改革，(1)：5-9.

② 高献江. 2012. 河北省高校科技创新能力评价研究[D]. 石家庄：河北师范大学.

③ 李廷铸，肖百冶. 2001. 关于成都市科技创新模式选择及其政府政策的思考[J]. 成都行政学院学报（社会科学类），(3)：7-12，66.

分为“原始创新”“模仿创新”“引进消化吸收再创新”三类①。

原始创新是创新主体基于自身的科技资源和能力，通过科学研究发现和技术发明，建设独具特色的创新系统，寻求在技术研究和开发领域的独创性与超前性，实现核心理念或关键技术的突破，并在此基础上完成创新过程的后续环节，推进新技术的商品化，在市场上率先使用全新工艺或推出全新产品的一类创新行为。原始创新可以改变一个产业的发展模式，甚至发展出一个全新的产业体系。一个国家或某一地区在大力发展经济阶段大多采取原始创新模式，其最突出的特征是原创性。

模仿创新是在模仿与参考前人创新思路或行为基础上的创新，通过引进、购买或吸引投资等多种手段吸纳和掌握原始创新者的核心技术秘密，在学习借鉴其成功经验、模仿吸收其合理成分的基础上，结合自身情况与特点对其加以改进和完善。模仿创新虽仍以模仿为基础，但它从根本上区别于单纯模仿与复制。单纯模仿与复制仅仅是对模仿对象原封不动地照抄照搬，没有对其进行深入的剖析和再塑造，不包含任何创造性的内容。而模仿创新是一个学习研究、探索消化、结合自身实际情况加以改善的过程，是从理解学习到再创造的过程。

引进消化吸收再创新是指技术落后的国家或地区，对从国外引进的先进技术进行消化吸收和再创新的过程。技术引进对于一个处于技术起步阶段的国家或地区是一种至关重要的技术进步方式，其关键在于技术引进之后的消化吸收，目的是提高技术的使用效率，并通过学习实现再创新，减少对引进技术的依赖，最终实现突破性创新的目的。发展中国家和欠发达地区应重视对引进技术的消化吸收，而不是仅仅停留于技术的引进层面，技术引进之后如何实现以其为基础的创新才是促进经济发展和科技进步的关键与核心。

引进消化吸收再创新、模仿创新、原始创新是科技创新的三种模式，三者虽然相互区别，却存在紧密关联。首先，三者层级递进。引进消化吸收再创新、模仿创新和原始创新是创新水平层级逐步提高的过程，引进消化吸收再创新是科技创新金字塔的最底层，创新水平较低；依次向上是模仿创新和原始创新，创新层次和水平不断提高。其次，三者互相促进。模仿创新与原始创新的基础是引进消化吸收再创新，引进消化吸收再创新和模仿创新的最终目的则是帮助实现自身的原始创新。引进消化吸收再创新可以提升模仿创新和原始创新的水平，要实现原始创新必然经过引进消化吸收再创新和模仿创新的阶段。最后，三者互为共生。三个层次的创新模式是“你中有我，我中有你”的共生关系。引进消化吸收再创新的过程中包含着一定比例的模仿创新和原始创新的成分；同理，模仿创新和原始创新的部分技术基础也涉及其余两种创新模式的内容。

① 王辉. 2013. 区域经济发展与科技创新模式选择的实证分析研究——基于安徽省与江苏省的比较[D]. 合肥：合肥工业大学.

第二节　农村科技创新的内涵及范畴

农业科技创新是新时代背景下我国农业供给侧结构性改革深入推进的有力抓手，是加快农业现代化建设核心阶段的关键措施。农村科技创新是实现农村经济增长方式根本转变的关键，是营造农村良好科技生态和保障农村可持续健康发展的有力推手。

一、农村科技创新的内涵

知识只有与经济紧密结合时才能实现生产力的最终转化，而技术创新正是这一转化过程得以成功完成的关键步骤。市场需求的快速多变、生物技术的迅速发展、信息技术的广泛应用及我国传统农村建设的改造与升级等，使得依托农村科技所带来的经济和社会效益在农村生产发展中愈加凸显。

农村科技创新是科技创新在农村领域的具体表现，是以提升农村经济效益和社会效益为目的，以开发新产品及新工艺、开辟新市场、应用新技艺、采用新的生产方式和组织管理模式为手段，在农村生产实践中应用创新性的科学知识和先进技术的过程。因此，农村科技创新体系涵盖农村科技从研究开发到推广应用的全过程，是各种农村科技创新主体及其创新活动、创新支撑体系所组成的有机整体，主要包括农村科技创新的研究开发体系、推广体系、管理体系等方面[①]。

可从广义和狭义两个层面对农村科技创新的含义进行解读。广义的农村科技创新包括将技术发明应用到农村经济活动中所引起的农村生产要素的重新组合，涉及新的生产方法或新品种的研究开发、试验、生产和推广等一系列相互关联的技术发展过程，是农村新技术从诞生、应用到其经济价值或社会价值的实现过程。狭义的农村科技创新仅指新的农村科技成果的创新与发明[②]。

农村科技创新并不单纯是经济学领域的概念，也不是一个纯技术学领域的事物。农村科技创新具有交叉学科的属性，是经济和科技紧密结合、相互统一的产物，是联系经济和科技的桥梁与中介，属于既有经济特征又具备技术属性的“技术-经济”范畴。

农村科技创新不同于农村科技发明或农村研发，它强调的是诸如科技领域的新知识、新产品、新设计及新工艺等农村科技研发成果在农村生产经营中的成功应用。一项新产品、新工艺和新技术只有在农村生产经营中加以应用并获得商业

---

① 姜长云. 2003. 农村科技创新体系建设的宏观思路[J]. 调研世界，(9)：7-11.

② 辜胜阻，黄永明. 2000. 加快农业技术创新与制度创新的对策思考[J]. 经济评论，(6)：25-28.

成功后，才能视为农村科技创新。农村科技发明是指对设计、产品过程或系统提出革新的思想或理论模式，但并非所有的科技发明都能够成功应用于生产并实现技术创新。农村科技发明只能够表明技术层面的新颖性及可行性，并不足以表明其在农村实际生产经营中的可行性及有利性。农村科技发明转变为农村科技创新的关键在于农户、农村专业组织和农商企业等是否采纳这些新的科技发明并在农村生产经营过程中加以应用。一项农村科技发明，即使取得专利授权，但在农业生产经营中未被采纳及应用，那此类科技发明仅能作为农村科研成果而不能视其为农村科技创新。

因此，农村科技创新活动具有以下四个特点：①科技创新活动的系统性及过程的延续性。农村科技创新涵盖了从技术发明到生产应用，直至效益实现的全过程。②科技创新活动的经济性。任何创新活动都是以最终实现经济效益和社会效益为目标的，因此农村科技创新是在明确的商业化指标下进行的经济性活动。③科技创新活动的不确定性或风险性。创新活动的成功与否会受多种因素的综合影响，任何科技创新活动都不可能一开始就准确预测其未来的结果，因此均存在着成功和失败两种可能，即存在一定程度的不确定性或风险性。④科技创新成果的公共产品特性。由于所有权的存在，科技创新成果由科技创新主体所有，但科技创新成果的应用具有一定的外溢性，科技创新成果的推广可能会对所有农村区域产生直接经济贡献，同时，对整个行业的发展和社会的进步都会存在积极的促进作用[①]。

农村科技创新对农村发展的促进作用是通过将科技创新所蕴涵的潜在生产力转化为现实生产力而实现的。农村的现代化建设及产业的转型升级使得政府部门成为引领农村科技创新建设的关键主体，信息技术快速发展的时代同样促使农村企业及农户的生存与发展越来越依赖于科学技术的进步和实践应用。技术进步实现了农村企业及农户对市场需求的精准定位、商业机会的适时把握及生产效率的显著提升，利润的扩大化增强了农村企业及农户对科技创新的路径依赖。高等院校及农村科研机构等在农村科技创新的理论研究中也日益注重与实践的高效对接。因此，农村科技创新所蕴涵的巨大能量与光明前景正日益显现。

二、农村科技创新的范畴

农村科技创新不仅包含农村科技创新思想的产生过程，还涉及将农村科技创新的研究成果物质化、将科技创新产品在生产领域和市场环节加以传播和扩散，并见证农村科技创新成果产生经济效益和社会效益等一系列的综合活动。农村科

① 徐顽强，张红方. 2014. 创新湖北：科技创新平台[M]. 武汉：湖北科学技术出版社.

技创新的主线是拉动农村科技需求、拓展农村科技研究、推动农村科技成果转化推广与生产应用以及最终的生产效益环节，与此同时，科研过程、成果产生、开发过程和商品市场也与农村科技创新需求密切相关。因此，农村科技创新范畴可以简化为以下过程，如图 2-1 所示。

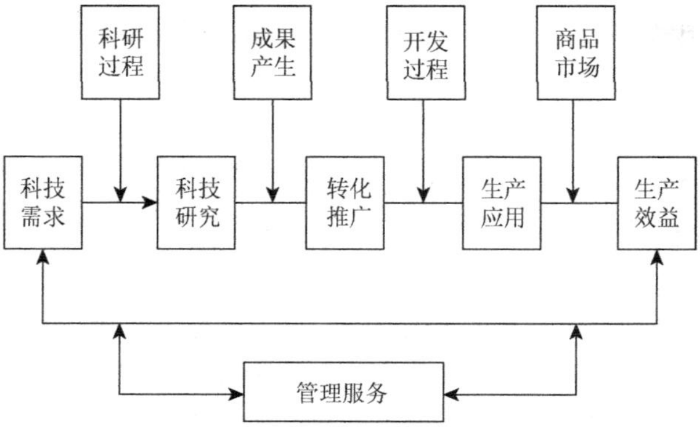

图 2-1　农村科技创新的范畴

由于现实中影响因素的多样性，实际过程中农村科技创新范畴要比图 2-1 更为复杂。农村科技创新是一个过程性的行为，各范畴所涉及的领域之间是相互渗透、彼此影响的，而不是在某一时间节点或瞬间停留的简单流线型关系。

农村科技创新范畴因其用途的差异可划分为指导技术创新、应用技术创新及综合技术创新。指导技术创新是指发挥指导性作用的技术的创新，应用技术创新是指发挥实际应用作用的技术的创新，综合技术创新是既发挥指导作用又被实际应用的技术的创新。因此，指导技术创新、应用技术创新及综合技术创新分别依赖于对现有的指导技术构成要素、应用技术构成要素、综合技术构成要素的重新组合分解，三者是在指导技术、现有应用技术和现有综合技术基础上的进步或发展、发明或创造。

农村科技创新范畴按学科专业可分为基础技术创新、专业基础技术创新及专业技术创新。基础技术是指在学科专业中发挥基础性作用的技术，专业基础技术是为学科专业技术奠定基础的技术，专业技术是指某一学科专业的专门技术。因此，基础技术创新、专业基础技术创新及专业技术创新分别是对现有基础技术构成要素、专业基础技术构成要素、专业技术构成要素的重新组合或分解，三者是在基础技术、专业基础技术和专业技术基础上的进步或发展、发明或创造。

此外，农村科技创新范畴按科技创新产品研制可分为产品研制资源筹集科技创新、产品研制管理科技创新和产品研制科技创新三类；按难易程度可分为简单科技创新、复杂科技创新和尖端科技创新三类；按时效性可分为先进科技创新、过渡科技创新和落后科技创新三类等①。

第三节　农村科技创新体系的内容

农村科技创新体系的高效建设与长足发展，不仅是促进国家创新体系不断完善的重要组成部分，同时为解决我国“三农”问题、构筑农村经济发展体系、实现农业增效和农民增收的长效管理机制运行提供了强有力的科技支撑的制度保障。将农村科技创新体系建设成布局合理、分工明确、结构优化、运行高效、具备持续创新与转化能力，既能与新农村建设相适应又有较强国际竞争能力的创新体系，显得尤为紧迫。

一、农村科技创新体系的内涵

创新体系是开展创新活动的必备条件，是创新能力得以展现的功能依托。科技创新体系是一国或某一地区创新体系的重要组成部分，其建设水平是该国或该地区竞争力和综合实力的外在表现。具体而言，科技创新体系指以推动科技创新为目标，以政府科技及经济等相关部门为主导，引导社会力量共同参与，多方资源相互合作、彼此配合而形成的网络系统。

农村科技创新体系的本质是一种制度安排，旨在将农村科技创新的进步嵌入农村经济增长的过程之中。农村科技创新体系是政府部门之间及其与农村科技创新知识的生产者、传播者和使用者之间的互动与合作，并在相互作用的基础上形成的全社会范围内科技创新知识循环流动的良性运作机制。农村科技创新体系不仅是国家创新体系的有机构成部分，同时代表着所在区域或行业的创新体系。因此，农村科技创新体系既具有一般创新体系的共性框架和要求，又具有特定区域的个性和该区域农村、农业及农民的社会特点②。而明确农村科技创新体系的特点，有助于我们以更自觉和更理性的态度推进农村科技创新体系的建设与完善。因此，将农村科技创新体系的特征概括如下。

（1）综合性。农村科技创新体系不是某一主体单独形成的结果，而是以政府管理部门、农村企业、农户、农村科研机构等多元主体彼此合作、相互作用而构成的良性运作机制。

（2）系统性。系统性是所有体系所具备的本质性特征。农村科技创新体系

① 罗明星，罗永峰. 2006. 科学技术创新的分类[J]. 科学学研究，(S1)：17-20.

② 吕火明，李晓，刘宗敏，等. 2011. 农业科技创新能力建设研究[M]. 北京：中国农业出版社.

的系统性不仅表现为其创新思想来源与运作方法的系统性，也在于农村科技创新体系创新绩效的系统性，因为该绩效是多种创新要素共同作用、综合集成的结果。

（3）开放性。农村科技创新体系并不是一个封闭的系统，而是一个开放的、资源畅通的系统，其开放性不仅体现在宏观视域下国际、区域及行业间资源的流动，还体现在体系内部各组成部分之间也是彼此联动、相互开放的。

（4）层次性。农村科技创新体系既是国家创新体系的组成部分，又涉及区域体系的创新与行业体系的创新，不同层次的创新体系具有不同的组织目标和作用。同时，农村科技创新主体的多样性也内含着不同的层次，如政府管理部门所代表的是国家宏观层次，而农村企业、科研机构等主体则是中观层次，农户则以微观个体层次加以呈现。

（5）专业性。农村科技创新体系的专业性体现为它是某国、某区域及某行业内历史积淀及发展的产物，其专业性受该国、该区域及该行业内政治、经济、文化、社会等多种因素的综合影响。不同国家、区域及行业之间的发展差异是农村科技创新体系多样化及创新体系绩效差异性的根本原因。

（6）发展性。任何事物都处于不断发展变化的过程之中。农村科技创新体系的发展性一方面体现为其作为整体的不断发展和持续进化，另一方面则体现为农村科技创新体系内部各组成要素间知识的流动及其自身的不断完善。

二、农村科技创新体系的构成要素

农村科技创新体系是促进农业发展、助力农村进步和实现农民增收的重要保障机制①，由一系列系统衔接又相互合作的要素所组成。依照不同分类依据，农村科技创新体系的构成要素各具差别，本节主要从农村科技创新体系的一般性构成要素和系统性构成要素两个角度加以详细阐释。

（一）农村科技创新体系的一般性构成要素

农村科技创新体系的一般性构成要素是构成农村科技创新体系最基本也是最核心的要素，本节以功能特征为划分依据将农村科技创新体系的一般性构成要素划分为创新活动主体及创新环境两大类。

首先，农村科技创新体系以农村科技创新知识的生产者、使用者和扩散者为三个基本元素，因此农村科技创新体系的主体构成必然是多元的，是由各类主体

① 王映宏. 2008. 加强农村科技创新服务体系建设[J]. 科技情报开发与经济，（2）：149-151.

相互作用、协同合作所构成的紧密联系的有机网络。本节将农村科技创新体系的创新活动主体做如下划分。

（1）政府管理部门。政府管理部门对农村科技创新体系的倡导和推动作用是通过直接的政策法规制定及间接的市场调控来实现的，其余创新活动主体必须依据政府部门的相关规定实施其农村科技创新行为。在市场经济条件下，单独依靠政府行为建设农村科技创新体系，往往会导致政府失灵；单一的市场行为也行不通，会导致市场失灵；必须强调政府与市场的有机结合与良性互动，以克服政府失灵与市场失灵的不足，充分发挥政府与市场的双重优势。因此，随着体制的转型，政府在农村科技创新体系的建设中，要实现从唱“独角戏”到“总导演”的转变，其主要职能是为农村科技创新的推进创造良好的政策环境、体制环境和法律环境，完善国家农村技术创新体系，有效整合各方力量，从而使得各种农村科技创新力量竞相迸发，并对国家科技创新体系的有效运行实施宏观调控与微观监督。

（2）高等农业院校和农村科研机构。高等农业院校及农村科研机构在农村科技创新体系中以“知识源”与“人才源”作为其基本定位，具体表现在以下两个方面：第一，为农村科技创新体系的构建提供所需的技术知识支撑，奠定农村科技创新体系发展所需的理论基础。其中，农村科研机构所开发的知识技术资源大多具有战略性、前沿性及实用性的特征，在依靠政府投入的现实背景下实现农村科技创新知识与市场需求的高效对接。第二，通过系统教育与专业培训为农村科技创新输送优秀人才，实现农村科技创新专业知识在各主体间的充分流动，加速农村科技创新的知识及技术成果在全社会领域的扩散，同时也实现了农村科技创新的理论知识向农村科技创新实践的有效转化。

（3）农村科技企业。农村科技企业是我国农村科技创新体系的重要主体之一，是农村科技与经济结合和转化的最佳载体，是促进我国农村生产力显著提高、实现农村和谐发展的重要推动力量。一方面，在市场经济条件下，农村科技企业根据国家农村和科技政策，按照农产品的市场需求及所处的竞争环境，自主选择并实施与自身实力和发展目标相适应的农村科技创新项目，自主筹集项目资金并承担相应的投资风险，既要引进、培养技术开发人才，还要投入相关硬件，建立健全科技创新机构，通过内部组织或课题形式支持高等院校、科研院所进行面向市场的应用技术研究和开发；另一方面，许多农村科技企业在实践中通过科技创新提高经济效益、增强竞争实力，激活科技创新的内在动力，以更多的投入致力于将农村科技创新成果应用范围的扩大化。再者，高等农业院校和农村科研机构并不是农村科技创新所需知识及人才的唯一来源，这两者所提供的知识及人才大多停留在理论层面，对于农村生产及科技创新过程中所遇到的实际难题缺乏实践经验，无法对农村科技创新的市场需求进行精准定位。

因此，构造以实践为基础的系统性农村科技创新知识体系是农村科技企业的重要使命之一。

（4）农村科技中介服务机构。农村科技创新体系具有其所处农村的区域特性，生产周期性长、成果收效慢等特殊性使得农村科技创新体系与一般性科技创新体系具有明显区别，这使得农村科技创新体系主体中农村科技中介服务机构的作用更为凸显。农村科技中介服务机构在农村科技创新过程中，凭借其所具有的专业知识及服务技能，连接农村科技创新体系中的多元创新主体，实现市场要素在各主体间的充分流动，在加速科技成果转化、有效降低创新风险、高效配置资源等领域发挥着至关重要的作用，是为各类创新活动提供支撑服务的关键主体。农村科技中介服务机构在农村科技创新体系中的具体功能可以分为以下两类：第一，农村科技创新成果从理论到实践转化进程的“助推器”。科技创新成果只有在进入市场获得经济效益与社会效益后才能称为该科技创新的成功，而农村科技中介服务机构在掌握着多方重要资源的基础上，充当着将创新主体的理论成果与市场要素对接的功能。第二，农村科技产业化进程中知识与信息传播和扩散的桥梁。农村科技创新政策的最新动向、企业投资与市场需求信息、农户生产实践中的现实难题等信息，都是农村科技中介服务机构可以掌握并加以利用的资源，这些资源的传播与扩散对于农村科研机构与农村科技企业都起着至关重要的作用，农村科技中介服务机构在其中则扮演着知识与信息的“传声筒”角色。因此，农村科技中介服务机构是农村科技创新体系中独具特色且至关重要的一环。

（5）农户。农村科技创新体系中最基础、最重要的主体是广大农户，农户作为农村科技创新大范围应用的主体，是农村科技创新的基本单位。产品市场化使得农户可自行选择农村科技创新成果，从而成为农村科技创新成果实现生产转化的最终环节。农村生产并不是简单的标准化工厂作业，农村科技的广泛应用深受农村的生物学特性、自然环境、农民的传统文化和生产生活习惯等因素影响，科技的应用过程本身还有个磨合和调适的过程——应用性创新；而且，大量应用性极强的农村科技创新技艺往往直接起源于农户生产的直接实践，属于经验性创新。因此，农户在农村科技创新体系中的角色具有双重性。一方面，农户在农业实践过程中的操作困境及进步需求是农村科技创新的主要动力源泉；另一方面，农户又是农村科技创新成果的主要消费者及农村科技创新技艺的实际操作者，农户对于农村科技创新成果规模效应的形成具有至关重要的作用。

其次，农村科技创新体系一般性构成要素中的创新环境是一个多要素构成的综合体，主要包括国际环境、国内政府的宏观政策与制度环境以及各国或各地区的经济、科技、文化基础及所属产业或行业的结构体系等，这些要素合力影响着农村科技创新的物质条件和社会氛围。本节主要从农村科技创新的体制环境、政策环境、法律环境和社会文化环境加以阐述①。

（1）体制环境。农村科技创新体系的本质是政府管理部门、高等农业院校和农村科研机构、农村科技企业、农村科技中介服务机构、农户等参与农村科技创新的各类主体形成紧密联系、互相合作和协调的网络，包括政产学研的合作网络、农村科技企业间战略联盟、企业与用户之间的社会网络等。对农村科技创新体系而言，最重要的体制环境就是农科教体制和经济体制。农科教体制应对促进各种网络，特别是对产学研合作、农科教结合网络的形成发挥积极作用，而农村科技创新体系的构成要素、结构组成、动力机制及创新资源的配置方式与效率等都取决于经济体制，经济体制为农村科技创新体系提供了特定的运行空间和基本的组织与制度框架。

（2）政策环境。政策环境对农村科技创新体系的影响比体制环境更直接和具体，其中，农村科技政策是对农村科技创新活动影响力度最大的政策，是农村科技创新政策体系的基础与源泉。其余相关政策多采取科技与经济相结合的路径，从侧面表现政府对于农村科技创新的政策支持。农村科技创新政策是政府制定的用以选择农村建设重点领域及其关键技术的标准，是一系列引导、监督、干预和促进农村科技创新的配套政策措施。与农村科技创新政策相关的系列政策主要包括农村科技政策、基础设施建设政策、财政税收政策、金融政策、人才培养引进政策、社会保障政策等全方位的政策体系。

（3）法律环境。法律环境是指国家或地方政府颁布的各项与农村科技创新相关的法规、法令、条例等。通过法律手段对农村科技创新的教育培训、研究开发、推广服务等系列过程进行约束，为农村科技创新提供良好的法律环境，是促进农村科技创新有效发展、创造公平竞争的市场秩序、实现创新资源的自由流动、协调各方利益及充分调动各方积极性的法律保障。

（4）社会文化环境。农村科技创新体系的顺利运行离不开良好的社会文化环境，良好的社会文化环境能够促进和激励农村科技创新体系中系统要素内部及要素之间知识的生产、扩散和传播。社会文化环境主要包括价值观念、风俗习惯、社会风气、劳动力资源、平均的文化水平和心理素质等，它直接影响着人们是否有追求创新的热情和人与人之间信任与合作关系的建立。诱致性理论明确指出，先进技术的引进在经济上虽然有利可图，但如果忽视或无视社会习俗和文化价值的差异，这种技术的引进效果就不可能达到预想目标。科技创新的社会文化基础在于人们普遍拥有敢冒风险的主观意愿、把握机遇的积极态度及对未来充满信心的心态。

① 鲁柏祥. 2007. 基于知识的国家农业技术创新体系研究——宏观理论与微观实践[D]. 杭州：浙江大学.

（二）农村科技创新体系的系统性构成要素

农村科技创新体系的系统性构成要素涵盖农村科技创新研发体系、农村科技创新推广体系和农村科技创新管理体系三个方面，三大体系相互渗透、互为支撑与动力，推动着农村科技创新体系以更加系统科学的形态呈现。

第一，农村科技创新研发体系。农村科技创新研发体系覆盖农村科技的基础性研究、应用基础性研究、应用研究和开发等领域。根据农村科技创新研发功能的区别，可将农村科技创新研发机构分为面向市场能力的农村科技创新研发机构、服务类农村科技创新研发机构和以基础性、公益性为主的农村科技创新研发机构三类。在当前的实践中，我国对农村科技创新研发机构主要通过所属层级的不同进行种类划分与管理，试图构建一个层次性与区域性相结合的农村科技创新研发体系。本节主要从全国性农村科技创新研发机构及区域性农村科技创新研发机构两个层面加以解读。

全国性农村科技创新研发机构主要着眼于全国性的或跨省区的具有全局性、战略性、方向性、关键性和基础性的农村科技创新问题。因此，全国性农村科技创新研发机构从事的大多是与农村科技相关的基础性及应用基础性研究，或涉及重大高新技术、具有共性的关键性技术研究等，其科技创新成果对全国范围或跨省区的农村经济结构调整及经济实力提升具有重要的先导性作用。同时，全国性农村科技创新研发机构还会以参与者或协助者的身份加入全国性或跨省区的农村科技创新行动计划，致力于提升农村科技创新能力。

区域性农村科技创新研发机构是各地区以当地行政区划、历史禀赋、自然环境、经济条件、社会发展状况及教育条件等为科技创新的基础条件，结合自身优势及特色创设的农村科技创新研发机构。区域性农村科技创新研发机构的创新工作以全国性及区域性的农村科技创新政策法律法规为依据，在统筹规划当地农村科技创新体系的前提下实现农村科技创新体制的改革深化，致力于提高农村科技创新能力、促进区域性及行业内科技创新水平的提升，最终为区域经济进步和社会发展提供强有力的支撑。

第二，农村科技创新推广体系。农村科技创新推广体系是由政府管理部门、农村科研机构、农村科技中介服务机构、农村科技企业及农户等多主体共同参与的，旨在将农村科技创新的新成果、新理念、新技术、新知识及新信息等通过多样化的信息传播途径传递给农村科技企业或农户等需求主体。作为连接农村科技企业及农户与农村科技创新成果的纽带，农村科技创新推广体系必须立足于农村科技企业及农户的生产需求、生存需求与精神文化需求，以提高农村科技企业及农户的生产效率、物质水平及精神文明建设为目标，在遵循社会主义市场经济规律及农村科技发展规律的前提下实现自身推广价值的最大化[①]。实践中，县乡农村科技创新推广机构、高等农业院校及农村科研机构和农村科技创新示范区，都是我国农村科技创新推广体系的重要组成部分。

县乡农村科技创新推广机构。农村科技创新推广体系中与农村科技企业及农户等需求主体联系最紧密的是我国县乡农村科技创新推广机构。我国县以下政府部门已将现有各种专业性农村科技推广站整合为综合性的县乡农村科技创新推广中心。不同区域内的县乡农村科技创新推广中心充分利用原先各农村科技推广站的专业优势，创建了以产业为主导的各具区域特色优势的推广体系。大力重视推广中心人才的聘用与培训，实行竞争上岗制的负责人选配制度，以职称评定、绩效考核、薪资福利等多重手段完善县乡农村科技创新推广机构的人才体系。

高等农业院校及农村科研机构。高等农业院校及农村科研机构因其自身所具备的教育及科研特性，能够通过系统的知识学习、专业的科研知识有效解决农村科技创新推广体系中教育、科研与推广相脱节的难题，打通农村科技创新推广体系中上行与下行的通道，在充分了解农村科技企业及农户需求的基础上以更专业的知识和姿态推行农村科技创新成果，拓展教育、科研与推广的循环体系，化解农村科技创新体系中经济结构调整的现实难题。

农村科技创新示范区。农村科技创新示范区包含农村科技创新示范园、示范场、示范户、示范企业和示范基地等多个载体，是一个以展示农村科技创新成果的研发、生产、推广、服务等系列流程为主要目标，以优化农村科技创新成果的功能为发展空间的综合载体。同时，农村科技创新示范区还可以作为农村科技企业员工及农户的培训基地，高等农业院校及农村科研机构组成人员的实践基地等，以有效带动农村科技创新人才的培养及周边地区农村经济结构的调整。因此，农村科技创新示范区的建设势必成为未来我国农村科技创新推广模式的重要载体及创新能力进一步提升的突破口。

第三，农村科技创新管理体系。农村科技创新管理体系是通过对农村科技创新体系实施战略管理、组织管理、制度管理、绩效管理等多种手段而实现其功能，其目的旨在充分调动农村科技创新体系中各主体的创新活力、提高农村科技创新能力与可持续发展水平。农村科技创新管理体系是一个涵盖计划体系、组织体系、运行体系和保障体系的多元管理体系[②]，各构成要素如下。

（1）定位准确的计划体系。首先，政府管理部门对农村科技创新体系建设的

---

① 郭霞，刘志民，董维春. 2005. 我国农村科技服务体系的组织、制度与政策演变[J]. 生产力研究，（10）：40-42.

② 靖冬铌. 2018. 企业科技创新管理体系的构建与应用——以秦皇岛港股份有限公司为例[J]. 价值工程，37（1）：66-67.

顶层设计与战略规划布局的准确定位，是农村科技创新主体实施创新行为的方向性指标，重要攻关方向及重点建设领域的引导将极大促进农村科技创新主体的创新效率，促使其在明确的目标指导下创建更高效的组织架构和管理体系。其次，农村科技创新所具有的行业及产业属性，要求农村科技创新主体密切关注农村科技创新所属行业及产业的前沿信息，在对各类信息进行分类分层管理的基础上找准农村科技创新目标，构建行业或产业科技创新目标驱动的农村科技创新管理体系。

（2）层次分明的组织体系。农村科技创新的组织体系包括创新主体、创新体制与机制及创新环境。它是一个在市场作用和国家引导下，促进各类创新主体网络化互动的经济系统。这一系统由政府、高等农业院校与农村科研机构、农村科技企业、农业科技创新中介服务机构和农户组成，是国家创新体系在农村各领域、各层次的延伸。这一系统具有整体性、有序性、目的性和产业适应性等特征，在组织上为农村科技创新各个阶段的顺利整合、发挥农村科技创新效能、提高农村科技创新贡献率提供了重要的保障。

（3）管理精细的运行体系。首先，需要建立完善的农村科技创新管理制度，主要涵盖知识产权管理制度、科技创新集成管理制度、激励制度及评价管理等制度；不断完善科技创新主体的能力建设，调动创新主体的工作积极性，整合集成各层面的科技创新信息，提升科研管理精细化水平。其次，通过建立信息化管理系统提升农村科技创新的信息化程度和规范化程度，充分利用信息平台对创新信息进行整合以及对科技项目进行申报等工作，克服传统平台信息不对称、效率低的弊端。

（4）全面完善的保障体系。第一，构建以政府投入为主导、社会多元主体投入的农村科技创新投入体系。农村科技创新投入是指一个国家或地区在一定时期内每年用于农村科技创新成果研发及效益转化的总支出。农村科技创新投入是确保农村科技创新工作得以持续开展的经济支撑，政府部门在农村科技创新投入中起主要引导作用，但政府部门的投入并不能也不应成为农村科技投入的唯一主体，因此，必须加强农村科技企业、农村科技中介服务机构及农户等社会力量对农村科技创新的投入。第二，建设农村科技创新的人才队伍保障体系。优秀的农村科技创新人才队伍是农村科技创新体系中最重要也是最核心的资源，是农村科技创新得以成功开展的前提。以推动农村科技创新领军人才和优秀团队为人才队伍建设目标，加大对高等农业院校和农村科研机构的投入与指导，创新农村科技创新人才的培养模式，完善农村科技创新人才的激励机制、评价机制与自主流动机制，逐步构建与市场需求相匹配、与人才队伍各种能力要求相符的“多波段”人才梯次结构及人才流转模式，保持农村科技创新人才队伍的合理结构和创新活力。第三，形成良好的农村科技创新的文化与社会环境。可从政策导向、激励及活动宣传三方面着手：一是政府部门应给予农村科技创新高度的重视，制定及完善相关政策法规，在农村领域形成农村科技创新参与的热潮，为农村科技创新提供积极氛围；二是通过物质激励和精神激励等形式对在农村科技创新工作中做出重大贡献的集体与个人给予表彰，在整个农村范围内形成奖励进步的人文环境，以充分调动各创新主体的积极性与创造性；三是通过多种渠道开展农村科技创新的宣传活动，广泛深入宣传农村科技创新的理念和文化，使农村科技创新在深入人心的同时，还能够吸纳更多优秀的科技创新人才。

三、农村科技创新体系的类型归纳

农村科技创新由于受到历史、政治、经济、社会文化等因素的制约，从而分化出不同的路线和模式。依据农村科技创新体系形成所依靠的主体及其参与程度的不同，可以将农村科技创新体系划分为政府主导型农村科技创新模式、市场主导型农村科技创新模式和政府-市场共同作用型农村科技创新模式①。

（一）政府主导型农村科技创新模式

政府主导型农村科技创新模式主要依靠政府力量推动农村科技创新发展。政府往往制定明确的农村科技创新发展战略，从产业发展、人才引进和培养、税收政策、金融政策、知识产权保护等方面制定并实施旨在促进农村科技创新的政策措施，在基础设施、科技平台、科技园区等领域不断加大投入与建设，推动国内、国际的科技创新资源不断向目标农村集聚，充分发挥以政府管理部门、高等农业院校和农村科研机构、农村科技企业、农村科技中介服务机构及农户等多主体构成的农村科技创新网络的作用，在良好的创新文化氛围下实现各主体间资源的有效流动，形成高效的农村科技创新研发体系、推广体系和管理体系。

在政府主导型农村科技创新模式中，政府关于农村科技创新的计划与制度安排是农村科技资源选择和配置的依据。政府主导型农村科技创新模式一般着眼于国家层面或区域层面的科技创新，重视对农村科技创新形成规模性效应的基础性研究与创新工作。因此，政府主导型农村科技创新模式下生成的科技创新成果多呈现外部性强、公共物品属性明显的特性，是能够对生产技术和管理技术的改变产生重大影响的科技创新，甚至还会引起农村科技创新体系的根本性变革，实现对传统产业的改造及新兴产业的崛起。

政府主导型农村科技创新模式的主体多为高等农业院校和农村科研机构，科技创新主体在政府计划的指引下进行科技创新成果的研发，成功研发的科技创新

---

① 纪绍勤. 2005. 我国农业科技创新体系研究[D]. 北京：中国农业科学院.

成果推广工作主要依托于政府部门。因此，在政府主导型农村科技创新模式中，几乎所有的创新活动都在计划与行政力量的支配之下，创新主体在其中的主观能动性较小，具体流程如图 2-2 所示。

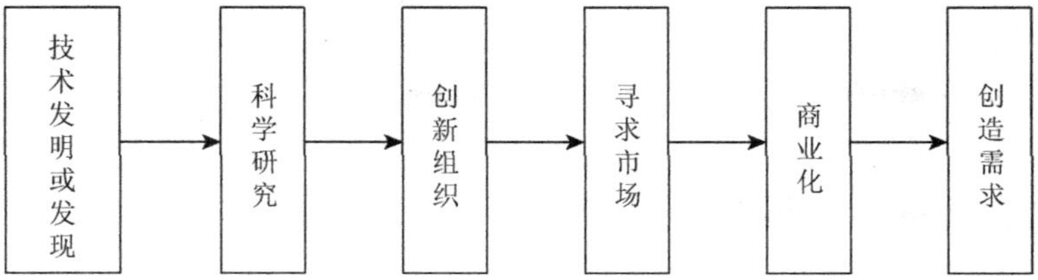

图 2-2　政府主导型农村科技创新模式

（二）市场主导型农村科技创新模式

市场主导型农村科技创新模式是一种以市场需求为创新动力的模式，该模式中农村科技创新主体的行为主要依赖于市场领域中以不稳定特征呈现的科技创新资源，需要根据市场需求而应用各种资源，最终实现其追求经济效益的直接目标。因此，市场主导型农村科技创新模式能够与市场需求高效匹配，在要求农村科技创新主体具有高度市场敏感度的同时，也赋予科技创新主体极大的选择空间，是一种压力与动力共同作用于农村科技创新主体的创新模式。市场主导型农村科技创新模式的创新主体以农村科技企业为主，采取一种市场需求导向下的自主经营、自负盈亏、自主创新和自我发展的运营模式。但是，市场主导型农村科技创新模式的这种市场导向本质属性也使其在一定程度上易于忽视或否定农村科技创新中基础性研究的作用，后续的运行过程中可能会因基础性研究的不牢固而使创新的进一步推进缺乏强劲的后力，具体流程如图 2-3 所示。

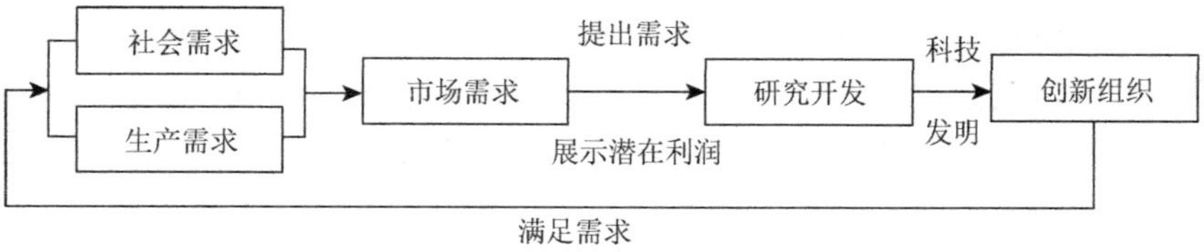

图 2-3　市场主导型农村科技创新模式

（三）政府-市场共同作用型农村科技创新模式

政府-市场共同作用型农村科技创新模式则包括政府与市场两个主体，是政府和市场合作互补、协力推动农村科技创新得以实现的一种科技创新模式。农村科技创新不仅需要利用市场机制来配置科技创新要素，也需要政府的引导和调节，特别是科技创新所要求的基础研究、公共基础设施等，用以增强农村科技和知识竞争力的硬环境与软环境。从农村科技创新的历史实践和发展趋势看，市场经济较发达的农村大多选择有目的地制订地区发展规划，同时，政府干预较强的农村也越来越重视市场作用的发挥。因此，可以预见的是政府-市场共同作用型农村科技创新模式将有望成为应用更广泛的农村科技创新模式①。

在政府-市场共同作用型农村科技创新模式中，政府部门与创新主体的选择是双向的：一方面，创新主体对于是否承接政府提出的农村科技创新计划具有充分的自主选择权，自身的资源禀赋、支撑条件、国际环境和市场状况等因素都可能成为其最终决策的影响因素；另一方面，在国家政策条件、行业发展现状、创新主体能力与地位等因素的影响下，政府部门也可以选择其认为能够胜任农村科技创新计划的创新主体。政府部门在选择农村科技创新主体的过程中，要避免寻租、腐败、公私不分等问题，恶性的竞争环境将导致科技创新动力不足、创新主体积极性不高及农村科技创新的过度营利性取向等现实困境，最终拉低政府-市场共同作用型农村科技创新模式的生产效率。政府-市场共同作用型农村科技创新模式中的创新计划一般是国家计划部门依据国家现有的农村科技发展水平，在综合国际竞争环境、国内外科技创新机遇及市场需求的基础上确定的，其中既有国家直接确定的国家级重点创新计划，也有高等农业院校及农村科研机构等依据国家发布的农村科技创新项目，以课题、调研等形式争取国家自然科学基金、国家社会科学基金等国家对农村科技创新的专项资助，这种形式充分调动了农村科技创新主体的主观能动性及创造能力，将大幅度提升农村科技创新的效率及成功率。

总体而言，我国现有的农村科技创新仍处于探索期，创新主体仍以政府部门及其下属的农村科研机构为主，它们既承担着提供公共产品和科学技术的职能，又需要通过农村科技创新成果流入市场以获得社会效益和市场效益。因此，我国农村科技创新体系的构建要在适应农村科技公共性、基础性、社会性特点的基础上，以多元创新主体协同参与的创新基地为载体，以系统化运用的研发体系、推广体系和管理体系为体制保障，确保农村科技创新的体制环境、政策环境、法律环境和社会文化环境保障，致力于形成结构完整、创新高效、功能完善、运行顺畅的农村科技创新体系。

① 张赛飞. 2012. 科技创新与经济发展实证研究[M]. 北京：中国经济出版社.

第三章　新中国成立后我国农村科技创新体系梳理

党的十九大报告明确要确保国家粮食安全，把中国人的饭碗牢牢端在自己手中①。我国作为一个农业大国，为了保障粮食安全、建设高水平农田、优化农业结构及夯实农业供给基础、拓宽农民增收渠道、激发农村活力，必须要保证农业的国民经济抓手地位不动摇，进而振兴农村发展、为农民的美好生活提供基础性保障。而促进农业农村发展进步的很大原因正是科技力量的不断注入与变革。传统农业向现代农业的迈进、粗放型种养殖方式向集约化种养殖方式的转变及资源消耗型农业向生态友好型农业的方向调整均是在我国农村科技创新力量的助推下完成的。

科技强农政策的引领与措施的持续改进，推动着我国农业农村发展的市场化与多元化。其中，促进科技与农业农村更好结合并使农业科技可以更高效地转化为现实生产力的农村科技创新体系也经历了不同的发展构建阶段：从新中国成立到改革开放之前的机械化改造期、改革开放到取消农业税之间的科技创新推广期、取消农业税至今的以创新为主线的科技创新高速发展期。各个时期由于不同的历史背景、国家政策及现实生产状况而逐渐形成了各具特色、各有重点的农村科技创新体系。经过不断探索与实践检验，逐渐形成的群体性与多元性高度融合的新型农村科技创新体系，成为我国农业与农村现代化发展的重要支柱。

第一节　改革开放前的农村科技创新体系

新中国成立之后，我国处在改造旧社会、整顿旧秩序、恢复新工业的建设洪潮中，农村建设也在这一阶段由封建土地所有制转变为农民土地所有制，再由农民土地所有制转变为集体所有制，加之合作社生产形式的展开，都为农村经济恢复与发展做出了积极贡献。而这一时期我国农村科技以提高生产、促进机械化开发为主，防止初级农业生产遭受天灾破坏。农村科技创新体系处于曲折的探索发展期，全国各地相继成立了中国与各省市农业科研院所，召开了多次农业规划发展会议，为刚刚恢复的农业增产增量奠定了基础。

---

① 习近平：决胜全面建成小康社会 夺取新时代中国特色社会主义伟大胜利——在中国共产党第十九次全国代表大会上的报告[EB/OL]. http://www.gov.cn/zhuanti/2017-10/27/content_5234876.htm[2017-10-27].

一、新中国成立至土地改革时期的农村科技创新体系

新中国成立初期，我国的农业生产水平十分落后，不能因地制宜地耕田与种植，缺乏相应的技术与人力来从事农业机械化生产和其他技术的应用，无力兴修和进行农田基本建设，更无法抵御较大的自然灾害。随着国家各项经济建设的恢复与展开，为解决饭碗问题与基本原材料问题，开始推进农业科技的发展。1949 年 4 月 20 日，华北农业科学研究所组建成立，内设多个农业相关系别，负责农、林、牧、副、渔等各方面的研产与开发，成为新中国第一个农业科研机构，开启了我国农业科技发展的新征程①。面对当时我国百废待兴的经济发展现状，农业生产也困难重重，虽然劳动人民积累了丰富的生产经验，但是缺乏周详而科学的整理与规划，更缺少全面而系统的研究与提升。小农经济生产方式下的闲散农业不仅在管理制度上漏洞百出，在农业作物的抗灾、抗害、抗病性上更是具有很大弱点。华北农业科学研究所的成立，为农村科技创新工作汇聚了人才、制定了方针、组建了团队，也指明了新的发展方向。

1949 年 9 月 29 日，在中国人民政治协商会议上通过的、具有临时宪法性质的《中国人民政治协商会议共同纲领》（以下简称《共同纲领》）中，对农业建设相关的农林渔牧业做出了规定：在一切已彻底实现土地改革的地区，人民政府应组织农民及一切可以从事农业的劳动力以发展农业生产及其副业为中心任务，并应引导农民逐步地按照自愿和互利的原则，组织各种形式的劳动互助和生产合作。在新解放区，土地改革工作的每一步骤均应与恢复和发展农业生产相结合。人民政府应根据国家计划和人民生活的需要，争取于短时期内恢复并超过战前粮食、工业原料和外销物资的生产水平，应注意兴修水利，防洪防旱，恢复和发展畜力，增加肥料，改良农具和种子，防止病虫害，救济灾荒，并有计划地移民开垦②。这些部署与要求在《共同纲领》全文中占据了绝对优势，为农业科技工作提供了行动指引，更可以看出新中国成立初期国家对于农村科技工作的重视与决心，农业科技建设的序幕由此拉开，此时的农村科技创新工作初露端倪，但尚未形成体系。

二、农业合作化阶段的农村科技创新体系

自 1949 年 10 月新中国成立，我国开始向构建农村科技创新体系继续前进。

---

① 陈凤桐. 1953. 华北农业科学研究所新的工作方針[J]. 生物学通报，(Z2)：157-158.

② 中国人民政治协商会议共同纲领[EB/OL]. http://www.cppcc.gov.cn/2011/12/16/ARTI1513309181327976.shtml. [2017-11-17].

为实现初始的农业增产增量，全国农村开始推行农业合作化的互助生产形式，来解决粮食的自给自足问题，并为农业的科技化建立了基础。这一时期的合作分为三个阶段。

1949 年 10 月至 1953 年为第一阶段，此阶段在创办互助组的同时，试办了初级形式的农业合作社。在各级领导的组织与带领下，全国农业互助组发展到 830 余万个，各地还个别试办了农业生产合作社（初级社）3600 余个，促进了农业集体化模式及通过高产高效来嫁接农业的科技创新格局的初步形成。而在互助组的大生产中，为了改善冒进急躁的生产风气，中共中央在 1953 年发布了《关于春耕生产给各级党委的指示》，并在 4 月召开了第一次全国农村工作会议，阐述了“稳步前进”的农业生产方针，对于盲目的增产增量提出了改进指示。

在农业合作社的试办时期，农村科技创新工作也在提高产量的基础上稳步开展。我国制定了《1951—1955 年农业科研计划》，在以“科学为生产服务”方针的指导下，以国家为主导，加大组织人力和物力，并把培育推广良种与防治病虫害等内容作为农业科技工作的重点任务[①]。1953 年 2 月的农业部部务会议确定了华北农业科学研究所的《1953—1957 的工作计划大纲》，制定出 1953 年的农业科技相关的具体工作计划，为农村科技创新工作的持续推进做好引领。通过不断的学习与研讨，总结出很多错误观念及经验，这一工作计划大纲在总结教训的基础上，提出了新的理论认识及工作方案，以实现机械化的农业生产[②]。其一，就农业科技创新方向来看，要在整合人力与物力的基础上，以基础性生产的品种改进、肥料研究、抗病性研究等方面提高耕作的成活率与优良率，而不是单纯靠人力来增产，不断改进耕作方法与栽培技术，在提升产量的基础上配套高质量耕作，并随着这一工作的推进确定特定区域良种的针对性种植，防止外来良种的混杂。其二，就农业研究方法来看，采取系统的联合研发方法，改善局部与片面的单体科研，对农村耕地进行集体作业研究，并对农作物的生长、培育与管理进行全面的推敲和总结，构建一个系统的农业科技体系，以便为后续农业科技改进做好铺垫性研究。其三，就农业科技规划来看，做好全盘部署与目标制定，切勿忙乱与急躁，稳扎稳打，按照科学的生产模式稳步提高，防止农业互助组生产中出现急于求成、贪多图大行为并造成产量与质量倒退等问题。例如，在实地调查、良种选择及繁殖试验等过程中，都要遵循科学的方法求量更求质，保证以生产效率为前提带来产量供给。

1954 年至 1955 年上半年为第二阶段，初级合作社在全国范围内普遍建立和发展起来。为了使更多农民加入合作社的农业生产中，国家在各个方面大力支援农业生产活动，而为了遏制在急速增长中出现扩张迅猛、违反自愿参与的不良势

① 黄敬前，郑庆昌. 2014. 建国以来我国农业科技政策及其特征分析[J]. 技术经济与管理研究，(9)：124-128.

② 董志凯，武力. 2011. 中华人民共和国经济史（1953—1957）上[M]. 北京：社会科学文献出版社.

头，毛泽东主席曾提出“停、缩、发”的三字方针[①]，即因地制宜地进行“停止发展、实行收缩和适当发展”调整，以巩固现有数量为主进行整改。但之后没过多久，又再次提高了合作社的发展速度，在反复的加速与压缩中，我国的农业科技创新体系进入了缓慢建设状态，农村的工作重心在互助组与合作社，同时对农业、手工业与资本主义工商业进行的社会主义改造，忽视了当时的合作化实践已与我国工业化发展速度相脱离的国情。1954 年 9 月，周恩来总理在第一届全国人民代表大会第一次会议上所作的《政府工作报告》中首次提出了建设“现代化的农业”这个概念[②]，促使把科学技术与农业生产相结合理念提升到新高度。直到 1956 年底，合作社模式进入了发展的快速增长期，参与初级生产合作社的农户人数占到了总农户数量的 96.3%，而参加高级生产合作社的农户人数占到了总农户数量的 87.8%，完成了由农民个体所有制到社会主义集体所有制的转变。至此，我国高度集中的计划经济模式初步形成。

1955 年下半年至 1957 年为第三阶段，农民集体所有制度形成，使国家把农业资源及劳动人口汇聚起来。1956 年，中央人民政府成立了国家科学规划委员会，并组织 600 多位科学界精英共同研究与讨论了中国发展科学技术规划，即《1956—1967 年科学技术发展远景规划纲要（修正草案）》，为我国的科技发展做出了全面规划。在这一纲要中，确定了五项农业科学技术任务：“农业机械化、电气化和农业机械的制造问题”“提高农作物单位面积年产量”“荒地开发问题”“扩大森林资源及森林的合理经营与合理利用”“提高畜牧业、水产业和养蚕业的产量和质量问题”[③]。同时，通过完善农业耕作制度、改良农业生产相关的机械设备（包括发电设备与电力网络的建立）、提升农用物资投入与药剂质量（包括化学肥料、防治病虫药剂、灭草剂等），来提高农业生产与科学技术的有效融合。此外，该规划纲要还在辅助农业科技发展的诸多方面做出了引导，对科学技术的工作体制、承载科技研发的机构设置以及科技干部相关岗位与使用等做出了一般性规定，更提出研究人员应重点从事产业的技术研究，要求约 80%的研究人员应放在产业部门的研究机构内。这一规划纲要对我国农村农业科技生产的研究与创新体系的形成提供了制度和要素的有力支撑。

1957 年 3 月 1 日，国务院批准成立了中国农业科学院，它作为国家综合性的农业科研机构，担负着全国农业重大基础与应用基础研究、应用研究和高新技术研究的任务，致力于在事关我国农业农村经济发展的基础性、方向性及关键性重大科技问题方面实现突破，在推动农业科技创新、服务地方经济、培养高层次科

---

① 马社香. 2012. 毛泽东“停、缩、发”讲话历史真相探源[J]. 当代中国史研究，(4)：82-86，127.

② 1954 年国务院政府工作报告[EB/OL]. http://www.gov.cn/test/2006-02/23/content_208673.htm[2006-02-23].

③ 1956—1967 年科学技术发展远景规划纲要（修正草案）[EB/OL]. http://www.most.gov.cn/ztzl/gjzcqgy/zcqgylshg/200508/ t20050831_24440.html[2005-08-31].

研人才、促进国际科技交流合作等方面发挥引导与助力的重要作用。中国农业科学院是落实与研究中央关于“三农”科技工作方针政策的重要载体，是面向“三农”建设的主战场，是农村科技创新方向的引路人，有利于带领全国的农业科技力量不断提升科研创新能力和科技进步水平，为我国农业科技率的提升奠定坚实的基础。

此后，中国陆续成立了林业、农垦与水产等农业方面的国家级科研单位，这些高级别科研单位的成立，使我国的农业科技研究更加系统与全面，为我国农村的科技创新体系所涉及的人员、组织、经费、发展模式、体制机制及技术支撑等方面都提供了源源不断的动力与制度支持，农村科技创新进入全面发展阶段。

三、人民公社时期的农村科技创新体系

在社会主义改造与第一个五年计划胜利完成之后，毛泽东总结概括出农作物八项增产措施，即著名的“八字宪法”（包括土、肥、水、种、密、保、管、工）①。毛泽东深知科学技术是现代农业发展的必备要素，也是加快我国传统农业向现代农业转变的加速器，他通过“八字宪法”极力提倡选种、改进耕作方式，根据我国农民群众的实践经验和科学技术成果，对实现科学种田起到了积极的推动作用，因地制宜地采取这些措施，在耕作的全环节实现科学耕作的技术支持，对农作物稳产高产十分有效②。同时，这一囊括了土壤规划、合理施肥、兴修水利、推广良种、合理密植、植物保护、田间管理及工具改革的全方位农业生产指引是现代农业科学理论和传统农业实践经验的完美结合，作为我国农业科技的母法，它是农业综合技术的高度总结，准确地指明了我国农业生产力的着力点。此后自 1958 年起，我国开始陆续成立省级农科院和地区农科所等单位，并初步形成了以国家为主体、省地协同的三级农业科研体系，为我国农业科技创新事业的规范化、科学化发展开辟了道路，我国的农村科技创新体系进一步完善。

我国的社会建设与工业化进程都离不开农业的基础支撑，全国人民的吃饭问题、工业原料的发展问题及在国际舞台保持独立自主地位、积极赶超欧美资本主义国家的现代化脚步等，都离不开我国的农业发展。中共中央政治局在 1956 年 1 月公布了《农业发展纲要四十条》，或称为《1956 年到 1967 年全国农业发展纲要》，这是 1956 年到 1967 年全国农业发展提纲挈领的要点汇总，也是 1956 年及

① 试述新中国成立后第一代中央领导集体对“三农”的理论探索[EB/OL]. http://dangshi.people.com.cn/n/2014/0605/c85037-25107863-4.html[2020-09-25].

② 王兴仁. 2013-05-03. 农业“八字宪法”新解[N]. 农民日报，(7).

之后12年内指导全国农业发展方向的主导方针，同时也是一部具有纲领性质的文件。这一纲要在经过几年的修改与实践后，于1960年正式通过，涉及全国生产生活、建设发展、教育卫生、科学技术等各方各面内容共四十条，其中，为促进我国农村科技研究工作的快速发展并完善农业技术指导，纲要中明确提出：根据需要和可能条件，建立和改进农业科学研究工作和技术指导工作的机构，例如农业科学院，区域性的和专业性的农业科学研究所，省的农业试验站，县的示范繁殖农场和农业技术服务站等，使农业科学研究工作更好地为发展农业生产服务。农业科学研究和技术指导，必须同农民群众的生产实践密切地结合起来。必须总结当地农民特别是老农的增产经验，学习其他地方农业生产上好的经验。县的农业技术服务站的工作人员，都应当分别选择重点的农场和农业合作社作为工作的基地，参加农业生产。从1956年开始，在12年内，要从具有相当生产经验和一定文化程度的农民中间，为农业合作社培养初级的和中级的技术人才，以适应合作经济发展的需要①。该纲要的出台大大提高了我国农、林、牧、副、渔生产的各项要求，其重心在我国农业发展的粮食和棉花增产方面，要求12年内的指标和1955年完成的数字比，要翻一番。而截至1959年，全国的粮食总产量从1955年的3496亿斤②，增加到了1959年的5401亿斤。同时，《1956年到1967年全国农业发展纲要》的实施也对农业合作化与农业生产的持续高潮起到了极大的促进作用。

我国农村科技工作虽然在逐步推进，但是由于国家各项建设工作也处于恢复与发展期，在我国农村科技创新工作方面投入相对数值仍然不足，许多综合性重大问题的实验研究工作尚未有效推进，研究技术的推广与普及工作、各种研究实验基地建设工作仍亟须加强，且保障实践生产需要的农业科学技术指导队伍在数量和质量上都无法满足实际生产需要。基于此，根据农业发展纲要和农业技术改革的要求，我国迫切需要以农业实际生产需要为基础，以更好地匹配合作社开展农业生产为导向，把农业科学技术工作提上新的阶段。1963年2月，中共中央、国务院召开了全国农业科技工作会议，会议在研究我国当时的农业科技工作现实状况基础上，初步总结了我国农业科技研发工作经验，并制订了我国未来农业科技发展十年规划，更提出了3000多项支撑农业发展纲要目标实现所需的科研课题，这深刻影响了我国的农业发展方向与格局。

经过各方专家一年的探讨与研究，我国于1963年制订了《1963—1972年科学技术规划纲要》(以下简称《十年科学规划》)。该项科学技术规划是以《1956—1967年

① 1956年到1967年全国农业发展纲要[EB/OL]. http://www.law-lib.com/law/law_view.asp?id=94818& winzoom=1 [2020-11-10].

② 1斤=500克。

科学技术发展远景规划》为基础，进一步完善与改进，并参照我国社会主义建设任务与世界科学技术进展情况后而加以拟定与成型的。多年来，在国家多项科学技术发展规划的指引下，我国对自然条件及资源进行了大规模的调查研究，掌握了大量一手资料。在农业方面，总结了群众的生产经验，并开展了广泛的实验研究工作，在改善农、林、牧、副、渔等基础生产技术与革新农业科学技术方面，做出了诸多基础性资料收集与研究工作。该项科学技术规划提出了以六个部分为重点抓手，以农业、工业、资源调查、医药卫生与技术科学规划及基础科学规划为主要努力方向，尤其要求围绕农业、日常基本生活物资方面及尖端技术的科学技术研究为中心任务，在夯实基础研究的同时提升高尖端技术研发。在农业科技研究方面，提出了“三个结合”：要把单科性研究与综合性研究相结合；把我国农民群体的生产实践经验和农学遗产与现代化的科学技术相结合；把科学技术研究与广泛的普及应用相结合。从而实现不仅为农业产量提高提供全方位的技术成果，也能系统性解决农业技术改革中的科学技术问题的战略目标[①]。同时，该规划专门对农业科学技术进行了独立的章节部署，强调为了促进农业科技化的有效提升，十年间农业科学技术工作的主要任务就是要为农业技术改革做好技术依托，并展现研究成果，规划好农业科学基础理论研究与新技术的农业实际应用工作，以此来推动全国农业的整体发展。

《十年科学规划》实施期间，颁布了一系列具体举措，涵盖加强专业研究机构建设（包括高等院校），大力培养研究人才，改善科学器材工作，统一管理科学投资，加强计量和标准化工作，加强情报、资料、图书和档案工作，健全成果鉴定和奖励制度，建立中间实验基地，加强技术推广，大力开展学术活动，加强科学技术国际合作与交流工作，加强科学技术普及工作，以及加强科学技术的组织工作等十三个各项具体细则方面都做了详尽规划，加强统一管理及激励各部门积极投入等都对农村科技创新工作的开展起到了积极的助推作用[②]。1963 年 12 月，中央下发的《关于动员和组织城市知识青年参加农村社会主义建设的决定（草案）》提出，为了进一步贯彻执行毛泽东同志提出的以农业为基础以工业为主导的发展国民经济的总方针，进一步加强农业战线，建设现代化的农业，建设社会主义的新农村，中共中央、国务院认为，在今后一个相当长的时期内，有必要动员和组织大批的城市知识青年下乡参加农业生产[③]。在国家政策的引导下，这一时期的农业和农村发展都取得了一定进步，国家提出了一系列科技生产措施，包括农业的

---

① 杨丽凡. 2003. 影响深远的《1963—1972 年科学技术规划纲要》[J]. 自然科学史研究，（S1）：70-80.

② 1963-1972 年科学技术发展规划纲要[EB/OL]. http://www.most.gov.cn/ztzl/gjzcqgy/zcqgylshg/200508/t20050831_24439.html[2005-08-31].

③ 关于动员和组织城市知识青年参加农村社会主义建设的两个文件[EB/OL]. http://www.ce.cn/xwzx/gnsz/szyw/200705/31/ t20070531_11555984.shtml[2021-10-10].

水利化、机械化、良种化、化学化。毛泽东还提出了“水利是农业的命脉”[①]“农业的根本出路在于机械化”[②]等思想。全国开始了大修水利工作，兴建了很多水库和灌溉工程。而这些农业基础设施的建设与完善、农业生产机械设备与技术的推广和普及都为农业生产提供了极大的便利条件，一大批著名的灌溉工程与治理典型工程都在这一时期涌现出来。这些机械化措施的改进不仅有效填补了我国在农业科学技术方面的诸多空白，也为抵御农业所面临的自然灾害提供了技术支持，促进了我国农业生产的稳定发展。尤其是我国的粮食产量，在科学耕种与品种改良的尝试下，特别是袁隆平“杂交水稻”实验的成功，实现了 1979 年粮食总产量比 1952 年增长了 202.61%[③]，科技增产效果显著。

第二节　改革开放至取消农业税费间的农村科技创新体系

改革开放以来，市场经济的浪潮席卷了我国各行各业，“文化大革命”结束之后的农村科技创新开始重新被放在重要地位。国家先后出台了一系列规划与指导文件，邓小平同志创造性地提出重要论断“科学技术是第一生产力”[④]，并强调了科学技术专家对于促进我国科技快速发展的关键作用。他在 20 世纪 80 年代指出“农业现代化不单单是机械化，还包括应用和发展科学技术”[⑤]。在国家政策与创新实践的不断探索和检验中，这一时期的农村科技创新体系主要以农村科技创新推广体系为主，是一个全面的科技普及与推广应用化阶段，在此阶段，全国的农业工作开始焕发生机，逐步实现政策引领、科技先行、组织依托与实践支撑的一体化农村科技创新体系，涌现出一大批的农业科技工作的技术专家，在吃苦耐劳的具体实践中带领着我国农村的科技进步与生产创新[⑥]。

具体来说，自改革开放伊始至 2006 年开始取消农业税期间，我国农村科技创新体系大致经历了四个时期：启动恢复时期、深入巩固时期、改革创新时期及稳步推动时期。在这 28 年间，我国农村科技创新体系主要围绕“推广”进行调整与完善，深化科学技术对我国农业农村发展的持续推动，加大科学技术在农业生产

① 治水兴邦——新中国 60 年水利事业改革发展启示录[EB/OL]. http://www.gov.cn/jrzg/2011-07/08/content_1902545.htm[2011-07-08].

② 毛泽东与新中国农业机械化事业[EB/OL]. http://dangshi.people.com.cn/n1/2020/0925/c85037-31874412.html[2020-09-25].

③ 国家统计局. 1989. 中国统计年鉴[R]. 北京：中国统计出版社.

④ 科学技术是第一生产力[EB/OL]. http://cpc.people.com.cn/GB/64107/65708/66072/66090/4471891.html[2022-08-19].

⑤ 邓小平. 1993. 邓小平文选（第 3 卷）[M]. 北京：人民出版社.

⑥ 汪飞杰，张应禄，董照辉，等. 2009. 改革开放 30 年：中国农业科技发展成就、启示与挑战[J]. 农业科技管理，28（1）：4-6.

实践中的应用与推广，使“产”与“研”紧密结合、互相促进，继而促进我国农业持续稳步发展。

一、启动恢复时期

1978 年，为制订科学的技术发展规划，奖励优秀科技研究成果，充分调动与鼓励广大知识分子的积极性，发挥其创造性，党中央召开了全国科学大会，并通过了《1978—1985 年全国科学技术发展规划纲要（草案）》，鲜明地提出“科学技术是生产力，四个现代化的关键在于科学技术现代化”的发展理念。《1978—1985 年全国科学技术发展规划纲要（草案）》还要求在综合性科学技术领域、重大新兴技术领域与带头学科等八个方面实现重点突破。首先可以肯定的是，国家重树了科学技术在农业生产中的重要地位与作用，找到了农业科技的发展目标，做好了基础规划，这对于农村的科技创新体系的发展十分重要。《1978—1985 年全国科学技术发展规划纲要（草案）》对农业科学技术的总体要求是：按照以粮为纲、全面发展的方针，进行农林牧副渔资源综合考察，为合理区划和开发利用，提供科学依据。全面贯彻农业“八字宪法”，保证农业的高产稳产。发展与机械化相适应的耕作制度和栽培技术。全面提高良种的高产、优质和抗逆性能。尽快解决作物病虫害综合防治技术。在改良低产土壤和治理水土流失、风沙干旱方面取得重大进展。加强林、牧、渔各业的科学研究。研制农、林、牧、渔业的各种高质量高效率的机械和机具①。

《1978—1985 年全国科学技术发展规划纲要（草案）》明确提出了 17 条关于农业科学技术研究项目方面的研究内容，并首次对每一个具体项目的实施部门进行了细化与区分，涉及农林部、中国科学院、国家农垦总局等相关农业机构与教育部、商业部等其他协助机构共 15 个部门，这一举措不仅可以让各个部门更加明确自身的职责所在，起到有效的监督作用，而且还能更具针对性地开展科学技术的研发与合作，提高研发创新效率。同时，《1978—1985 年全国科学技术发展规划纲要（草案）》也在部署中加入了科学研究队伍和机构的具体设置要求，集中各方力量并做好分工与合作，凝聚国家部门、科研机构、高等院校与企事业单位的合力，通过调整与改进，使农业生产适应现代科学技术发展的需要，要在这八年内建成门类齐全、相互配套、布局合理、协调发展、专群结合、平战结合、军民结合的全国科学技术研究体系。而具体的技术人才培养、科研推广应用、奖励制度、仪器生产、物资供应及执行和检查等方式与细则也都列入了纲要内容之中。

为完善农村的科学创新体系，激发农民个体的参与热情，国家在农业生产制

① 1978—1985 年全国科学技术发展规划纲要（草案）[EB/OL]. https://www.most.gov.cn/ztzl/gjzcqgy/zcqgylshg/200508/t20050831_24438.html[2005-08-31].

度的改进上，打破了人民公社的生产体制，因时制宜实施与解放劳动生产力配套的家庭联产承包责任制度。这种经营形式使生产经营环节的各个主体都获得了相应的自主权，并使劳动者和经营者的利益能够实现双赢，充分激发了其参与农业生产的热情，这对科技实践起到了很大的助推作用。

在科研院所的机构恢复中，遭到破坏的中国农业科学院、迁出到外地的各研究所全部迁回北京原址，同时将管理权限曾迁移到地方的研究所也全部收回部里统一领导。1978 年中国农业科学院原有的 28 个科研机构得以完全恢复，为我国农村的科技工作提供了强有力的团队支撑。之后中国农业科学院科研机构由最初的 28 个增长至 1979 年的 32 个，1981 年又增加到 33 个。与此同时，各省、自治区、直辖市的农业相关科学院所及其他专业科研机构，也开始逐步恢复与重新建制。到 1980 年，全国地级以上的农业科研院所已经恢复到 756 个，而到 1985 年前夕，农业科研机构数量几乎翻了一番。科研院所的大量增加，从专家到团队、从政策到实践、从分散到集中，有力地促进了我国农村科技推广与服务体系的有效形成，为我国农业科技创新工作恢复夯实了结构基础。

1980 年，国家农业委员会（以下简称国家农委）和农业部印发了《关于加强农业科研工作的意见》，明确指出要统筹规划与调整各不同级别的农业科研单位的工作重点与研究任务，使各单位结合不同职责进行有针对性、有侧重点的农业科技研发工作。《关于加强农业科研工作的意见》要求部属级科研单位要面向全国开展更具基础性、实践性及综合性的生产研究；在省级农业科研单位，科技研究工作重点要以本省的实际生产需求为基础，并把普适性应用研究与开发研究作为工作重心；在地、市级农业科研单位，则需要依照本省的整体规划部署，以开发研究及开展本地特色应用性研究为主；相关高等农业院校则要本着提升基础研究水平及拓宽应用研究领域为目标；其他的各级农业相关的研究机构，也要根据自身的特点和需要，开创满足本行业生产需求的特色科研体系，形成一个统一协作、各司其职的较为完整的农业科技创新主体研究体系。

1981 年我国制定了“发展国民经济必须依靠科学技术，科学技术工作必须为发展国民经济服务”的科技发展方针。同年 3 月，国家农委专门召开了有关农业科技推广方面的座谈会议。在国家农委、国家科学技术委员会（以下简称国家科委）、农业部等 12 个单位的共同组织下，同月，《国家农委、国家科委、农业部、林业部、农垦部、水利部、国家水产总局、中央气象局、中国科协、共青团中央、全国妇联、中国农业银行关于切实加强农业科技推广工作加速农业发展的联合通知》发布，进一步强调了加强农业科技推广工作。在农业科技创新研发工作持续推进过程中，中共中央于 1982 年批转了《全国农村工作会议纪要》（以下简称《纪要》）。《纪要》指出，充实农业技术实力，恢复与完善各级农业技术推广机构，在坚持统一领导与加强密切合作的共同助力下，促使研发的相关农业科学技术更具实操性，能够更好地提升农业生产效率。自此，农业科学技术推广体系建设推开了一扇新时期的大门。

1982 年底，国务院批准了国家计划委员会、国家科委《关于编制十五年（1986—2000 年）科技发展规划的报告》，并成立了“科技长期规划办公室”，在经过 200 多名专家和领导干部的集中研究探讨与 19 个专业规划组的集体部署下，科技发展规划的研究与编制工作于 1983 年正式完成。此规划对于农业科技创新工作具有关键的指导作用，不仅强调了农业科技（理论）与农业经济（生产）的紧密结合，还着重指出要将农业科技成果推广、应用于农业的实际生产中去，并经中国政府批准实施了面向农村的第一个以科学技术推进农村经济发展的“星火计划”①。“星火计划”的实施在科技结合经济、科技匹配金融、政府联结农民等各方面，探索出一条以科技研究促农业、农村经济发展的现实道路，在投资少、见效快、适用性强的科技项目的带动下，探索与推广我国农业科技研发工作的有效模式，推动了我国农村经济的健康与持续发展。

1984 年，为真正调动科研工作者的积极性，使科研机构的各项工作能够更加顺利开展，国务院批准了《国家科委关于当前整顿自然科学研究机构的若干意见》。在《国家科委关于当前整顿自然科学研究机构的若干意见》中对科研机构的领导体制、调整建设领导班子、建立科研责任制以及对科研队伍的整顿和建设等方面做出了明确规定。同年，农业科研体制改革试点单位座谈会在新疆召开，全国部分省、自治区、直辖市的相关单位参加了此次会议，会议对农业科研体制改革的经验进行了总结交流。

这一时期关于农村科技创新体系建设的国家政策主要是以恢复科学技术在农业生产中的重要地位为导向，并提出一系列改革农业科技体制相关的组织建构、人员构成、资金投入、制度管理方面的具体要求。在农业生产中，强调以满足本地区的实际生产需求为基础目标，把实际生产经验与农业科技相结合，为农村科技创新体系的真正形成奠定了基础。

二、深入巩固时期

1985 年开始，我国农业科技体制进入深化改革期，并在改革开放的背景下开始了以市场化探索改进农业科技体制的路径。

1985 年 2 月，全国农业技术市场交流交易会在上海市举办。该会议以市场机制助推，开创了农业技术市场化新局面，主要是尝试在科学技术的推广过程中将推广与经营相结合，逐步拓宽了农业科技的投入主体，引入了多元投资来破解因

① 共和国 7 个科技规划回放[EB/OL]. http://www.gov.cn/test/2006-03/21/content_232531.htm[2006-03-21].

国家经费有限而对科技推广工作造成阻碍的运营困境，使市场为农业技术推广带来新思路、新方法与新动力①。

1985 年 3 月，为加快我国现代化进程，《中共中央关于科学技术体制改革的决定》指出了科学技术体制改革的总体目标，即“我们要在本世纪末实现党的十二大提出的工农业年总产值翻两番的目标，并进而再以三五十年的时间，使我国的经济接近世界发达国家的水平，使人民的生活达到比较富裕的程度。振兴经济，实现四化，是全党和全国人民一切工作的中心。科学技术工作必须紧紧地围绕这个中心，服务于这个中心”。同时，《中共中央关于科学技术体制改革的决定》分别对科技体制改革在运行机制、组织结构与人事制度等方面的调整做出了具体要求，“在运行机制方面，要改革拨款制度，开拓技术市场，克服单纯依靠行政手段管理科学技术工作，国家包得过多、统得过死的弊病；在对国家重点项目实行计划管理的同时，运用经济杠杆和市场调节，使科学技术机构具有自我发展的能力和自动为经济建设服务的活力。在组织结构方面，要改变过多的研究机构与企业相分离，研究、设计、教育、生产脱节，军民分割、部门分割、地区分割的状况；大力加强企业的技术吸收与开发能力和技术成果转为生产能力的中间环节，促进研究机构、设计机构、高等学校、企业之间的协作和联合，并使各方面的科学技术力量形成合理的纵深配置。在人事制度方面，要克服‘左’的影响，扭转对科学技术人员限制过多、人才不能合理流动、智力劳动得不到应有尊重的局面，造成人才辈出、人尽其才的良好环境”。同时，提出了一系列促进市场导向的科学技术体制改革新措施。例如，“改革对研究机构的拨款制度，按照不同类型科学技术活动的特点，实行经费的分类管理”“中央和地方财政的科学技术拨款，在今后一定时期内，应以高于财政经常性收入增长的速度逐步增加。同时，广开经费来源，鼓励部门、企业和社会集团向科学技术投资”“对列入中央和地方计划的重大科学技术研究、开发项目和重点实验室、试验基地的建设项目，分别由中央财政和地方财政拨款。计划管理也要利用经济杠杆，尊重价值规律，并逐步试行面向社会公开招标和签订承包合同的管理方法”“对技术开发工作和近期可望取得实用价值的应用研究工作，逐步推行技术合同制。主要从事这类工作的独立研究机构，应当通过承包国家计划项目、接受委托研究、转让技术成果、合资开发、出口联营、咨询服务等多种方式，在为社会创造经济效益的过程中，取得收入，积累资金。原由国家拨给的事业费，要逐步减少，争取在三五年左右的时间内，这类研究机构中的大多数能够做到事业费基本自给。减下来的事业费，国家仍用于支持科学技术的发

① 扈映. 2008. 1983～2005 年我国基层农技推广体制改革的历史考察——以浙江省为例[J]. 中国经济史研究，(3)：38-45.

展”“促进技术成果的商品化，开拓技术市场，以适应社会主义商品经济的发展”“应当通过开拓技术市场，疏通技术成果流向生产的渠道，改变单纯采用行政手段无偿转让成果的做法。科学技术系统运行机制的这一改变，有利于把研究机构和生产单位的经济利益联系起来，有利于促进竞争，使生产对科学技术的要求迅速成为研究的课题，研究的成果及时应用于生产”“要注重解决技术成果的配套、商品化生产和经济效益等方面的问题，以提供适合技术市场需要的技术商品。要积极发展技术成果转让、技术承包、技术咨询、技术服务等多种形式的技术贸易活动。要改变鄙薄经营工作的错误观念，培养善于运用技术成果开发产业的人才和善于经营技术商品的人才，并且适当发展技术商品的经营机构。技术市场的发展，从根本上说，取决于买方的需求，必须从各方面采取措施，激励企业采用新技术的积极性，增强企业购买技术成果的经济实力”“要制订有关的法规和制度，保障买、卖、中介三方的合法权益。国家通过专利法和其他相应的法规，对知识产权实行保护，并且运用关税和行政手段有限度地保护国内的技术市场。技术成果的市场价格，由交易双方议定，国家不加限制。转让技术成果的收入，近期一律免税。新产品可在一定期限内享受减免税收的优惠。持有技术成果的单位可以采取技术入股的方式与企业进行联营。技术开发机构和企业转让技术成果的收入，可提取一部分奖励直接从事开发工作的人员”“科学技术人员在完成本职工作和不侵犯本单位技术权益、经济利益的前提下，可以业余从事技术工作和咨询服务，收入归己；利用本单位的技术成果、内部技术资料和设备，应经本单位同意，并上交部分收入”[①]。

1986 年，国家科委发布了我国第一部科技白皮书《中国科学技术政策指南》。这是我国第一次以政府部门名义出版的科学技术白皮书，用以公布党和政府在科技工作方面制定的方针政策[②]。这部白皮书的出版在科技界及诸多国家引起了较大反响，成为公众能够更及时、便捷地了解我国科技事业的方针、政策与促进科技和经济、社会协调进步的重要方式。同时，自 1986 年以来国家科委开始定期发布科学技术白皮书，之后又相继颁布了《中华人民共和国科学技术进步法》《中华人民共和国专利法》《中华人民共和国技术合同法》《中华人民共和国科学技术普及法》等法律政策文件，填补了我国农业科技创新在法律方面的空白，为创新体系的完善构建了顶层设计。同年，农牧渔业部颁发了农业科技体制改革的三个试行文件，并于 1987 年 8 月召开了第二次农业科技体制改革研讨会，进一步改革与创新了我国的农业科技体制。1990 年中国共产党召开的第十三届中央委员会第七次

① 中共中央关于科学技术体制改革的决定[EB/OL]. http://app.reformdata.org/print.php?contentid=12540[2022-08-18].

② 科技白皮书——《中国科学技术政策指南》[EB/OL]. https://www.gmw.cn/03zhuanti/2004-00/jinian/50zn/50kj/kj-03.htm[2009-12-03].

全体会议研究讨论了我国国民经济与社会发展在其后十年和第八个五年计划时期的基本任务与政策规划。其中明确提到，“发展教育事业，推动科技进步，改善经济管理，调整经济结构，加强重点建设，为下个世纪初叶我国经济和社会的持续发展奠定物质技术基础”。

三、改革创新时期

1991 年 3 月国家科委在结合前期的纲要与规划发展内容及前进方向的基础上，组织制定了《中华人民共和国科学技术发展十年规划和“八五”计划纲要》，同年 12 月国务院审议并原则上通过了该纲要，并于 1992 年向全国发布实施。《中华人民共和国科学技术发展十年规划和“八五”计划纲要》主要明确了其后 5～10 年的农业科技发展任务要求，涵盖了引言、发展目标和指导方针、重点任务、科技体制改革、对外开放和国际科技合作、支撑条件和措施等几个部分内容。在农业与农业科技方面的重点发展任务中提出，“加强科技成果的开发和推广，是今后十年尤其是‘八五’期间农业科技工作的首要任务。国家将通过实施‘星火’计划、‘丰收’计划、‘燎原’计划、成果推广计划和多种形式的开发推广活动，使现有农业（包括林业、水利）科技成果的推广率达 60%以上”“着力解决一批促进农业发展的重大科技问题”。

1992 年，国务院颁布《国家中长期科学技术发展纲领》（以下简称《纲领》），《纲领》指出应深化农村科技体制改革。此时，世界正在经历一场较大变革，各种新兴科技日新月异，市场竞争日益加剧，我国正在持续推进市场化进程，也希望借助科技更新来带动经济社会进步。这一纲领阐明了我国中长期自然科学技术发展的战略、方针、政策和发展重点，用以指导我国 2000 年以至 2020 年科学技术与经济、社会的协调发展。《纲领》阐述了我国之前四十多年的科技工作发展历程中的经验与教训，指出我国科技工作必须面向现代化、面向世界、面向未来，同时指出，在农业科学基础发展应用中，“必须贯彻‘科技兴农’的方针。应以科学技术和现代工业为强大支柱，建立现代化的农业生产技术体系，大幅度提高土地利用率、劳动生产率和产品商品率，把传统农业转变到以现代科学技术为基础的现代集约农业上来”“农业科学技术的发展，要处理好应用推广与研究开发的关系。要推广适用、配套的先进技术，大力发展以科技为支柱的商品经济服务体系，提高农业技术水平，推动农村产业结构、产品结构和就业结构的合理调整；同时要切实加强农业科研工作，搞好纵深配置，增强农业发展的后劲。要继续实施以发展农村经济为宗旨的‘星火’、‘丰收’、‘燎原’等计划”。

《纲领》再次强调了农村科技体制改革问题：“在科技体制改革中，要保证农业科技经费的稳定增长与农业科研队伍的持续发展。要引导与鼓励各级科研机构、大专院校和科技人员，配合地方政府共同进行区域经济技术的研究和开发。国家和地方要支持和引导县及县以下农业科技机构逐步发展成为独立核算的、综合性的技术开发、推广、服务经营实体，实行有偿服务，以增强农业科技推广工作的活力”。

长期以来，国内农业科技成果转化率依然较低，实际开发与运用工作还比较缓慢，不能及时转化成农村的经济生产力，已然成为制约我国农村科技创新发展的重要因素。为此，亟待颁布专门性科技成果转化工作意见来对该项工作进行指导。1992 年，《农业部、财政部、国家科委关于加强农业科研单位科技成果转化工作的意见》发布，该意见明确提出，“从总体上讲，农业科学属于应用科学，农业科技成果只有在生产中得到充分应用，才能转化为现实生产力，成为推动农业发展的强大动力。应该进一步发挥农业科研单位在成果转化方面所具有的技术、信息、人才和管理等方面的优势，推广、完善农业科研单位在科技成果推广中积累的宝贵的经验。农业科研单位要把科技成果转化作为主要任务之一，采取有效措施，把凡是能转化的新成果、新技术都要尽快、尽早地转化出去，使其在经济建设中尽快发挥作用。在成果转化过程中，农业科研单位要与教育、推广单位密切配合、合理分工，发挥整体功能；各级农业、科技、财政部门也要从政策上、资金上、物资上大力支持、积极组织农业科研单位的成果转化工作，促使科技成果在更高层次上、更大范围内、更富有经济实效地转化为现实生产力，争取在‘八五’期间，使农业科技成果转化水平有较大的提高，把农业的发展真正转移到依靠科技进步和提高劳动者素质的轨道上来”“农业科技成果转化必须在社会主义市场经济规律指导下，充分发挥市场机制的作用，促进农业科研单位从单纯科研型向科研经营型转轨，逐步建立起与市场经济发展相适应的新的运行机制”“要积极稳妥地推动农业科研单位和科技人员合理分流。农业科研单位要注意做好结构调整和人才分流工作，按照不同工作性质进行系统化和结构性调整。集中力量少而精地办好一批具有较高水平和较大社会效益的机构。加强基础性研究和重大应用研究，解决带全局性、关键性的科学技术问题，确保农业科研工作的后劲。其余大部分单位要直接面向市场需要，通过承担生产者的委托任务，自主研究开发和发展第三产业，在市场竞争中去求效益、求发展”。总之，《农业部、财政部、国家科委关于加强农业科研单位科技成果转化工作的意见》的提出为农村科技创新中最重要的技术与应用的相互转化提供了方向指引。

与此同时，我国也加强了农业科技立法的顶层设计。陆续出台一些农业相关法律法规，如 1993 年通过了《中华人民共和国农业技术推广法》；同年通过了《中华人民共和国农业法》；1997 年 10 月 1 日起开始施行《中华人民共和国植物新品种保护条例》，通过此类农业科技立法来保障农业技术的研发推广，在农业生产经营、组织架构、资金投入与权益保护等各方面以法律法规的形式确定下来，对农村科技创新研发方向指引与底线原则设定产生了积极的促进和规束作用。

1994 年，我国制定了《全国科技发展“九五”计划和到 2010 年长期规划纲要》，主要包括我国科技工作的形势和现状、指导思想与基本原则、发展目标和任务、发展重点、科技体制改革、人才培养与科技队伍建设、支撑条件和措施等几个部分内容，再次强调了农业发展的根本出路就是科技进步，要确保到 20 世纪末以强大的技术支撑实现持续稳步的主要农副产品产出，促进农村经济全面持续发展等。但由于种种原因，1998 年经国家科技教育领导小组讨论后该规划未对外正式发布。1995 年十四届五中全会胜利召开，会上提出的两个根本性转变，标志着我国经济建设将朝着深化体制改革、提高质量的方向发展，也为农业科技体制改革指明了方向。

从国家相继发布的各个阶段性农业科技规划及纲要可以看出，在不同的阶段，国家对于农业科技规划的政策指引各有重点，但是农业科技创新在总体发展中主要涉及的就是政策、人、财、物、实践及创新等多方面的匹配与嵌构，相对应来说，完善科技创新体系就需要在政策规划、组织结构、队伍建设、工具与资源及体制机制诸多方面做好规划，而国家的各阶段纲要文件就是在不断完善的基础上指导农村科技创新的前进方向与地方实践，逐渐增强农村科技创新体系的科学性与现代性。

四、稳步推动时期

1998 年，中共中央在十五届三中全会上通过了《中共中央关于农业和农村工作若干重大问题的决定》，总结了农村改革二十年的基本经验，全会认为，农业、农村和农民问题是关系我国改革开放和现代化建设全局的重大问题。完成党的十五大确定的我国跨世纪发展的宏伟任务，必须进一步加强农业的基础地位，保持农业和农村经济的持续发展，保持农民收入的稳定增长，保持农村社会的稳定[①]。在《中共中央关于农业和农村工作若干重大问题的决定》中，对农村科技工作提出了具体要求，要“依靠科技进步，优化农业和农村经济结构”，完成“由传统农业向现代农业转变，由粗放经营向集约经营转变”；“要改革农业科技体制，调整分工和布局，突出重点，鼓励创新，联合攻关。要面向农业，面向农村，面向农民，通过试验示范，大力推广先进实用技术，突出抓好‘种子工程’和旱作节水农业技术，不断提高科技对农业增长的贡献率。加强县乡村农业技术推广体系建

① 中共十五届三中全会审议通过《中共中央关于农业和农村工作若干重大问题的决定》[EB/OL]. https://www.cctv.com/special/777/3/52333.html[2020-10-10].

设，扶持农村专业技术协会等民办专业服务组织。鼓励科研、教学单位开发推广农业技术,发展高技术农业企业”①。

1998 年 10 月，科技部开始着手准备“十五”发展规划的前期研究工作，在 2000 年成立起草小组，并于 2001 年正式印发《国民经济和社会发展第十个五年计划科技教育发展专项规划（高技术产业发展规划）》，指出要建立现代农业高技术示范工程，“重点建设以现代技术支撑的种业工程、现代种植、养殖设施农业示范工程、农产品深加工产业化工程，推动农村经济的快速发展；建设高效节水农业示范工程、生态农业示范工程、精准农业示范工程、高效畜牧业示范工程、干旱半干旱区雨养农业示范工程等；大力发展耐旱、耐寒、耐盐碱、抗病虫害的抗逆林木良种和适宜退耕还林（草）以及防沙治沙用的林草良种，为西部生态环境建设、天然林保护工程和防沙治沙工程提供优质种苗等；建设荒漠化治理示范工程；要特别重视西部的特色农业、特色林业、旱作农业和生态农业的产业化示范；同时，加快农业信息化进程，推动传统农业生产方式的根本性转变”②。

1999 年开始，农业部与财政部共同组织实施了农业科技跨越计划，通过对当年已经启动的 20 个农业科技项目的审视与总结，并对 2000 年农业科技跨越计划项目申报程序做适当调整，进一步提升管理水平，促进农业成果的商业化和产业化。为此，科技部和财政部共同制定了《农业科技成果转化资金项目管理暂行办法》（国科办财字〔2001〕417 号）及《2001 年度农业科技成果转化资金项目指南》（国科办农社字〔2001〕418 号），启动了 2001 年农业科技成果转化项目申报工作，从行业制度层面促使农业科技成果应用力度的提升。

2001 年 1 月 15 日第二次全国农业科学技术大会召开，会议主题为：大力推进新的农业科技革命，加速农业由主要追求数量向注重质量效益的根本转变，为新阶段农业和农村经济发展提供科技支撑。会议再次强调，要加快现代科技向农业的全面渗透，提升农业科技发展的整体水平，以促进传统农业向现代农业的根本转变，并围绕这一目标的实现提出了具体的实施意见。会议还围绕此次主题探讨了《农业科技发展纲要（2001—2010 年）》，并布置“十五”阶段的农业科技任务；同时，还对为农业科技做出贡献的工作者进行了表彰，为袁隆平等 217 人授予“全国农业科技先进工作者”称号。2002 年中共中央召开的十六大会议上也再次提出要加快农业科技进步、大力发展教育和科学事业的要求③。

---

① 中共中央关于农业和农村工作若干重大问题的决定[EB/OL]. https://www.gmw.cn/01gmrb/1998-10/19/GB/17850%5EGM1-1905.HTM[2020-10-10].

② 国家计委关于印发国民经济和社会发展第十个五年计划科技教育发展专项规划（高技术产业发展规划）的通知[EB/OL]. http://www.gov.cn/gongbao/content/2002/content_61828.htm[2002-06-18].

③ 江泽民同志在党的十六大上所作报告全文[EB/OL]. https://fuwu.12371.cn/2012/09/27/ARTI1348734708607117_all.shtml[2012-09-27].

2004 年，中央一号文件《中共中央 国务院关于促进农民增加收入若干政策的意见》发布，这是 21 世纪以来提出的第一个关于“三农”的一号文件，文件中指出要坚持“多予、少取、放活”的方针，“加强农业科研和技术推广”，“加快农业科技进步”①。2005 年，中央一号文件为《中共中央 国务院关于进一步加强农村工作提高农业综合生产能力若干政策的意见》，提出了要加快改革农业的技术推广体系，加强农业的基础设施建设与创新能力建设。2006 年，中央一号文件《中共中央 国务院关于推进社会主义新农村建设的若干意见》提出，应“推进现代农业建设”“大力提高农业科技创新和转化能力。深化农业科研体制改革，加快建设国家创新基地和区域性农业科研中心，在机构设置、人员聘任和投资建设等方面实行新的运行机制。鼓励企业建立农业科技研发中心，国家在财税、金融和技术改造等方面给予扶持。改善农业技术创新的投资环境，发展农业科技创新风险投资。加强农业高技术研究，继续实施现代农业高技术产业化项目，尽快取得一批具有自主知识产权的重大农业科技成果。针对农业生产的迫切需要，加快农作物和畜禽良种繁育、动植物疫病防控、节约资源和防治污染技术的研发、推广。把农业科研投入放在公共财政支持的优先位置，提高农业科技在国家科技投入中的比重。继续安排农业科技成果转化资金和国外先进农业技术引进资金。加强种质资源和知识产权保护。要加快农业技术推广体系改革和建设，积极探索对公益性职能与经营性服务实行分类管理的办法，完善农技推广的社会化服务机制。深入实施农业科技入户工程，扩大重大农业技术推广项目专项补贴规模。鼓励各类农科教机构和社会力量参与多元化的农技推广服务”②。

《国家中长期科学和技术发展规划纲要（2006—2020 年）》于 2004 年开始制定，并在 2006 年发布出台。《国家中长期科学和技术发展规划纲要（2006—2020 年）》包括十个部分，在农业科技方面确定了种质资源发掘、保存和创新与新品种定向培育，畜禽水产健康养殖与疫病防控，农产品精深加工与现代储运，农林生物质综合开发利用，农林生态安全与现代林业，环保型肥料、农药创制和生态农业，多功能农业装备与设施，农业精准作业与信息化，现代奶业等 9 个重点优先发展领域③。同年制定的《国家“十一五”科学技术发展规划》，确定了“突出企业主体，全面推进中国特色国家创新体系建设”的发展思路为“以建设企业为主体、

① 中共中央　国务院关于促进农民增加收入若干政策的意见[EB/OL]. http://www.gov.cn/gongbao/content/2004/content_63144.htm[2004-03-20].

② 中共中央　国务院关于推进社会主义新农村建设的若干意见[EB/OL]. http://www.gov.cn/gongbao/content/2006/content_254151.htm[2006-05-04].

③ 国家中长期科学和技术发展规划纲要（2006—2020 年）[EB/OL]. http://www.gov.cn/jrzg/2006-02/09/content_183787. htm[2006-02-09].

市场为导向、产学研结合的技术创新体系为突破口，坚持'明确定位，优化结构，完善机制，提升能力'的原则，进一步深化科技体制改革，全面推进国家创新体系建设”。同时，在农业科技创新方面，“以加快社会主义新农村建设为宗旨，充分发挥星火计划的作用，重点支持新产品、新技术、新工艺的开发与推广，促进农业科技成果尽快转化为现实生产力；发挥国家农业科技成果转化资金的引导作用，加快国家农业科技园区建设，建设高水平现代农业技术成果转化和产业化示范基地，继续加大农村先进适用技术的推广和应用，积极培育和扶持有竞争力的科技型龙头企业,促进农村特色和优势产业发展，增加农民收入；大力发展农村信息化，完善新型农村科技服务体系。强化现代农村社区技术集成应用，开展新农村建设科技示范”。

2005 年，中央一号文件《中共中央 国务院关于推进社会主义新农村建设的若干意见》提出“当前农业和农村发展仍然处在艰难的爬坡阶段，农业基础设施脆弱、农村社会事业发展滞后”①，因而要加大农业科技成果的研发和转化，建设现代农业，同时推进农业科研体制向纵深发展，整合国家创建的农业科研部门的组织架构、人才选聘及资金来源等领域的体制机制向科学化、专业化完善。要强化农业技术推广体系改革，完善其社会化应用与服务机制，凸显出国家对农业发展的科技创新体系建设要求在不断转变与完善。

通过对这一时期发布的政策文件进行分析可发现，2001～2002 年，关于农业科技政策的相关文件有明显的增长态势，2003～2006 年发布数量再次呈现增长态势，直到 2007 年取消农业税之后的第一年达到最高值。而自 1982 年开始发布的每年的中央一号文件来看，1982～2006 年，一共颁布 8 个主题为“三农”的一号文件，其中自 1982 年连续 5 年是以农村问题为主题，被称为第一个“五个一号文件”，之后的 2004～2006 年仍然是以解决农村问题为主要指导目标，而这些文件中都体现了国家对于农村科技创新工作的重视，并指出了国家对于这一问题的具体要求与目标导向，都强调了要持续加强我国的农业科技体制改革与科技推广，为农村科技创新体系的不断完善提供政策保障，并在具体的体系内容组成上也做出了具体指示，在各地的创新与实践中逐步调整②。

第三节　后税费时代的农村科技创新体系

2006 年农业税取消，自 2007 年开始，地方政府出台的相关农业科技政策文

① 中共中央 国务院关于推进社会主义新农村建设的若干意见[EB/OL]. http://www.moa.gov.cn/ztzl/yhwj2014/wjhg/ 201301/t20130129_3209958.htm[2006-02-14].

② 李容容，罗小锋，余威震. 2018. 中国农业科技政策的历史演进及区域政策重点差异分析[J]. 情报杂志，37(4)：55-61.

件数量仍逐年上升，显示出地方政府对于农业科技的重视程度与扶持力度都在不断增加。2007 年农业科技发展相关的政策文件发布达到最高值，为 47 个。在农业税费改革后的后税费时代，不断调整与充实农村科技创新体系框架设计、改进视角等工作，这一时期的农村科技创新推广工作已经相对稳定与有序，国家把农村科技创新体系的重点偏向“创新”，为在 21 世纪以信息与科技竞争力为主要博弈的市场中获得突破而增强其驱动力。

2007 年农业部出台了《农业科技发展规划（2006—2020 年）》，作为税费改革后的第一个农业科技长期发展规划，该项规划指出了“科技作为农业发展的第一推动力，必将推动农业结构深刻调整、农村经济深刻转型、农村社会深刻变革。全面提升农业科技自主创新能力，建设创新型农业，把农业和农村经济纳入科学发展轨道，是实现农业和农村经济全面协调可持续发展的战略选择”。文件提出其后 15 年，农业科技工作的指导方针是“自主创新，加速转化，提升产业，率先跨越”，工作中要把创新作为第一要位，把加快自主创新作为整个农业发展领域的核心环节。同时，规划提出了 5 个方面的总体实现目标和 8 个“十一五”目标，并对农业发展的中长期重点任务和“十一五”期间重点任务分别做出了具体要求。为保障农业科技发展规划相关任务的有效完成，要建设新型农业科技创新体系、完善农业技术推广体系、健全农民科技培训体系和完善农业知识产权保护体系。同时，也要创新相应机制，包括：完善财政科技经费投入与绩效考评机制，改革立项机制，完善分工协作和联合攻关机制，建立团队与人才队伍培养机制，建立成果分类评价与快速转化机制，探索建立农科教、产学研紧密衔接的新机制，建立农业科技合作与交流机制。

2008 年，《中共中央关于推进农村改革发展若干重大问题的决定》中专门提出要“积极发展现代农业，提高农业综合生产能力”；要进一步“加快转变农业发展方式，推进农业科技进步和创新，加强农业物质技术装备，健全农业产业体系”，强调“加快农业科技创新。农业发展的根本出路在科技进步。顺应世界科技发展潮流，着眼于建设现代农业，大力推进农业科技自主创新，加强原始创新、集成创新和引进消化吸收再创新，不断促进农业技术集成化、劳动过程机械化、生产经营信息化。加大农业科技投入，建立农业科技创新基金，支持农业基础性、前沿性科学研究，力争在关键领域和核心技术上实现重大突破”“深化科技体制改革，加快农业科技创新体系和现代农业产业技术体系建设，加强对公益性农业科研机构和农业院校的支持。依托重大农业科研项目、重点学科、科研基地，加强农业科技创新团队建设，培育农业科技高层次人才特别是领军人才。稳定和壮大农业科技人才队伍，加强农业技术推广普及，开展农民技术培训。加快农业科技成果转化，促进产学研、农科教结合，支持高等学校、科研院所同农民专业合作社、龙头企业、农户开展多种形式技术合作”[①]。该决定提出的新举措具有较强的针对性与指导性，在出台后的一定时期内成为推动农村改革发展的行动纲领。

在科技创新已经成为我国现代农业发展的主要推动力量的前提下，我国于2011年发布了《农业科技发展“十二五”规划（2011—2015年）》，这一规划的出台旨在提高农业科技创新能力、增强农业科技服务能力的现实需求。在调整技术路径、完善服务方式、创新组织管理主要目标上下功夫，提出了17项重点任务，涉及农业科技创新、农业科技推广与应用、农业人才培养与教育培训、农业科技体制改革与机制创新等多个方面，为农村的科技创新工作指明了方向，也为其整体创新体系增加了更加丰富的发展内涵，搭建了更为多元的发展平台[②]。此后，我国对农业科技专项计划项目资金、农业工作部署及农业科技进步与农技推广体系建设、科研与生产相结合等多项工作的展开都做出了具体部署，有力地加速了农村科技创新体系进程。

2012年中央一号文件也再次强调了科教兴农的重要性。文件指出“实现农业的可持续发展与农产品长期有效供给，根本出路在科技”，农业科技为粮食安全、增产增收及生产模式改进等提供了不竭动力；并专门指出要“依靠科技创新驱动”，不仅要明确农业科技创新方向，还要突出农业科技创新重点，完善农业科技创新机制，有效整合科技资源；同时还要“推进国家农业高新技术产业示范区和国家农业科技园区建设。按照统筹规划、共建共享的要求，增加涉农领域国家工程实验室、国家重点实验室、国家工程技术研究中心、科技资源共享平台的数量，支持部门开放实验室和试验示范基地建设。加强市地级涉农科研机构建设，鼓励有条件的地方纳入省级科研机构直接管理。加强国际农业科技交流与合作，加大力度引进消化吸收国外先进农业技术。加强农业气象研究和试验工作，强化人工影响天气基础设施和科技能力建设”[③]。同年，农业部印发了《全国农业科技创新能力条件建设规划（2012—2016年）》，这个规划明确提出“创新”二字，强调了创新能力条件的重要性，发出了其后四年建设重点导向的文字信号，重点匹配农业科技创新的配套条件建设，农业部重点实验室着重加强省级以上农业科研单位仪器设备及配套实验设施建设，以“学科群”为单元建设综合性重点实验室和农业科学观测实验站。农业应用研究示范基地着力提升重点地市级农业科研院所的设

① 中共中央关于推进农村改革发展若干重大问题的决定[EB/OL]. http://www.gov.cn/jrzg/2008-10/19/content_1125094.htm[2008-10-19].

② 农业科技发展“十二五”规划（2011-2015年）[EB/OL]. http://www.moa.gov.cn/ztzl/shierwu/hyfz/201112/t20111227_2444181.htm[2011-12-27].

③ 中共中央　国务院关于加快推进农业科技创新　持续增强农产品供给保障能力的若干意见[EB/OL]. http://www.gov.cn/gongbao/content/2012/content_2068256.htm[2012-02-06].

施装备水平，严格按照每类项目的建设布局、建设内容、建设标准、选项条件遴选项目①。

2012 年，农业科技的发文数量又达到了一个较高增长点，比 2007 年的峰值更高，自 2013 年开始，发文数量相对有所下降，但农业科技创新依然是我国“三农”工作的重点。无论是中央还是地方，都在农业科技创新政策导向及具体实践方面不断推陈出新。自 2013 年起，我国发布的关于农村科技创新政策包括了《农业部关于促进企业开展农业科技创新的意见》（2013 年 1 月）、《全国农业科技创新能力条件建设规划（2012—2016 年）》（2013 年 5 月）、《关于全面深化农村改革加快推进农业现代化的若干意见》（2014 年 1 月）、《农业部关于深化农业科技体制机制改革加快实施创新驱动发展战略的意见》（2015 年 8 月）、《全国农业科技创新能力条件建设规划（2016—2020 年）》（2016 年 11 月）、《“十三五”农业科技发展规划》（2017 年 1 月）、《“十三五”农业农村科技创新专项规划》（2017 年 6 月）、《中共科学技术部党组关于创新驱动乡村振兴发展的意见》（2018 年 8 月）、《乡村振兴科技支撑行动实施方案》（2018 年 9 月）等，各项政策都有较为明确的重点与工作主线，着力点有所倾斜以确保在具体指导地方实践时也可以有所倚重，激活了构成农村科技创新整个体系的各组成部分，使其体系更加完整与科学。

后税费时代的农村科技创新体系在不断完善的同时，发展也相对趋于平稳状态，虽然新中国成立以来我国农村科技事业发展迅速，创造了一系列农业技术及农业科技成果，但是由于一些主客观因素制约，我国农村科技创新工作仍存在很多政策无法真正落地、实践与目标仍然存有差距及我国农村现代化程度依旧不足等诸多问题。通过梳理新中国成立以来我国农村科技创新体系的发展及演变历程，尤其是从党中央出台的关于农村及农业科技创新政策可以看出，在不同阶段国家在农业科技创新的重点任务实施上都有很大不同。从新中国成立时期为了以农业科学技术来实现粮食增产满足“人民饭碗”的目标，到在改革开放市场经济影响下开始提升农业科技成果转化率、逐步完善农业科技推广体系、增强其科学生产的普及性，到后税费时代以创新推动农业科技体系的快速发展，经历了新中国成立以来 70 余年的发展征程。纵览新中国成立至今我国的农村科技创新工作，发现无论是总体规划纲要、具体实施意见还是专项法律法规都在我国农业农村科技工作的体制机制、科技队伍与人才培养、基础研究、产学研融合、创新配套设施、创新环境等方面提出了具体要求，并随着现实生产状况与实际需求的变化而逐渐改进，我国的农村科技创新工作更具时代性与现实性，农村科技创新体系不断优化，形成产前、产中、产后的全链条创新发展。

① 农业部关于印发《全国农业科技创新能力条件建设规划（2012—2016 年）》的通知[EB/OL]. http://www.gov.cn/zhengce/ 2013-05/24/content_5023442.htm[2013-05-24].

虽然多年的改革与发展带来了成绩，但同时也产生了明显的困局。例如，我国农村科技创新体系突破不足、创新不足、落实不足，尤其是“实施”二字的真正落脚力度不够，我国在不断推进科学技术成为农业生产与农村发展有利抓手的过程中，对吸引多元主体参与、专业队伍建设、拓展投资渠道、推进制度改革与政产学研用高效融合的引导和推动还有待深化。而不断提升农业科技自主创新能力、协同创新能力和转化速率，以科技支撑推动现代农业发展这一发展目标始终是我国解决“三农”问题的重要途径，仍需我们在实践中不断检验与完善。通过结合具体实践对上述我国不同阶段农村科技创新政策的梳理，以期对我国农村科技创新工作发展与体系完善提供基础资料和启示思考。

第四章　农村科技创新体系现状扫描及其困境

毋庸置疑的是改革开放四十多年以来，我国农村科技创新体系在自身的建立健全方面取得了显著的成绩。但不可否认的是，这只能算是万里长征走完了第一步，随着改革开放逐渐迈入深水区，我国农村科技创新工作也随之进入攻坚阶段。在这一时期，我国传统科技创新管理理念与方式遗留下来的弊端给创新工作带来的负面影响越来越明显，在促进农村科技创新发展的过程中逐渐暴露出来的矛盾成了新时期农村科技创新道路上的“拦路虎”和“绊脚石”。

第一节　中国农村科技创新体系现状扫描

经过长期努力和实践探索，我国在解决农村问题及构建农村科技创新体系上都取得了一些成就，可以大致概括为两个层面：第一，整体而言，我国已建立了相对完善的农村科技创新体系；第二，凭借国家层面的众多有力举措，一大批农村科技创新成果不断涌现。

一、相对完善的农村科技创新体系

2005 年，中央一号文件明确提出了“深化农业科研体制改革，抓紧建立国家农业科技创新体系”的要求，并指出要“根据全国农业综合区划，在整合现有资源基础上，依托具有明显优势的省级农业科研单位和高等学校，建设区域性的农业科研中心，负责推进区域农业科技创新，开展重大应用技术攻关和试验研究”①。此后，连续几年的中央一号文件中都对农业农村科技创新体系建设做出了相关部署。总的来说，当前我国初步形成了以政府为主导的农业农村科技创新体系，具备了开展农业基础、应用基础、应用与开发研究和解决农业生产中重大、关键性问题的能力。

（一）我国农业农村科技创新体系的现有结构

着眼我国农业农村发展情况可知，我国的农业农村科技创新体系是在计划经

① 中共中央　国务院关于进一步加强农村工作提高农业综合生产能力若干政策的意见[EB/OL].http://www.gov.cn/gongbao/content/2005/content_63347.htm[2005-12-31].

济的条件下发展起来的，且包含了多种类型的创新组织机构。其中，科研机构和农业院校担负着农业农村科技创新的主要任务，承担着更多的职责。如图 4-1 所示，我国现有农业农村科技创新体系是由政府、农业科研院所、高等农业院校（含地方院校和民办高等院校）、农技推广等中介服务机构、农业企业和农户等共同组成的庞大网络体系，是以政府为核心的单向、多层次的框架结构[①]。

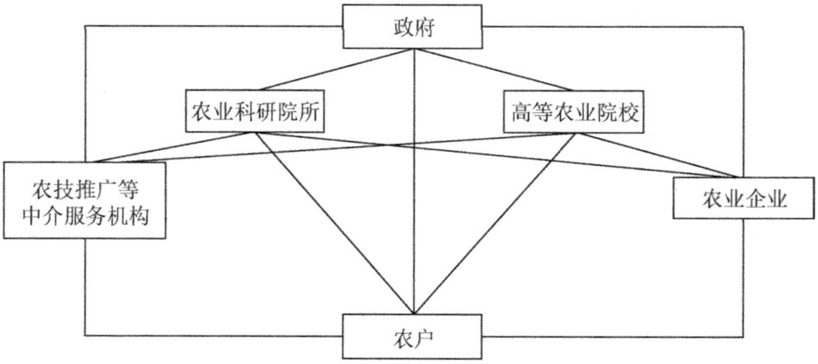

图 4-1　我国农业农村科技创新体系现有结构图

（二）我国农业科技研发体系的形成

1949 年，我国成立了第一个农业科研机构——华北农业科学研究所。1957 年，中国农业科学院成立。随后，又有林业、农垦和水产方面的国家级科研单位陆续建成。从 1958 年开始，尤其是党的十一届三中全会后，农业科研事业得到了较大恢复和发展。在“经济建设必须依靠科学技术，科学技术工作必须面向经济建设”的方针指导下[②]，我国的省级农科院和地区农科所也陆续在 29 个省（自治区、直辖市）成立，一批以国家、部门重点实验室以及国家工程技术研究中心、国家农作物改良中心等为支撑的中央和地方农业科研重点骨干体系也随后建立起来，它们承担了农业基础性研究、高科技研究和重大科技攻关研究工作，着重解决农业发展中全局性、基础性、关键性和方向性的重大科技问题。由此，国家、省、地三级的农业科研体系初步形成[③]。20 世纪 90 年代末开始，我国进行了新一轮较大规模的科研体制改革，全国地级以上 1138 个农业研究所与全国其他 5000 余个非农科研单位一样，分别转制为社会公益类、科技服务类和技术开发类三种类型的机构[④]，随后也陆续出台了一系列促进农业企业科技创新的政策。这次改革极大精

① 纪绍勤. 2005. 我国农业科技创新体系研究[D]. 北京：中国农业科学院.

② 张登义. 1990. “科技兴市”的形势经验与任务[J]. 中国软科学，（1）：3-5.

③ 邢广智. 2007. 中国国家农业科技创新体系的研究[D]. 北京：中国农业大学.

④ 胡瑞法，黄季焜. 2011. 中国农业科研体系发展与改革：政策评估与建议[J]. 科学与社会，1（3）：16，34-40.

简了农业科研队伍，促使鼓励企业投资农业科研的相关制度体系初步成形，但这项改革并没有真正形成以企业为农业科技创新主体的农业科研体系。

由于之前改革仍有较多不足之处，2007年底，我国启动了构建现代农业产业技术体系的行动。在不触动现行管理体制的前提下，现代农业产业技术体系以支撑和引领农业产业发展协同创新为目标，打破部门、区域及学科间存在的边界，搭建起覆盖全国的农业科技联合协作平台，以期解决各类限制农业科技发展的问题，如部门分割、地区分割、效率低下等。此外，针对我国农业科技创新资源配置效率还不够高、低水平重复研究较多等问题，2014年底成立了国家农业科技创新联盟，这是由国家、省和地市三级农业科学院共同参与的全国科技创新协作平台。联盟希望通过项目推进实质性合作，汇集全国农业科研优势资源和力量，搭建科企合作、上中下游衔接、多学科协同的三大平台，从而能够更好地整合创新资源、结合创新环节、融合创新主体，解决科技资源共享、产业瓶颈问题和区域重大问题。

（三）我国现行的农村科技创新推广体系

改革开放以来，我国逐步建立了农业科技推广体系，提供产前、产中、产后的全程服务，优化生产要素组合，提高农业产量和质量水平，是“科技兴农”落到实处的关键所在。

1. 基本架构

我国现有的农村科技创新推广体系是由国家、省、地、县四级构成的农技推广体系，即包括农业农村部（以前称农业部，下设全国农业技术推广服务中心）、省农业厅（下设省农业技术推广服务中心）、市农业局（下设市农业技术推广服务中心）和县（区）农业局（下设县区农业技术推广服务中心）。在基层区域，则有乡镇政府下设乡农业技术推广服务中心，再到村一级设置村科技组、村民小组中选择科技示范户，直至农民个人进行农业科技创新工作。总之，农业行政部门和上级农业技术推广机构双重领导与指导开展农业技术推广工作[①]。

2. 系统与类型

我国农业科技推广主要分为种植业、畜牧兽医、水产、农机化、经营管理五个系统，系统中的任何工作都需要围绕农业技术的推广进行，这些工作包括执法和行政管理、纯公益性工作、带有中介性的工作、经营性服务等类型，具体工作内容则包括动植物检疫、农产品和农用产品的质量检验、新品种和新技术的引进及推广、将产销信息提供给农户等。我国农业科技推广组织主要有教育型、科研

① 程小兵. 2018. 我国农业推广现状及发展对策[J]. 现代农业科技，(23)：255-256，259.

型、企业型、行政型、自助型等五种类型。不同类型的组织互相合作，形成有机的网络，有助于推动由政府主导的一元化多线型农技推广体系逐渐向多元化新型农技推广体系转变①。

3. 基本运行模式

1）农业技术推广站带动模式

农业技术推广站是在各级政府的领导下，吸纳农业、科技和财政等相关部门人员参与的科技服务系统，涵盖了省、地、县三个层面。在省级层面，农业技术推广站主要通过选择示范点进行项目推广，以及为地方提供技术与信息咨询服务，同时也要负责全省的农业技术推广工作；在地市一级，主要负责有效联系省与县之间的关系；县级农业技术推广站则是直接为农民服务的单位，也关系各种农业科技成果能否真正有效的落地。

2）农村专业技术协会推广模式

中国农村专业技术协会成立于 1995 年，协会成员主要包括我国农业生产发展领域的科技工作者、农民科技致富带头人及区域性的农村专业技术协会②。协会的核心任务是希望借助现代农业科学技术为农民提供很多有效的科技服务。在充分了解农民对科技创新服务意愿及市场需求的情况下，不断补充和拓展农业科学技术推广，进而帮助培养更多新型农民，通过发展农业全产业链生产，不断丰富农业生产经营内容，最终充分发挥农业技术推广服务的重要价值作用。

3）农业科技园区技术推广模式

随着现代农业生产的发展，逐渐出现了农业科技园区这种市场导向、科技支撑、融农业科技推广和农业发展于一体的新型推广模式。根据不同产业需求，科技服务组织建立，如各种类型的专家大院和生产实验基地，借助这些组织及其工作人员的力量来大面积地推广先进技术。实践中，往往采取试点实验的方式，积累成功经验后再进行更广范围内容的技术推广。

（四）我国农业科技教育与培训体系现状

进入 21 世纪后，我国也初步构建了一套相对完整的农业科技教育及培训体系，成为构建现代农村科技创新体系的重要依托。

1. 高等农业教育现状

伴随着国家政治、经济、科技、文化的发展，我国高等农业教育经历了恢复、

---

① 程小兵. 2018. 我国农业推广现状及发展对策[J]. 现代农业科技，（23）：255-256，259.

② 蒋和平，崔凯. 2010. 我国农业技术推广体系的运行模式分析[J]. 农业科技管理，29（6）：18-22，28.

调整、改革与发展的过程。自20世纪80年代中期以来，高等农林本科院校是我国普通高等学校的重要组成部分，在为“三农”服务上发挥着其他类型高校所不能替代的重要作用。随着我国“科教兴国”战略的实施，尤其在“211”工程、“985”工程及我国第二轮国家级重点学科建设开启之后，高等农业院校的重点学科建设进入了一个崭新的时代。经过多年的建设和探索，我国高等农业院校重点学科建设的水平有了很大的提高：学科结构不断完善，学术人员队伍整体水平显著提高，基础设施和科研设备条件明显改善，院校科研能力极大增强。实践中，通过教学、科研、推广三结合的形式，采取科技下乡、农民科技日等多种形式，促进科技成果转化为现实生产力。高等农业教育培养出数以百万计的农业科技人才，农业农村人才队伍规模稳步壮大，结构得到不断优化，为我国农业发展、农村进步和农民富裕做出了巨大贡献。在高等农业教育和农业科技人才的推动下，我国实现了粮食稳定增产、农民持续增收、农业农村经济平稳较快发展，农业科技进步贡献率已超过56%。

2. 农民职业技术教育现状

我国农民职业技术教育之所以得到中央重视和社会各界的广泛关注，是由于随着农村经济的发展，农村对技术性人才的需求越来越大，同时若能培育出更多农村技术性人才，使农村劳动力素质、就业技能和收入得到提升，有助于推动农村经济进一步发展，促进农村劳动力向城镇转移、向非农产业转移。我国农民职业技术教育在改革开放启动后取得了巨大进展，农民群众不断提高的知识文化水平对此也起到了一定程度的推动作用。我国农民职业技术教育途径主要有：农业部门对广大农民进行大量的农业技术培训，如县技术培训班、成人中专、职工学校、县农业技术学校等，规模进一步扩大；由广播、电视、网络构成的新型教育体系为农村经济发展与农业技术进步提供了大量人才；农民大学直接从农村招收并培养符合条件的青年，这些农村青年毕业后第一时间参与农业生产和经济建设；参与由国家推出的一系列培训体系，如“绿色证书工程”、“跨世纪青年农民培训工程”、“阳光工程”（职业技能培训示范项目）、“百万中专生计划”等①。近年来，为有效促进农民职业技术教育的发展，我国各级政府也先后制定和实施了一系列政策措施。2017年农业部出台了《“十三五”全国新型职业农民培育发展规划》，遴选建设一批全国新型职业农民培育示范基地，重点开展新型职业农民培育工程、新型职业农民学历提升工程、新型职业农民培育信息化建设工程。2018年的中央一号文件再次强调要大力培育新型职业农民，加强农村专业人才队伍建设②。

① 欧阳妍俞. 2014. 现代农民职业技术教育发展研究——以湖南省为例[D]. 长沙：湖南农业大学.
② 储诚炜. 2010. 新中国农民教育发展研究[D]. 杨凌：西北农林科技大学.

经过多年的发展探索，我国农民职业技术教育初步建立起一个政府主导、多元办学、开放运行的多层次、多形式的庞大体系，形成了全层次（包含高、中、初等农业教育）、全方位（既有学历教育又有非学历教育）、多类型（包含普通农业教育、农业成人教育、农业职业技术教育）的，从中央到省、地、县、乡相互对接、上下贯通的农民职业技术教育新格局[①]。具体如图 4-2 所示。

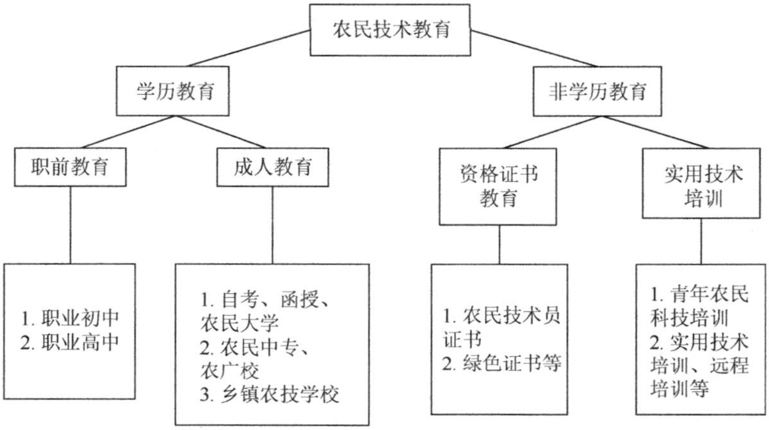

图 4-2　当前我国农民职业技术教育结构体系

3. 农业科技国际合作与交流现状

改革开放后，我国农业科技国际合作与交流也有了突破性进展，与发展中国家和发达国家的合作与交流各有侧重。例如，我国主要从发展中国家引进农业生物基因资源，而重点与发达国家进行高新技术领域的合作研究。一般而言，我国农业科研机构主要采取八种形式进行国际合作与交流：①人员互访。包括邀请境外专家来华交流，支持科研工作者出国参加合作研究与学术交流活动，如到国外大学或科研机构参会、讲学、进修等。②人才引进。大力引进和借助海外高层次人才智力资源、优势科研单位聘请国际一流专家进行合作研究。③联合开展研究生教育。国内许多高校积极与国外著名农业科研机构或大学联合培养研究生，并设立相应的博士后科研流动站。④科技援助。我国多次组织农业科技专家赴国外进行农业技术援助或农业示范，推进优势科研教学单位与第三世界国家的合作。⑤合作课题。承担或与国外科研机构共同承担国际农业科技研发类合作课题或项目。⑥担任国际农业科技组织和机构的学术职务，组织国际农业科技相关会议和培训班。⑦创建联合实验室。与国外科研机构共建联合实验室，创建合作平台，

① 纪绍勤. 2005. 我国农业科技创新体系研究[D]. 北京：中国农业科学院.

对农业科技中共同感兴趣的问题进行合作科研。⑧尝试建立科技合作联盟，创新科研合作机制。在引进先进理念和技术的同时，培养农业科技人才，提高我国农业科技的国际影响[①]。

二、涌现一批农村科技创新成果

进入 21 世纪以来，我国农业农村科技创新工作得到国家各个层面的更多重视和关注。特别自十八大以来，我国在农业农村科技创新方面的财政投入不断增加，取得的成果也在不断增多，并且涌现出一大批具有自主知识产权的农业科研成果。

（一）第十个五年计划期间（2001～2005 年）

第十个五年计划期间也是我国 21 世纪初全面建成小康社会的重要时期，农业在国民经济结构战略性调整的进程中发挥着支撑经济发展、维持社会稳定的巨大作用。在此期间，我国农业主要在五大领域涌现出一批具有自主知识产权的重大科技成果：①水稻研究和示范全球领先。“中国超级稻研究计划”[②]自 1996 年启动后就一直居世界领先水平。第十个五年计划期间我国超级稻累计示范推广 2 亿多亩（1 亩≈666.7 平方米），增产稻谷 125 亿公斤左右。②突破矮败小麦技术体系育种“瓶颈”。数十个小麦亲本的优异基因可以通过此新种质和新技术结合在一个新品种中，从而可获得高产量、高品质、抗病虫、抗不良环境条件的优质小麦新品种。③在转基因抗虫三系杂交棉培育上取得重大突破。在这一领域，我国已经成功培育出单抗棉铃虫棉花新品种、既抗棉铃虫又抗蚜虫的双抗棉花新品种，并且这些技术也处于世界领先水平。④在杂交大豆研究上取得重大进展。世界上第一个大豆细胞质雄性不育系和保持系由我国科学家成功培育出，随后我国育成世界上第一个大豆杂交种“杂交豆 1 号”，比对照品种增产近 22%。⑤在高致病性禽流感基因工程疫苗研制上也走在世界前列。世界上首支抗 H5N1 禽流感病毒的基因工程灭活疫苗、H5 亚型禽流感重组禽痘病毒载体疫苗均由我国科学家率先研制出，随后又研制出可同时抗高致病性禽流感和新城疫两种病害的新型高致病性禽流感基因工程疫苗，更安全且生产成本更低。

① 杨旖旎，李玉荣. 2014. 全球化背景下加强我国农业国际科技合作工作的思考[J]. 农业科技管理，33（6）：39-42.

② 第一次成功培育出超级稻[EB/OL]. https://www.cae.cn/cae/html/main/col278/2012-02/27/20120227140259070214409_1.html[2020-11-10].

（二）第十一个五年规划期间（2006～2010年）

在第十一个五年规划期间，我国农业实现了快速发展，农民收入稳定增长，其中农业科技的支撑作用十分凸显。总的来说，第十一个五年规划期间取得的科技创新成果主要反映在四个方面。

（1）我国大大增强了优良农业品种培育和应用，大幅提高了粮食和主要农产品供给能力。第十一个五年规划期间，我国选育了一大批优良畜禽水产品种进行推广，2600多个主要农作物新品种、新组合通过国家或省级审定并培育成功，中国超级稻5年累计推广面积达4亿多亩。

（2）有效提升了重大动植物疫病防控技术水平，强化了对农业生物灾害的应对能力。在更加了解多种农作物重大病虫害发生流行规律的基础上，我国开发和应用了一大批有效的病虫害防治预警技术，同时，规模化健康养殖水平也随着研制出一大批畜禽水产疫苗药物而得到显著提高。

（3）在广大专家学者的努力下，我国在农业节本增效方面也取得了较大成效，促使我国形成了多种新型种养殖技术体系。

（4）在农业资源环境技术研发方面也取得了较大进展，为农业可持续发展奠定了坚实基础。一大批节水、节药等资源节约和环境友好型技术得到了推广使用，大大减少了因农业生产造成的环境污染问题。在广大农村地区，我国还积极推进农村户用沼气建设和清洁工程试点。此外，还针对农业面源污染、外来生物入侵开展综合防治示范工作，强化野生植物资源保护。“十一五”末，我国农业科技进步贡献率达到52%，农业科技已成为我国农业农村经济发展的主要推动力量。

（三）第十二个五年规划期间（2011～2015年）

第十二个五年规划期间是全面建成小康社会的关键时期，是在工业化、城镇化深入发展中同步推进农业现代化的攻坚阶段。我国农业科技进步贡献率由2010年的52%提高到2015年的56%，以生物、信息、装备等技术为核心支撑的现代农业新兴产业快速发展。农业农村科技创新成果涉及五个主要方面。

（1）植物分子设计与品种创制收获巨大。产量、品质、抗逆、养分水分高效利用等重要农艺性状的基因克隆和调控网络解析取得较大进步，获取了一批自主关键新基因，一批有重大应用价值的育种新材料和新品种被成功创制，我国种业自主创新能力增强①。例如，在水稻等主要农作物功能基因组学研究、杂交育种技

① 魏珣，葛群，洪登峰，等. 2018. “十二五”时期我国现代农业技术研究进展[J]. 中国农业科技导报，20（1）：1-13.

术等方面实现国际领先；不断提高分子育种、杂种优势利用、染色体工程、细胞工程和空间诱变等技术，提升我国农作物生物育种技术的基础性创新；重大农业科技成果两系法杂交水稻技术为我国独创且拥有完全知识产权的技术。

（2）畜禽、水产养殖动物全基因组分子选育水平提升明显。借助畜禽、水产育种的核心技术和前沿技术体系，研发出新技术、新方法用以创制育种新材料，明显提高了我国动物分子细胞育种技术水平，畜禽功能基因组研究、海洋生物全基因组选育也因此取得多项原创性成果和重大突破。例如，“京粉 2 号”蛋鸡、“中科 2 号”海湾扇贝等 40 余个新品种（系），使我国家畜、水产制种供种能力得到根本改善和提高，极大增强了我国畜牧水产业的竞争力，逐渐缓解了我国过分依赖进口种质的不利局面。

（3）农业生物制剂创制技术大幅提高，许多自主产品开始跻身国际市场。农业生物制剂创制领域的一批前沿核心技术如新药分子设计、新药物载体开发利用、药物靶标发现、药物源头微生物高通量筛选等取得重大突破，一批新型动物疫苗、生物兽药、生物调节剂、生物除草剂、生物杀虫剂、生物杀菌剂等新产品得以创制，我国农业生物制剂的整体水平得到明显提升，由我国自主研制的新型绿色农药也终于踏入国际市场。

（4）先进的农业生境过程控制与修复技术支撑农业生态保护、循环农业发展。我国已经创建了抗旱节水品种筛选技术；低能耗精量控制灌溉技术和产品研制成功，我国拥有自主知识产权的低能耗喷微灌技术体系开始形成；研究并建立起基于分子识别和分子调控的农林有害生物分子检测和调控技术体系，其中包括一批相关前沿技术及产品、技术标准、发明专利等。

（5）生物质转化与炼制技术取得阶段性突破。通过将能源植物育种、定向培育、新型生物燃料高效转化及技术集成和示范创新地链接起来，研发出了一系列生物质转化、综合利用技术和联产联供体系，为生物能源产业化奠定了基础。

（四）第十三个五年规划期间（2016～2020 年）

第十三个五年规划时期，既是我国全面建成小康社会的决胜期，也是深入推进农业供给侧结构性改革、转变农业发展方式、实现现代化农业的关键时期。2018 年，我国农业科技进步贡献率达到 58.3%，主要农作物良种覆盖率超过 96%，主要农作物耕种收综合机械化率达到 65.2%，水稻功能基因组学与绿色超级稻、农作物强杂交优势利用与新品种创制等处于国际领先地位[①]。我国农业领域科学引文索

① “给农业现代化插上科技的翅膀”——科技部副部长徐南平谈农业科技创新[EB/OL]. http://www.gov.cn/zhengce/ 2019-04/30/content_5387932.htm[2019-04-30].

引（Science Citation Index，SCI）论文发文数量占全球 9.4%，被引用次数位居世界第二，农业领域专利申请量世界第一，有效发明专利保有量世界第三，2012～2017 年一直保持着农业科技发明专利申请量快速增长的势头。这些事实可说明，经过多年探索，我国农业农村科技整体发展水平得到显著提升，与发达国家差距显著缩小。

总之，自改革开放至 2018 年的 40 年中，我国农业农村科技创新取得了一系列原创性标志性成果，共获得国家各类科技奖励 2227 项，取得了一系列重大突破[①]。在科技进步的推动下，40 多年来我国粮食亩产从 1978 年的 135 公斤提高到 2018 年的 375 公斤，粮食总产量也在稳步提升[②]。

第二节　农村科技创新体系的困境所在

一个发展成熟的农村科技创新体系意味着以政府、高等院校和科研机构、农村企业与个体农户为主的农村科技创新多元主体在信息能够实现充分共享、资源能够得到合理配置的基础上实现良性的互动，共同致力于科技成果转化为生产力和科技创新活动的推广宣传，合力促进农村经济的持续稳定增长和推进城乡一体化进程。经过多年的实践探索和得力举措，我国农村科技创新体系取得了阶段性的成果。但同时，我国农村科技创新体系建设过程中也逐渐暴露出一些问题，大致可概括为以下四个方面：一是农村科技创新多元主体缺乏凝聚力，创新合力不足；二是农村科技创新资源匮乏且资源分配不均衡；三是农村科技创新推广不力，宣传不到位；四是农村科技创新体制与政策不协调，相关政策的积极作用无法彻底地发挥出来。

一、农村科技创新合力不足

一个完整的农村科技创新体系的建立离不开政府、农业科研机构和高等院校、农村企业与农户、农村推广和社会化服务机构为主的农村科技创新多元主体的共同努力、协同工作[③]。而与美好愿景形成鲜明对比的是，在我国当前的农村科技创新过程中，农村科技创新多元主体之间的互动机制尚未打破不同层级、不同部门、不同区域及不同学科之间的壁垒，政府、农业科研机构和高等院校、农村企业与农户、农村推广和社会化服务机构等多元科技创新主体间的联系不紧密，产

① 我国农业科技取得系列原创成果 40 年共获 2227 项国家各类科技奖励[EB/OL]. https://news.sciencenet.cn/sbhtmlnews/2018/12/341885.shtm[2018-12-17].

② 张合成. 2018. 我国农业科技发展 40 年回顾与展望[J]. 中国农村科技，(12)：6-9.

③ 纪绍勤. 2005. 我国农业科技创新体系研究[D]. 北京：中国农业科学院.

学研、农科教结合不紧密的问题较为突出。换句话说，多元主体之间由于存在着不同的行政上级、工作目标及利益诉求，多元主体协同的力量过于分散，尚未形成合力投入到农村科技创新体系建设工作中去，协同科技创新机制还不成熟。

高等院校和科研机构所拥有的农村科技创新人员是农村科技创新工作中的重要智力支撑。一方面，在实际农村科技创新实践中，这些农村科技创新人员之间缺少信息、资源的共享平台，存在较多阻碍顺畅交流、沟通的壁垒，这极大地影响了农村科技创新人员之间的合作广度和深度。从某种程度上来说，农村科技创新还处于分散创新阶段，而“分散创新”转为“协同创新”还有一段很长的路要走。根据协同创新理论，协同创新活动是促进产学研用紧密联系、高效合作的重要纽带，这项活动是基于信任的多维度融合、交流的全方位协作及互联互通的多层次集成[①]。但当前的现状却是：农村科技创新多元主体之间缺乏信任、缺少必要的沟通。另一方面，主体多元化与权威分散化之间的矛盾很难调和。不同的农村科技创新主体有着各自的行政上级，当上级下发的命令与协同创新工作之间存在不可调和的利益冲突时，多元科技创新主体该如何取舍？此外，在多元主体协同创新过程中，农村科技创新多元主体之间的行政地位是不平等的。但自愿平等、协作却正是多元主体协同创新的重要前提和基础。在这种情况下，严峻的现实状况与美好的理论假设之间有了很大的冲突和矛盾。农村科技创新多元主体之间的行政地位不平等，主动合作的意愿不充分，农村科技创新多元主体之间很难做到自愿平等协作。同时，行政地位上的不平等又会导致多元创新主体很难自觉调整自身的利益和权责关系，各个主体之间的关系很难趋于一种平衡状态，最终影响创新主体合力的发挥。

农村企业是我国农村科技创新过程中的关键财力支持基础。在实际生产过程中，农村企业自身创新能力不足，发展水平较为滞后，缺乏能够引领行业的龙头企业和领军企业，在一定程度上阻碍了农村企业从一个边缘化的创新主体逐步演变为创新主力军的进度。以湖北省为例，湖北省农村企业在资金、技术方面明显存在先天不足的问题。在资金方面，湖北省政府科技财政支出过多地流向高等院校和科研机构，真正流向农村企业的扶持资金并不多。首先，尽管政府确实安排有扶持农村企业发展的专项资金，但实际上满足申请条件的农村企业凤毛麟角，普遍现象是很多农村企业达不到申请条件而不得不自己寻找生存之路。其次，许多满足申请条件的农村企业因为申请程序太过复杂，申请周期过长，扶持资金到位远远滞后于农村企业最佳发展机遇期，而最终缺乏争取专项资金的积极性。这

① 安小米，郭明军，魏玮. 2019. 政务信息系统整合共享工程中的协同创新共同体能力构建研究[J]. 情报理论与实践，42（4）：76-82.

样导致的后果：一是农村企业本就没有足够的资金购买基础设施设备，也没有多余的资金来投入到聘用高质量的创新人员工作上，很容易导致农村企业最终生产出来的科技成果继续停留在理论阶段，无法完全满足实践技术需求。国外某一项数据显示，具有核心竞争力的企业是指企业投入到研发生产的资金占企业总销售额的比重至少达到 5%，据湖北省相关部门的统计，全省农村企业能达到上述条件的不到三成①。二是农村科技创新本就是一项回报周期相对较长的工作，农村科技成果市场化且为企业能带来实际效益的速度远远落后于农村企业破产倒闭的速度。从这个角度考虑，缺乏足够的支撑、充分的资金扶持，农村企业培育自主创新能力建设往往有心无力，很难实现突破式发展。

此外，连接农业类高等院校、科研机构和农村企业之间信息、资源共享的服务平台发展也较为滞后。具体地表现为：第一，农村科技创新成果转化机制不健全，创新成果的供需双方信息存在严重不对称问题，大多创新成果未能及时转化为生产力，农村科技创新成果的市场化、商品化和产业化受到消极影响。第二，高等院校、科研机构和农村企业等主体作为农村科技创新成果的重要供给方，由于现有管理体制不合理、运行机制不顺畅，进而加深了农村科技创新协同的思想障碍、助长了制约农村科技创新合作的制度藩篱。此外，当地政府未能及时协调农村科技创新供给双方之间的关系，这也会严重影响农村科技创新供给双方的合作。第三，国家层面和地方层面也缺乏配套的规范多个主体之间资源配置和职能划分的制度规定和相应的管理制度，这也会导致产学研的合作始终停留在表层、很难持续性深入，最终农村科技创新的活力未能充分释放出来，农村科技创新体系建立健全的步伐再次存在滞缓的可能性。

总而言之，现阶段农村科技创新的参与主体从数量上看规模较大，但从质量上看科技创新水平却参差不齐，协调难度较大，而这些都是引起我国农村科技创新工作实践很难取得突破性进展的重要原因；同时，多元主体之间的低效率协同，也严重阻碍了农村科技创新工作的顺利推进，这些都亟待我们去深入研究和快速解决。

二、农村科技创新资源匮乏

从宏观方面看，农村科技创新资源大致包括以下几大类：人力资源、财力资源和物力资源。农村科技创新资源的数量影响农村科技创新体系建设的进度，而农村科技创新资源的质量又会对农村科技创新体系的运行状况产生重要影响。就农村科技创新资源来看：一是我国农村科技创新人力资源数量不足，创新水平参

---

① 姜涛. 2012. 农业科技创新的现状分析与展望——以湖北省为例[J]. 农业展望，8（3）：48-51.

差不齐，人才结构失衡；二是农村科技创新财力资金来源较为单一，传统的政府资金投入无法填补农村科技创新快速增长的资金需求缺口；三是现有农村科技创新的基础设施较为陈旧，实验基地条件较为艰苦。这三者之间不是孤立的关系，而是有着紧密的联系，农村科技创新财力资源、物力资源是吸引农村科技创新人力资源的重要基础。事实证明，财力、物力匮乏会使得很多农村科技创新人员从农村再次回流到城市。相应地，农村科技创新人力资源的匮乏也会影响科技向生产力的快速转化，最终制约科技创新价值作用的充分发挥。

2014 年，习近平在一次院士大会上指出，科技创新人才在我国科技创新事业中扮演着不可或缺的角色和发挥着举足轻重的作用，并对未来科技创新人才挖掘、人才培育、人才凝聚等方面的工作提出了新期望和新要求。然而，就现有情况来看，我国农村科技创新人力资源仍处于极其匮乏的状态。在数量方面，我国农村科技创新人力资源存量不足很难满足不断提高的农村科技创新需求。与城镇相比较，农村的基础设施建设相对落后，生活、科研环境较为艰苦，许多高层次创新人才及高职称的技术人员不愿意参与农村基层科技创新事业，这使得流向农村的创新人才较少。同时，现阶段农村也明显缺乏相应的招才引智的激励政策，没有形成配套的人才引进和使用激励政策。这样很容易形成对农村科技创新人才的负向激励，引发“留不住”“引不来”农村科技创新人才的问题。乡村振兴背景下现有农村科技人才的年龄普遍偏大、受教育水平偏低、整体科技素养差，多为资历较老的经验型人员，他们通过接受简单的培训、单一技术和简单的科普知识讲解后上岗，缺乏专业知识和技术，无法解决难度较高的农学生产问题，在工程建设、机械维修、贸易往来、服务等方面体现出能力不足的问题。同时，现有的农村科技人才由于普遍年龄较大，学习能力差，接受新事物和新技能速度较慢，无法将先进的科学技术和先进的技术设备充分利用[①]。

除了农村科技创新人员的“留”与“引”两大难题外，我国农村科技创新资金投入方面存在以下问题：资金投入水平不高，资金来源较为单一，以政府投入为主，新农村科技投融资体制与机制尚不健全；创新科技投入结构不尽合理。农村科技创新资金分配的不合理，也会对农村科技创新主体作用是否能充分发挥产生直接影响。

三、农村科技创新推广不力

农村科技创新推广是农村科技成果转化为现实生产力的桥梁和纽带，在推动农村经济加速发展方面发挥着重要作用，在促进现代农业发展和新农村建设方面

① 于金波. 2022. 乡村振兴背景下农村科技人才队伍建设的困境与突破[J]. 人才资源开发，(11)：17-18.

具有极其重要的意义[①]。1993 年《中华人民共和国农业技术推广法》正式颁布，这是我国首次以法律的形式做出了关于农业技术推广的规定，以此为标志，我国农村农业技术推广体制工作有了法律层面的保障。2006 年，国务院出台了《关于深化改革加强基层农业技术推广体系建设的意见》，掀起了我国各地方政府改革农村科技创新技术推广机制的热潮。经过各方努力，我国在基层农业技术推广机构内部结构改革及职能转变方面、在农村科技创新推广体系构成主体方面及农村科技创新推广方式这三个方面都取得了新的进展。整体而言，以往取得的成就完全可以成为我国农村科技创新推广体系建设的坚实基础，但是距离建成完善的农村科技创新推广体系还有很长的一段路。

从主体构成来看，随着实践的深入发展，截止到 2020 年末，我国农村已有较多种类的民间科技创新推广组织。国外实践证明，民间科技创新推广组织更能吸引、吸纳农村村民从被动接收到主动参与再到深度融入农村科技创新的推广工作中去。近年来，我国各种涉农类社会组织日渐发展壮大，借助他们的参与，既能直接获取创新资源扶持，还能增强创新主体之间的高效联系[②]。

从主体之间的协同情况来看，一方面，农村科技创新推广的工作量较大，回报周期较长，多元化的农村科技创新推广组织之间缺乏向心力、凝聚力，传统的以行政部门为主导的农村科技创新组织的职能存在交叉、重叠现象，因而极易造成条块分割、各自为政的现状，缺乏应有的合作与协调及公平合理的竞争机制；另一方面，市场经济的发展改变了过去农民由于缺乏自主经营权，只管生产的情形，但是没有彻底改变农村科技创新推广过程中存在的行政倾向，农村科技创新推广部门不应该只有行政部门，而政府和企业合作一起提供推广服务也是未来应该采取的发展路径，这需要加快转变政府职能，加快调整政府机构设置，进一步破除农村科技创新推广工作中的体制障碍。

从农村科技创新推广主体发挥作用的角度看，农村科技创新主体通过多种多样的方式，如座谈会、主题科普会议、成果推广宣讲会等，给农村科技创新客体主要是农村村民提供丰富主题的精彩内容，创造一个良好的农村科技创新的学习氛围，使其增进知识、改变观念与态度，有效提高农村村民的创新素养，赢得更多农村村民对科技创新的赞成和支持，最终实现培育新型农民、发展农村产业、繁荣农村社会的目标。但事实上，在农村科技创新实际过程中，农村科技创新人员的整体业务素质不高，职业道德素质参差不齐，农村科技创新推广和宣传人员的信息采集能力欠缺，未能及时获取、传播农村村民最为渴求的创新前沿信息；

① 王济民，刘春芳，周慧. 2008. 新形势下我国农业科技推广体系建设思路和方向[J]. 农业展望，4（12）：38-41.

② 王文彬. 2021. 乡村振兴下农村科技创新体系重塑：困境、逻辑与路径[J]. 山西农业大学学报(社会科学版)，(3)：23-32.

也未能在第一时间解答农村村民在日常生产、生活中所产生的实际难题，农村科技创新推广人员的宣传、科普作用未能充分有效发挥，进而影响农民主动参与农村科技创新活动的热情。

从农村科技创新推广的模式和技术的手段来看，我国农村科技创新推广模式较为单一，采用的推广技术手段较为落后。就农村科技创新推广模式而言，现阶段，我国农村科技创新推广模式还是以政府为主导的行政化推广模式，其他主体占主导地位的推广模式并没有得到普遍应用，多种农村科技创新推广模式尚未形成“遍地开花”的现象。“农村、农业、农民”问题都离不开一个“农”字。首先，农村农业经济的发展离不开农民自身的努力，农民应该在农村科技创新过程中发挥主力军作用；其次，政府应该主动“退居幕后”，主动让出部分职能给农民主体，主动转向资金扶持、资源分配与调控等工作。但现实情况是，在农村科技创新过程中，由于许多政府对自身的定位不够准确，出现了政府和农民“角色错位”现象。此外，政府的法定职能过于繁杂、政府的规模较大也时有存在，这些因素都会制约政府对农村科技创新工作的宏观调控。

而农村科技创新工作是以推动农村经济社会发展为最终目的的，这项工作与农民的日常生活息息相关，同时也与农民幸福感与获得感联系紧密，这意味着农民自身会有充分的动力和源源不断的激励去投入农村科技创新事业当中。现今以政府为主导的农村科技创新推广模式无法带来与以农民为主体的农村科技创新推广模式同等的激励和推动，这种角色的错位使得农村科技创新事业很难较快的进展，继而影响农村科技创新推广的正常推进。

就科技创新推广工作中所采取的技术手段而言，如前文所述，农村科技创新推广涉及的主体和客体较多，涉及的部门、领域较多，这就意味着农村科技推广是一项具有综合性、系统性特点的浩大工程，这给农村科技推广人员提出了较高的要求：具备丰富的专业理论知识、积极的服务意识和熟悉当地方言与风俗习惯的能力。当然这也给农村科技推广技术提出了要求：传统的技术推广手段无法适应当前规模宏大的科技创新推广客体，推广技术更新换代的频率要更快。就我国农村科技创新现状而言，农村科技推广人员出现年龄、专业层次的“断层”，这使得技术推广人员的能力和水平不足，进而导致农村科技创新推广的结果不尽如人意。农村科技创新技术供给不足，技术推广服务组织的力量不够，使得现代农村科技创新和农业生产过程中资源配置很难得到最优配置。

四、农村科技创新体制与政策不协调

农村科技创新政策主要是为了响应国家“科技兴村”“科教兴农”的战略部署

而针对“三农”可持续稳定发展而使用的政策手段，在促进乡村振兴、加快城乡一体化等方面发挥着不可替代的重要作用。农村科技管理体制包括由多元科技创新主体构成的组织结构、管理制度及相关体系①。农村科技创新管理体制对农村科技创新政策的贯彻落实有着明显影响，着重体现在：能否充分挖掘、释放出科技创新人员的创造热情与活力，能否有效提高农村科技创新能力和水平，能否使得农村科技创新资源得到合理的分配与调控。因此，可以说农村科技管理体制与相关政策之间能否得到协调显得格外重要。

多年来，我国农村科技创新管理体制与农村科技创新政策都紧跟时代大浪潮前进，经历了一定的演变。但由于两者发展的步伐并不完全一致，我国农村科技创新管理体制的发展严重束缚着农村科技创新政策的贯彻和落实，农村科技创新管理体制无法为科技创新政策的顺利实施保驾护航，具体表现在以下三点：一是管理理念尚未及时更新，传统的管理理念很难和与时俱进的政策指导精神和谐共处；二是现有管理体制与机制之间的冲突越来越激烈，较为僵化的管理体制阻碍了科技创新人员才能的发挥；三是科技创新管理体制缺乏量化评价的相关规定，无法对相关政策进行评估和反馈。

如果将农村科技创新管理工作比作划船，为了按时抵达目的港，性能良好的船舵和船桨是必要的。在这个过程中，创新管理理念就发挥着类似于船舵的作用，它对创新管理全过程有着指引航向、矫正方向的作用。但总的来说，当前部分区域的农村科技创新工作还在一定程度上存在着“管理思维滞后现实需求”的现象，这也会明显影响科技创新工作的高效推进。科研工作和产出创新成果是农村科技创新人员的首要职责，但这并不是唯一职责。归根结底，科技创新是为了更好地服务于农村生产实践，为农民解决实际难题。此外，我国农村科技创新管理人员自身还存在过度消耗已有知识储备，学习、消化国内外先进的管理理论知识的自觉性不够的问题。

除了发挥船舵指引方向的作用外，农村科技创新管理体制可看作船身的构造，农村科技创新管理机制则可看作船前进所需的船桨。一般来讲，船身构造与大小要与船桨的大小结构相适应，这样船桨才能更好地发挥自身作用，船才可能正常行驶起来。现有管理体制与机制之间的冲突越来越激烈，较为僵化的管理体制阻碍了科技创新人员才能的发挥，降低了跨区域、跨部门科技创新人才之间合作的可能。以育种产业领域的创新为例，育种产业创新研发的过程中普遍存在着“个体户模式”。这种“个体户模式”具体来说是指将自我封闭起来，自我创新；避免与外界进行知识、信息共享的机会，独享创新资源②。“个体户模式”难以形成科

---

① 黄光清. 2016. 浅析科技管理体制创新与信息化建设[J]. 科技展望，26（25）：296.

② 李登海. 2012. 打破科研育种“个体户模式”[J]. 中国畜牧业，（7）：21.

研创新的合力，对农村科技协同创新及创新成果的推广和应用有着消极的影响，是制约我国种业创新的一个瓶颈。这种“个体户模式”现象之所以会出现，在很大程度上正是因为农村科技创新管理体制与机制之间存在着无形壁垒，通俗地讲，农村科技创新体制机制的“任督”二脉还未彻底打通，农村科技创新实际过程中出现的深层次矛盾和问题也因此未能得到根本解决。农村科技创新体系有着综合性、系统性、多层次性、开放性、专业性等特点①。这些特点意味着农村科技创新工作涉及多个部门、主体。这些跨部门的主体分别有着各自的直系领导，一方面，他们听从这些直系领导的安排，这是正式组织里行政化运行的常态；另一方面，他们为了科技协同创新工作的需要而集聚在一个“非正式组织”里。需要注意的是，此处的“非正式组织”是指这个由不同区域、多个部门组成的机构一直没有得到法律上应有的尊重和重视。

总的来看，各级政府在农村科技创新工作中的主导性作用比较凸显，也在一定程度上影响到这项工作的开放性发展。在现行科技创新管理体制框架下，对科技创新资源拥有处理权力的部门及拥有制定相关科技创新政策的部门数量很多。根据马克思主义哲学的观点，我们不能孤立地看待问题，应该全面地看待问题。这些部门和单位都拥有对农村科技管理的权力，那么无法避免地会出现多部门职能交叉、多头管理、政出多门的现象，这样最终会导致农村科技资源的不合理分配和浪费问题，此时矛盾无法调和。由于农村科技创新存在多头管理和管理部门职能交叉，分属于多个职能部门的人员会减少交流、分享的可能，严格遵守着部门所管控的领域范围，绝不敢越出一步。而农村科技创新政策的实施也是需要众多科技人员的主动参与，各个管理机构的工作人员之间的协调性和一致性不足也会影响政策发挥出合力效应。综合性的科技创新任务需要集聚各方力量团结一致地实现科技创新大协作。农村科技管理体制的使命本应包括为农村科技创新人员提供组织保障，为农村科技创新资源优化配置和合理调度提供便利，但是现今情况是体制与机制无法有效配合，无法发挥“1+1＞2”的作用。

此外，我国农村科技创新政策出台、实施以后需要及时的反馈和评估，通过这样的方式，科技政策才会实现自身的“新陈代谢”和自我完善。农村科技创新政策有着引导调控、优化农村科技创新资源的作用，也有着调动科技人员积极性的功能。但是农村科技政策的作用、功能要想完全发挥出来，国内外的成功实践告诉我们需要农村科技创新管理体制的相应配合。管理体制起着润滑油的作用，为农业科技创新搭建公平、公正的竞争平台，将涉及“三农”问题的各个系统和各个部门的人员集聚到一起，通过良性竞争，激发农业科技创新能力，实现多个主体和多个机构之间的共赢，提高农村科技创新的攻关实力，

① 纪绍勤. 2005. 我国农业科技创新体系研究[D]. 北京：中国农业科学院.

加强农村科技创新与农村经济发展之间的联系。但这显然是一种理论状态，现实状况是现有的农村科技创新管理者没有认识到促进科技创新信息分享和转化平台的重要性，而且缺乏可行的农村科技创新成果的评价机制，最终可能出现的困境：一是现阶段的农村科技管理制度中关于激励奖励科技人员的内容较少，农村科技创新人员缺少足够的创新热情，科技创新成果的产出勉强过得了数量的关卡却难以挺过质量的关卡；二是现阶段的科技创新成果的量化评价方式方法有限，农村科技创新人员的产出无法得到合理的量化评价，影响到科技创新人员的周期考核，周期考核不准确又会影响农村科技创新人员的创新热情和工作积极性；三是农村科技创新政策需要评估，而政策评估的前提势必与农村科技创新资源的投入和创新成果产出等绩效挂钩，但当农村科技创新绩效难以量化评估时，农村科技创新政策评估也会遇到一些阻碍，继而影响政策反馈，影响到农村科技创新政策的完善。

第三节　农村科技创新体系的核心问题归纳

农村科技创新体系建设已进入攻坚阶段，面临的难题较多，即使说是举步维艰也毫不为过。当前，农村科技创新也要迎面赶上全球创新的时代浪潮，将科技创新作为促进农村经济发展和农业创新的重要手段也正是顺应时势而为。正如前文所分析的那样，我国农村科技创新体系在建设和健全的过程中遇到了一些问题，陷入了许多发展困境中，一时之间很难找到突破点，而这些发展瓶颈都可以统一归纳在理念、制度和技术三个层面上。

一、农村科技协同创新理念贯彻落实不到位

在我国农村科技创新体系建设过程中仍然存在协同创新理念尚未深入人心、贯彻落实不到位的问题。农业农村科技协同创新的本质是联合农业农村科技创新体系中的各个创新主体——政府机构、科研院所、大学院校、推广服务机构、农业企业等组织，通过充分发挥它们的科技创新作用来共同推进农业科技产学研协同创新，增强农业农村科技创新能力，提高农业农村科技成果的转化效率，使协同创新主体之间能在农业技术转移和市场化过程中实现资源优化配置、知识共享且行动最优。但我国特殊的体制机制、创新模式及研发主力等多方面的制约，综合导致各创新环节存在较大漏洞和断层，各创新主体的功效得不到有效发挥，协同创新理念未得到广泛且有效地落实，主要表现在以下四个方面。

（1）过度依赖政府管控。我国现有的农业科技创新模式仍然是政府推动型，

各个创新主体和创新活动都过于依赖政府。政府为科技创新制定的政策和法律法规如同一把双刃剑：一方面，相关政策法规可对农业科技创新和研发的方向与目标起到引导作用，创造出更加有利于创新研发的政策法规环境，这样农业科技创新活动才可能顺利进行；另一方面，这些政策及法律法规也成为政府对科技创新的一种管控和约束，在一定程度上妨碍了科技研发人员更自由敏锐地根据市场需求、国内外形势开展创新研发活动。我国农业技术研发的总方向和总目标由国家农业科技政策决定，一系列由国家制定的涉及农技研发创新的战略、规划、法规及纲要会对农技创新活动加以引导、规范和激励，但这种现状也极易导致我国农业科技创新和研发的内容受国家农业科技政策指引而过于计划性。另外，我国农业科研机构和农业高等院校并不属于营利性组织，需要依靠国家财政提供资金支持。诸多阻碍因素导致的资金低投入致使我国农业研发的技术设备不够先进，农业科技高水平人才比率较低，因而很难取得农业科技上的突破。

（2）农业农村科技研发力量不够多元化。我国农业农村科技的研发主力仍然是各个农业科研机构和农业高等院校，而农业企业的参与度不够高，尚未真正成为有竞争力的技术创新主体。整体说来，农业企业不是研发投资的主体，它们对自身农业科研的投入也明显不足，且在管理和发展上还存在诸多问题，也使其难以成为真正有竞争力的创新主体。例如，一些国有企业缺乏技术创新的利益驱动和风险意识，大量中小型农业企业过分依赖政府的投入，不愿在技术创新上有过多投资，许多农业企业过于依赖技术引进而忽视了自主创新科研。此外，农业企业混乱的管理和低下的效益导致人才流失严重。但农业企业发挥着紧密结合农业技术研发和市场经济的作用。通过提高农业企业的科技创新与研发能力，有助于平衡农业技术的供求，为农业技术创新研发提供强大动力，促进农业技术的产业化和市场化。可见，协同创新意识的缺乏也会致使我国农业农村科研力量单一，农业企业的积极参与度不够，这样的现状不利于农业技术创新活动的快速发展。

（3）农业技术推广体系的组成单一。通过建设及改革公益性农技推广机构、引导农业高等院校和科研机构参与农技推广、培育新型农业社会化服务组织、开展农业技术服务等多种途径，可以使农业技术推广体系更为多元化，而只有足够多元化的农业技术推广体系才有能力担负起促进农业技术市场化和产业化的重要任务，使农业科技进入市场发挥效用的速度和水平得到真正提高。一方面，增强创新主体间的协同创新能力，加强创新主体间的合作沟通与交流，是提升多元化农业技术推广体系构建水平的有效方式；另一方面，借助多元化的推广体系又可以使各创新主体之间得到充分合作，进一步增强它们的协同创新能力。但我国现存的农业技术推广体系参与主体较为单一。我国参与农业技术推广的组织机构均依托于林、牧、副、渔等行政部门，采取“中央—地方单位—农业技术推广组织—农户”的基本模式，农业科技推广的主导力量基本都属于政府部门，而属于教育部门的农业高等院校和农业科研机构的主要职责是进行农业科技研发，它们同时也缺乏推广职能，在农技推广上农业高等院校和科研机构参与度仍然不足，农业企业的参与度更低。然而，缺乏农业高等院校、农业科研机构、农业企业这三方的积极参与，会阻碍农业推广工作的有效开展，使农业知识和创新技术的推广及运用的实际效果大打折扣，这是因为在我国，最先进的农业科研技术及资源、绝大多数的高水平农业科技人才都由农业高等院校和农业科研机构掌握；农业企业也有自己的农业科技研发团队，团队根据市场和农户的需求确定研发方向和目标，对市场和农户的真实需求有更为及时、清楚的了解。

（4）协同创新信息传递受阻。协同创新理念尚未真正深入人心、理念践行和落实的程度还不够、各创新主体之间缺少交流沟通的平台、信息传递渠道烦琐，导致主体间信息传递过程过于复杂，信息传递受阻严重，发出的大量技术创新信息无法顺利地被接收，致使信息较大程度的失真和不对称，造成信息极大地偏离客观事物的真实状况。我国农业技术信息的传递渠道主要是“高校、科研机构—农业企业—推广机构”，技术的生产、扩散、产业化及最终消费由不同的角色承担，科技创新的信息传递也是从一个角色到另一个角色，而非“技术由企业生产也由企业推广”的方式①。在这种模式下，如果协同创新未能给各主体提供交流与沟通的有效平台，那么信息传递及反馈将因为创新主体间缺乏沟通而受到很大阻碍，农业科技信息更会在复杂的传递过程中失真，这些都会抑制农业科技创新的发展。

二、农村科技创新制度建设缺乏人文关怀色彩

2018 年 4 月 24 日，习近平在湖北省宜昌考察，谈到乡村振兴问题时，他坚定地指出，“乡村振兴，人才是关键”。这给我国农村科技创新工作带来的启示是：在加强农村科技创新机制体制方面，不可忽视农村科技创新人才管理制度的建设，制度建设需要给创新人员带来足够的关怀。但是在我国现有的农村科技创新工作继续推进中，管理机构“内部发力”不足，引进的人才数量远远不足以满足急剧增加的农村科技创新工作的需求，“筑巢引凤”的效果并没有预期效果好。在农村科技创新工作过程中，现有的农村科技创新制度覆盖面不够广，很少有涉及农村科技创新人才引进、培养及评估和资金扶持等方面的内容，因此农村科技创新人才发展体制机制并不彻底，从这个方面来说，农村创新科技制度建设并没有带给科技创新人员一个足够安稳、踏实的环境；进一步地讲，不完全的制度建设没有带来充分的激励，缺乏足够的吸引力和号召力。因而从这个层面来讲，我国现有的农村科技创新制度建设缺少宽阔的视野和高远格局，基础设施无法保障，难以

① 王萌. 2018. 现阶段我国农业技术政产学研协同创新研究[D]. 南昌：江西农业大学.

吸引来众多的科技创新人员队伍，很难让科技创新人才安心、踏实地留在当地并投入到农村科技创新事业的队伍中去。

同时，我国农村科技创新制度建设缺乏人文关怀和政治引领。在政治引领和政治吸纳方面，当前的农村科技创新人才制度中缺少广泛号召本土的科技创新人员投入到基层社会治理事业中去的内容，很少有鼓励农村创新科技人员进行牵头创新的经营形式，很少有组织本土和非本土的农村创新科技人员进行知识技术交流和分享的活动、技能竞赛、帮扶对接安排等。本土和非本土的科技创新人才之间存在一些无形的隔阂，日常工作接触、对接方面会有一些心理距离，如果不能得到及时解决，会减弱农村科技创新合力作用。就工作性质而言，科技创新工作是一项前期精力投入较多，且回报周期相对较长的工作，这对科技创新人员的心理承受能力、抗压能力有着相当高的要求。如果科技创新人员的心理素质过差，承受科研压力的能力太低，这时候再加上科技创新人员自身比较封闭，拒绝与外界进行言语交流，那么很可能出现心理健康问题。当前，农村科技创新工作人员的心理健康状态未得到足够的重视，自身价值很难在短时间内通过工作成果体现出来，自身价值很难获得认可，很容易焦虑。综上，缺乏人文关怀内容的制度建设很难充分激发出农村科技创新人员的工作热情和研发激情与活力，缺乏人文关怀色彩的制度也缺乏让科技创新人员展示才艺、提升技能的平台和空间。

三、农村科技创新与互联网信息技术联系不紧密

在农村科技创新的过程中，需要先行普及农村科技创新理念，需要建立健全相关的制度，同时也需要紧密结合互联网信息技术。现今正处于第四次科技革命的浪潮当中，在这个时代大背景下，衍生出了“平台和网络”“互联网+X”等热词，“互联网+科技管理”也应时而生。在我国农村科技创新管理过程中，若能紧密联合电子信息技术、大数据等现代信息技术，农村科技创新管理的效率会得到相应提升，农村科技创新服务的水平也能有所提升。

就我国农村科技创新管理实践中应用到的现代科学技术手段和方法而言，多数停留在基础的文字处理、政务信息公开这样的起步阶段。先进的科技管理手段如网络技术、信息技术等，在科技管理工作的实际应用中存在着许多问题。

就我国农村科技创新管理工作中的信息化管理来说，管理网络化程度低，利用率不高。实用的管理信息资源缺乏，数据库支持系统种类不全，已有的数据库重复建设严重，且规模小、质量差、标准化程度低。就我国农村科技管理过程中所采用的信息化手段而言，我国农村科技管理信息化工程还处于起步阶段，基于“互联网+科技创新管理”的科研数据综合服务平台正在建设当中，数据是否得到

了高效供给和有效利用还很难说，科技创新管理简化尚未实现。具体来说，第一，在农村科技创新平台管理方面，因为缺乏完善的平台管理制度，从数据录入到及时入库及后续的数据统计分析都缺乏一定的操作流程，这给农村科技创新管理的有序化和规范化带来了一定的负面影响；第二，农村科技创新管理信息化的系统化建设需要掌握一定信息化手段的专业知识人员，但与原设想相违背的是，现阶段我国具备一定理论基础的专业知识人员不多，且愿意流向农村并服务于基层的工作人员更少，这样造成的后果是农村科技创新管理水平从总体上说还比较低，各部门、各单位信息化科技管理水平参差不齐，发展不均衡。

总之，我国农村科技创新管理信息化水平与新时期现代化政府治理水平的新任务、新要求还存在较大差距。以我国农村科技创新的推广为例，在“互联网+”社会背景下，农村科技创新推广的模式并未和互联网信息技术实现紧密的结合，而还是推行着分派相关人员前往各个田野里面对面的交流、组织农民培训等的传统农村科技推广模式，推广效率低下，推广效果也不是很明显，时效性较差。尤其是偏远山区由于自身农业发展水平本来就较为落后，交通不便利，再加上互联网普及率也还未达到平均水准，这些条件都极其不利于农村科技创新成果的推广，然而恰恰是这些农村偏远地区比一般农村更需要普及农村科学技术。

第五章　国内外农村科技创新的经验借鉴

对任何国家而言，农村科技创新都直接关系农业现代化发展进程和国家创新体系的完善程度。而科技创新体系相对发达的国家的农村、农业科技创新程度必然较高，其推进农村科技创新的做法和经验对推动发展中国家农村、农业科技成果转化和农业现代化具有重要启示。我国推动农村科技创新的实践经过了数十年历程，亦出现了一系列具有中国特色的新做法，积累了丰富且可供推广的经验。本章在前面梳理的我国农村科技创新历程的基础上，通过归纳国内外有关农村和农业的科技创新经验，为我国农村科技创新水平的提升、科技创新体系的完善和农业现代化的发展提供经验借鉴。

第一节　国内农村科技创新的有益探索

改革开放以来，为加速完善我国农村科技创新体系，提高科技创新对农村、农业的贡献度，我国政府采取了诸多具有中国特色并符合发展实际的政策、计划和措施。各地方政府亦根据农村、农业和农民生产需求，以民为本，实施了具有地方特色的政策。其中，陕西农业科技专家大院、农村科技特派员制度、江苏农村科技服务超市、农业科技 110 体系等都成为已经被全面推广和学习的有益经验。

一、陕西农业科技专家大院

1999 年，宝鸡市政府和西北农林科技大学率先发起建立了农业科技专家大院。农业科技专家大院是以大学科研院所为依托、科技专家为主体、农民为直接对象，为“三农”发展需求提供技术指导、技术推广、人才培训、技术咨询等服务的新型科技服务模式①，是缩短农业科技“实验室”与“农田”的距离、提高科技创新在农村的辐射能力、加快科技成果转化为现实生产力、实现科技与农业生产直接接触、农技高效推广的重要举措。

① 刘志民，欧阳晓光. 2005. 多模块复合型：我国现行农村科技服务体系的组织构架[J]. 科技与经济，(2)：41-44.

（一）农业科技专家大院的体系特征

农业科技专家大院经全国推广后，各地都基于本地发展实际进行了不同形式的实践探索，体现出明显的共性特征：资源配置市场化、技术创新与推广一体化、经济利益共同化、经营管理企业化①。

首先，资源配置市场化。以市场为导向、以产业为依托、以农业科技为主线贯穿农业科技服务链条中，并通过利益纽带将多元主体和资源有效整合，实现各类资源配置的市场化和高效化，充分激活科技资源拥有主体、中介服务主体、农业大户和散户等生产主体存量资源与增力资源的优化配置，打通农村科技创新链条中的制度障碍。

其次，技术创新与推广一体化。将农业科技研发、教育、推广有效融合是实现农业科技产学研用的关键渠道，农业科技专家大院为各主体的有效衔接起到了重要的平台作用。专家大院成为农业科研、实验、新技术和新品种的推广中心，这不仅突破了传统推广机构的单一功能限制，而且将农业科技成果的创造者、科研和技术人才、成果、信息等资源引入农村，建立起了农业科技供需主体、中间服务主体等交流、合作机制，解决了农业科研与推广相互割裂的突出问题。

再次，经济利益共同化。利益共享和风险共担是充分调动农业科技创新链条的重要机制安排。农业科技专家大院既是服务平台，同时也是通过农业成果转化与技术推广应用来节省农业生产成本、交易成本、提高农业生产附加值和生产效益的利益创造者，那就要求该平台中的各个主体都能享受该制度所带来的收益。因此，该服务平台成为由多元主体构成的利益联盟，能够保障农业科技专家大院的发展具备内生的可持续性。

最后，经营管理企业化。市场化运作和企业化管理是组织获得持续生命力的必要安排。农业科技专家大院虽然是在政府主导下建立，但要获得可持续发展和效益提升，就必须朝着现代化企业的运作方向发展。实行专家负责制、团队化运作、多元组织之间以市场契约合作的方式开展合作，通过明确权责和奖惩机制、利益分享机制与组织运营各项制度安排，才有可能为农村、农民和农业提供全方位、高质量、可持续的科技服务。

（二）农业科技专家大院的制度创新性

农业科技专家大院是变革我国农村科技创新推广体制的有益探索，其运行机

① 曾维忠，李镜. 2006. 农业科技专家大院建设的理论与实践探讨[J]. 农业科技管理，（6）：86-89.

制和管理方式上的创新更是完善我国农村科技创新服务体系的重要尝试。在体制创新方面，农业科技专家大院实行政府引导、专家指导、企业主导、经济合作组织参与的管理体制①。以宝鸡市的农业科技专家大院为例，政府在专家大院建成中扮演着强有力的支持者角色，体现在提供大院建成的资金、各类基础物质资源、柔性政策、环境支持和协调各类主体关系，保证大院的顺利运行方面。西北农林科技大学负责根据政策规划需求，为大院提供相应领域的科研专家和人才，为大院平台中的企业、农民组织和大户提供指导，通过多元主体协同合作解决农村和农业发展中信息、市场、技术、资金等资源缺乏的困境。在机制创新方面，农业科技专家大院所具备的市场化和企业运作、利益共享等特征都是其运作机制得到保障的直接体现。究其深层次原因，农业科技专家大院是农村内外部资源的联通，这种资源融合的前提之一就是内外部主体形成利益共同体，共同体是以产权、技术成果、利益分配、平台运行管理和经营机制等制度安排来实现多元主体的互利共赢和农业产业化、现代化发展。在运作形式方面，农业科技专家大院根据其性质和特点的差异性实行异质化运行形式，形成不同主体主导的专家大院运作方式，包括以政府为主的“专家+项目+基地（园区）+农户”专家大院形式、以企业为主的“专家+公司+农户”专家大院形式、以农村专业合作经济组织为主的“专家+协会+农民”专家大院形式。下文将详细介绍不同类型的农业科技专家大院的运作模式。

（三）农业科技专家大院的运作模式

前面描述了陕西农业科技专家大院的基本运作模式，而在实践中，多数大院不断完善运行机制，探索出多样化、适合本地发展需求和具有自身特点的技术服务方式，主要包括示范带动型（政府主导型）、企业主导型、合作组织依托型、多元化复合型②。不同的运作模式具有不同的特征和优势，如表 5-1 所示。

表 5-1　陕西农业科技专家大院运作模式

类型	主导者	主要模式	表征	产业适宜情况	优势
企业主导型	龙头企业	专家+公司+农户	企业投资和运营、建立示范基地、专家大院内嵌于企业、企业和专家服务于农户	经济效益明显、产业化程度较高	①企业与农民可以风险共担、收益较高；②有效实现技术专家与农民对接

① 张俊杰. 2005. 农业科技专家大院科技推广模式的探索[J]. 西北农林科技大学学报（社会科学版），(4)：1-4.
② 刘薇. 2011. 陕西省农业科技专家大院推广模式分析[J]. 经济研究导刊，(19)：46-47.

续表

类型	主导者	主要模式	表征	产业适宜情况	优势
示范带动型	政府	专家+项目+基地（园区）+农户	以政府投资和项目带动为主，政府和科研院所共同建立专家大院，开展示范、推广等服务	取决于政府项目设置	专家大院不以营利为主要目的，科技成果集成和示范推广范围较大，效果较好
合作组织依托型	农村专业合作经济组织	专家+协会+农民	联合农户建立合作组织，以市场为导向组织生产，专家大院依托合作组织提供全方位服务	适宜于生产单元较小，而又有传统优势的产业	①技术成果能够及时辐射到农户生产中；②合作组织能够提高风险抵抗能力、降低交易成本
多元化复合型	多元主体	专家+合作社+实体（公司）+试验示范基地	多元主体参与，企业化运作	\	能够整合协同多元主体、基地、市场及农户等优势要素

农业科技专家大院通过突破原有的农村科技推广体制，结合各地经济社会发展实际、优势和产业特点，充分利用高校及其他科研院所的优势科教资源，形成政府引导、企业化组织和市场化运作模式，继而实现产学研用的紧密结合、科技与农民的对接及农村科技服务效率提升。但不可否认的是在农业科技专家大院运行中，还必须在体制突破、政府行为推动、科研院所和大专院校的科技与人才资源、评价和激励机制、利益分享和产权保护等机制设计上加以完善。

二、农村科技特派员制度

农村科技特派员制度始于 1999 年的福建南平，主要是为满足农民科技服务的需求，提高科技服务供给水平，将一批科技素质较高的人才派到农村的实践探索。2005 年，农村科技特派员制度开始在全国推广。2009 年，科技部、人力资源和社会保障部、农业部、教育部等联合印发《关于深入开展科技特派员农村科技创业行动的意见》。2016 年，《国务院办公厅关于深入推行科技特派员制度的若干意见》的发布，确立了“完善科技特派员制度、培育新型农业经营和服务主体、健全农业社会化科技服务体系、推动现代农业全产业链增值和品牌化发展”的目标。农村科技特派员制度发展至今，其覆盖范围逐步扩大、服务队伍不断壮大、服务效果和服务能力不断增强、服务体系日趋完善[①]，各省逐步探索出具有地方特色的农村科技特派员制度模式。本节主要是对国内农村科技特派员制度模式进行比较分析，勾勒出国内不同区域及不同类型的农村科技特派员制度模式和运行特征。

从地域维度看，我国各区域结合不同期农村地域和气候特征、经济社会发

① 杨俊，徐跃进，李寒，等. 2015. 高等农业院校应成为农业科技特派员培训的主阵地[J]. 华中农业大学学报（社会科学版），(6)：124-128.

展情况、农业发展、政策引导等差异性，形成了发源地的福建南平模式、东部经济发展地区的浙江模式、西部地区的宁夏模式和南部地区的广东模式四类模式①。表 5-2 是对四种农村科技特派员制度模式和运行机制的对比分析。

表 5-2　不同区域的农村科技特派员制度模式和运行机制

模式名称	资金投入	激励机制	协调管理机制
福建南平模式	建立专项创业基金、首创专门农业项目等	财政补贴+科技特派员有偿服务+要素入股以获取一定报酬等形式，实现农村科技供给与需求的结合	①共性：各地市均采用省级领导牵头、多部门参与的齐抓共管方式，自上而下设立相应机构或组织，以便协调管理；②特色：宁夏模式注重创业行动、浙江模式注重以科技项目带动、广东模式强化政策支持和利益激励
浙江模式	以科技项目为核心和抓手，各级政府设立专项基金，强化资金扶持科技特派员及科技项目等	基本岗位工资和福利等“待遇+优惠”政策，鼓励科技特派员带领农民共同致富	
宁夏模式	设立创业担保专项基金/经费、农村资金互助合作社和多种金融服务平台、科技特派员创业项目等	保留岗位待遇+优秀者奖励+创业收益归本人所有+结成利益共同体过程中的具体事务单位不干涉/（三保两优先等其他政策支持）	
广东模式	建立专项资金/担保基金、强化相关科技资源投入、捆绑科技项目贷款和保险、支持科技金融创新合作和相关税收等政策优惠等	提高科技特派员待遇+科技特派员与企业/合作组织结成利益共同体的利益激励机制	

通过对比分析发现，在协调管理机制方面，不同区域的特派员制度模式具有共性，如各地市均采用省级领导牵头、多部门参与的齐抓共管方式，自上而下设立相应机构或组织，以便协调管理。同时，各个区域的科技特派员制度模式也形成了较为鲜明的特色，如宁夏模式注重创业行动、浙江模式注重以科技项目带动、广东模式强化政策支持和利益激励。不同地域模式的共性和差异均充分体现以提供优质高效的农村科技服务为目标的共质性。

从农村科技特派员制度的实施形式维度看，农村科技特派员制度形成了信誉共同体模式、农业科技园区模式、科技特派员工作站模式、科技特派员企业模式和科技特派员协作创新团队模式②。信誉共同体模式主要是科技特派员为农民提供科技服务、提供贷款担保、推广新技术等，与农民形成稳定的、经济收益与信誉共存的合作关系；农业科技园区模式是科技特派员承包农业园区，负责农业科技成果的示范、推广和产业化生产，并雇用或将园区承包给农民，为其提供指导服务并负责对接市场，这不仅有助于提高农村土地和劳动力利用效率，更实现了农民与科技特派员之间的合作共赢；科技特派员工作站模式是政府根据农业发展

① 田何志，周宇英. 2013. 国内主要省份农村科技特派员对比研究及对广东的启示[J]. 广东农业科学，40（4）：205-207，220.

② 张雨，高峰，刘智敏，等. 2008. 科技特派员制度创新模式与机制研究[J]. 农业经济问题，（S1）：59-63.

需求，主要通过农业科技项目和科技人才为农村提供公益性科技服务，这种模式有助于提高科技特派员服务效率、打破农业科技成果供需不均衡和转化率低的障碍；科技特派员企业模式以科技特派员通过创办企业，实行企业化管理，通过建立农业生产基地，以市场化方式与农民展开契约合作，以市场为导向为其提供农业生产的科技指导、收购和销售服务，实现农村土地、劳动力、管理、市场等生产要素及农产品供需的有效衔接；科技特派员协作创新团队模式将科技服务与科技创新紧密结合，由基层和来自高校的科技特派员组成创业团队，前者带领农户创建经济组织，后者为基层科技特派员提供科技支持和服务，这种将科技服务寓于科技创业之中，整合了不同层次科技特派员优势，对推动科研协作、科研成果转化、人才培训具有重要作用。上述几种模式的共性特点是都以科技创业为抓手实现科技服务效率的提升和双方主体的共赢。

农村科技特派员制度在继承传统农业科技推广和服务体系的基础上，适应“三农”事业发展和科技体制改革需求，盘活体制内外和农村内外的科技资源、链接各类生产要素、丰富科技服务形式，激发既有科研主体、服务主体、生产主体的积极性，集聚政府推进与市场发展、科技研发与农户生产，体现出区别于传统农业科技推广制度的优越性。因此，在相关匹配政策配套上要因地制宜、强化支持力度。

三、江苏农村科技服务超市

江苏农村科技服务超市是江苏省基于农村建设和农业发展需求，借鉴现代超市运营的理念，以政府引导、市场运作机制为主导，秉持“六有”模式，整合成果、技术、信息等科技要素所构建的农村科技服务模式和科技特派员工作平台，旨在加快科技成果转化和新技术以及新产品的示范和推广[①]。从 2008 年试点到 2020 年末，江苏已经建立了遍布全省的农村科技服务超市网络，对提高江苏农村科技服务能力和农业现代化水平起到关键作用。

（一）农村科技服务超市的体系设计

江苏农村科技服务超市设立了完整的、自上而下的组织架构和市场化的服务体系（图 5-1）[②]，并明确各级政府管理部门的主要管理职责。其中，政府管理体系主要包括省级政府部门牵头农村科技服务超市总店的组织和建设，市/

① 韩天琪，陈巍，包樱. 2014. 基于 SWOT 分析的江苏农村科技服务超市体系建设研究[J]. 金陵科技学院学报（社会科学版），28（4）：47-50.

② 李俊杰，刘冬梅. 2013. 江苏农村科技服务超市的创新与启示[J]. 中国科技论坛，（9）：133-138.

县/区科技主管部门负责指导和支持农村科技服务超市分店、农村科技服务超市便利店的建设和发展，在搭建健全的组织体系基础上，明确政府管理部门和各级店面的职责与服务功能、服务对象和服务内容，实现农村科技服务超市政府管理体系和服务体系的融合。这两种体系以融合科技人才资源利用、科技成果转化应用、信息双向流动和农产品流通机制、政府资金引导和主体企业资金投入机制为重要保障，以多元化形式和模式高效服务各类农业主体。

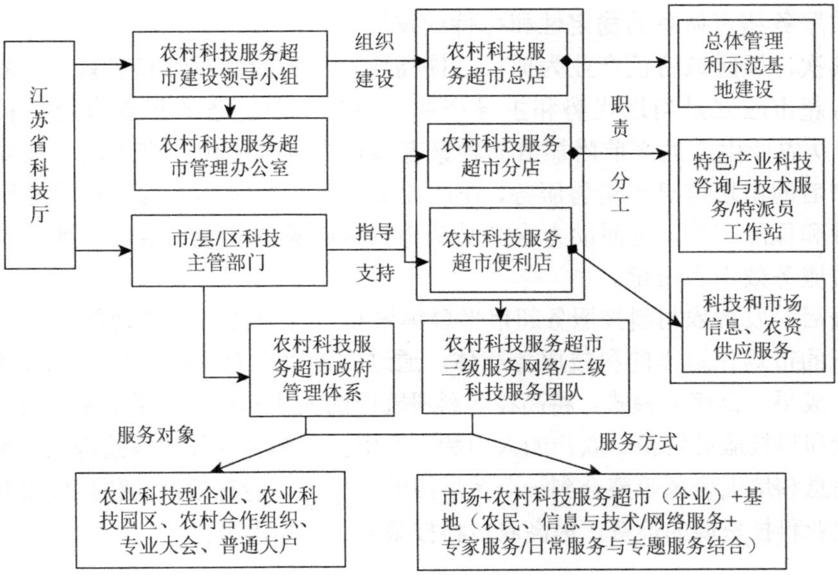

图 5-1 江苏农村科技服务超市体系

（二）农村科技服务超市的运营特征和成功经验

由上可知，农村科技服务超市是提供完善的农村科技服务、促进农村地区农业现代化和农民增收致富的重要尝试，必然是一项长期而艰巨的重大工程，这就需要投入更多的资源。政府要提供农村科技服务的重要策略，履行好其在农村科技服务超市的顶层设计、体系建设、机制运行、资金投入、政策保障等方面的职责，并且以政府引导为强力后盾，实行市场化运作，这有助于为农村科技服务超市运行树立良好的品牌信誉形象，迅速获得农户的认可和信赖。江苏省政府正是在自上而下的稳步统筹、推进过程中实现了农村科技服务超市的广范围覆盖和效能发挥。

首先，公益性与市场化运作相结合。农村科技服务超市本身就是政府推动科技服务模式创新的举措，其打造的三级服务网络实现了总店科技公益性服务和分店、便利店的市场化运作相衔接。同时，农村科技服务超市充分利用市场竞争机制，实行企业化管理[①]。农村科技服务超市分店、便利店依托企业主体为建设力量，并致力推动市场主体间竞争，从而提高科技服务能力。在农村科技服务超市系统管理上，借鉴现代企业管理的约束、激励评价机制、流动和扩张机制，建立相关管理标准规范，推动农村科技服务超市的可持续化和高效化。在金融支持方面，根据农村科技服务超市店面级别的不同，实行政府出资、民间投资、资本投资与技术投资相结合、自主投资和自负盈亏等多元投资机制，有助于保持科技服务超市体系的稳定性和可持续发展。

其次，以区域特色产业为抓手，提高科技服务的针对性和有效性。农村科技服务超市应立足当地优势和主导产业，秉持产业链条的思维来提供科技服务，即从农业生产的产前附加值品种繁育和优质种苗提供到产中的一条龙服务直至产后的市场信息和销售服务，在产业链的各个关键环节为农户做好针对性的指导和保障工作，进而助力农产品从田头到餐桌的实现，这极大地提高了农村科技服务效率和质量。

最后，发挥农村科技服务超市平台集聚和整合科技资源的功能。作为政府引导下的市场化运作的科技服务载体，通过实施“六有”（店面、队伍、网络、基地、成果、品牌）模式，将高校等科研院所的人才和科研成果资源、市场主体的资金和科技服务资源、农户的人力和生产资源、体制内外的科技特派员资源、科技信息和培训资源等整合到一个多层级的大平台，能有效推动科技成果转化，避免农业科技资源的浪费，提高农村科技服务效率和水平。

四、农业科技 110 体系

农业科技 110 体系起源于浙江省衢州市。为满足现代农业生产对科技服务和科技信息的需求，该体系以科技服务农民为宗旨，以科技信息资源数据库和农业专家系统为核心，以农村基础设施和现代科技手段为依托，并借鉴公安 110 快速反应机制对农业服务资源和科技信息进行整合[②]，通过服务热线、推广机构、服务网络和服务团队来降低农业科技服务的成本，提高服务质量和效率。农业科技 110 体系成功地对农村科技推广服务体制进行了创新，并在全国众多省份得到推广和应用。海南省于 2002 年率先在全省推广实施，建立了独特的农业科技服务 110 体系，并成为全国学习的典型。因此，本节主要以海南省的农业科技 110 体系为研究样本展开。

---

① 卞琳琳，刘爱军. 2013. 江苏省农村科技服务超市建设与发展研究[J]. 科技管理研究，33（11）：52-55.

② 李成木，王圣俊，傅国华. 2008. 农业科技 110 综述[J]. 安徽农学通报，（1）：114-116.

（一）农业科技 110 体系介绍

海南农业科技 110 体系是以政府农业主管部门为主体的农业技术推广服务形式①，自上而下设立健全的组织机构，形成覆盖面广、推广力度大、规模效应明显的科技服务格局。在不断探索中，海南省搭建了集电话服务、网络服务、机构服务、人才服务于一体的科技服务体系（图 5-2）。

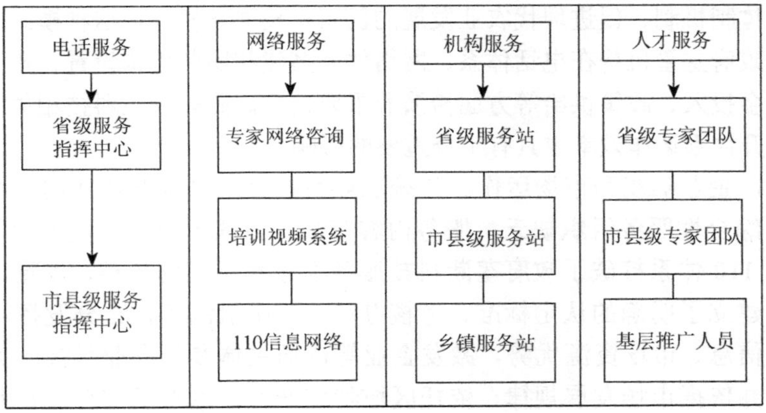

图 5-2　海南农业科技 110 体系

在电话服务体系中，依托电信设施，设立统一的服务热线和自上而下的服务指挥中心，接受科技种养救助和信息咨询服务，解决传统科技信息传递不畅和农业生产需求无法得到及时响应的问题。在网络服务体系中，充分利用互联网便捷和信息传播迅速、突破时空限制的优势，使得农业科技信息发布、咨询、服务、科技培训等可以广泛施行和广覆盖。在机构服务体系中，打造从省级至乡镇的三级实体服务平台，以服务机构为载体和平台，基于农村发展需求，提供全方位的产前、产中、产后服务。在人才服务体系中，农业科技 110 体系充分整合科研院所技术优势和企事业单位人力资源，发挥专家和农业技术成果的优势，融合科技特派员制度，使得服务站人员规模逐步壮大。在构建电话服务、网络服务、机构服务、人才服务体系的基础上，通过科技“三下乡”活动、新品种与新技术示范推广服务、公众号和工作群服务、银联惠农系统的服务②和农业科研专项技术

① 郑维全，庄辉发，符之学. 2013. 海南农业科技 110 优势与服务形式[J]. 热带农业科技，36（4）：44-46.

② 岑美婷，罗丰，柯用春，等. 2018. 三亚市农业科技 110 服务模式探索与创新[J]. 热带农业科学，38（6）：106-110，117.

服务等形式拓展了传统农村科技推广体制的功能，实现由单纯的技术服务转变成为技术、信息、农资、农产品销售和小额贷款五位一体的综合服务模式。

（二）农业科技 110 体系的特征

海南省所探索出的农业科技 110 体系体现出“政府搭台、企业唱戏、市场运作、多方参与”的特征。

首先，政府搭台。海南农业科技 110 体系是解决该区域“三农”问题、改革农业推广体制机制、促进现代农业发展的创新科技服务模式。这种模式由政府主导，各级政府主管机构在电话体系、网络体系搭建和服务机构设置、资源协调和管理、资金投入、政策供给等方面扮演着重要角色。此外农业科技相关的跨部门合作对提升体系运作效率也具有十分重要的影响。

其次，企业唱戏和市场运作。传统农业科技推广机制存在双向沟通受阻，农技推广综合性服务组织缺乏，服务内容有限、方式单一、手段落后等弊端，农业科技 110 体系打破了政府垄断科技服务而效率不高的桎梏，按照市场化运作机制，建立了明确的认定标准、考核办法、激励机制等，充分发挥了涉农企业科技、信息、市场资源优势，激发企业等市场主体参与农业科技服务的能量和热情，并依据市场发展规律，依托区域特色产业，建立了综合性农业科技服务平台，根据农业生产的产前、产中和产后需求，实现了市场体制和农业科技服务的对接。

最后，多方参与。在农业科技 110 体系中，政府管理机构、涉农企业、科研院所、专业合作社、技术协会、农户等都是关键构建主体，这些主体扮演着农业科技的服务者、接受者、生产者等角色，充分整合各主体在服务内容、服务资源、服务渠道、服务方式中的优势，可以提高多元主体合作的效率。实践中政府部门与科研院所、大学、企事业单位等提供专项科技培训服务、农业科技服务、人才派驻服务等，均是构建农业科技 110 体系必不可少的重要举措。

当前，海南省农业科技 110 体系在推动市场化运作、企业化管理等模式创新上仍在进一步深化改革，农业科技服务的政府主导逐步转变为企业推动、技术驱动的市场行为，从而才能够集全社会的合力，形成跨部门、跨层次的农业科技资源共享服务体系。

第二节　国外农村科技创新成功模式借鉴

完整的农村科技创新体系须包括农业科技研发体系、农业科技应用体系和农业科技衔接体系①。美国、日本、荷兰、以色列均属于典型的创新型国家，各国形成了具有各自特色的农村科技创新体系和运作模式，也积累了诸多宝贵经验。基于此，本书通过归纳各国农村科技创新体系和模式的运行现状、运行特点，以期对我国农村科技创新体系的完善带来一定启示。

一、美国：政府与市场合作型农业科技创新模式

美国农业科技对农业总产值的贡献率超过75%。这种成果表现在高度机械化的农业耕作技术以及发达的农业化学技术、农业生物技术和农业信息技术②。完善的农村科技创新体系及农业科技创新成果的高效转化是这种高度发达的现代化农业的强力支撑。

（一）农业科技创新体系的基本构成

政府部门、各类科研机构、高等院校、涉农相关企业、农场主、中介服务机构等是美国农业科技创新体系的主要构成组织（图5-3）。各种组织在农业科技创新体系中的职责和角色较为明确。其中，美国农业部是调控整个农业科技创新体系的政府机构。科研机构、高等院校和企业是重要的研发机构，各层级政府、高等院校的推广机构是农业科技推广组织。中介服务机构扮演着推动科技成果应用、科技资金、科技信息提供等服务的重要角色。农场主、农业社等组织是农业科技成果的应用者，即农业科技应用体系的主体。

首先，农业科技研发体系主要由公立研发机构和私立研发机构构成。公立研发机构主要包含两类机构：第一类是政府研发机构——美国农业部的联邦农业科技推广局，该研究局在全国设立近百个研究点。第二类由州政府与赠地大学共同建立，由赠地大学具体管理的州农业实验站。这些公立的农业科技研发机构负责相关的基础和应用研究。前者研究经费主要由美国政府财政支持，后者主要由农业部、州政府和企业联合资助。私立研发机构主要由生物技术公司和农化企业、非营利的私立研究机构构成。前者以市场和利润为导向，开展应用型研究，致力于推动农业科技成果的商品化和产业化，后者主要从事公益研究项目和小宗作物的研发。

其次，农业科技应用体系主要由农场主、涉农企业和农村合作社构成。这三类组织既是农业科技成果的最大需求者，也是贯穿于农业生产、流通、营销环节

① 段莉. 2010. 典型国家建设农业科技创新体系的经验借鉴[J]. 科技管理研究，30（4）：23-28.

② 雷德雨，张孝德. 2016. 美国、日本农村金融支持农业现代化的经验和启示[J]. 农村金融研究，（5）：50-54.

的关键主体。由农场主经营的家庭农场是农业生产的基本形式，是农业科技创新成果研发、推广的直接受众；由主要农场主所组成的农村合作社是农场主的利益代表主体；涉农企业除了从事农业科技研发外，也通过吸收公立研发机构的研究成果来提高企业的竞争力，从而获得更大的企业利润。

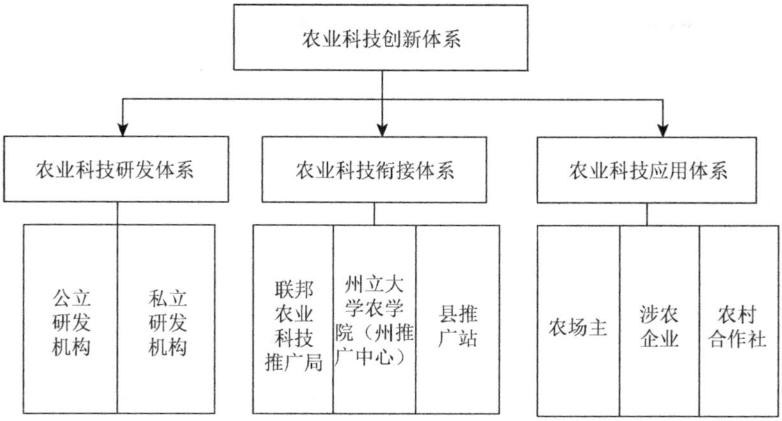

图 5-3　美国农业科技创新体系

最后，由联邦农业科技推广局、州立大学农学院（州推广中心）、县推广站共同构成的三级农业科技推广网络是农业科技衔接体系（农业科技推广体系）的主体。农业部推广局是全国农业科技推广工作的管理机构。美国政府通过制定法律法规，明确要求建立以赠地大学为主的州推广中心。由此，州推广中心、州政府、企业和非营利组织共同参与的州推广系统是美国农业科技推广体系的核心部分①。县推广站由区/县技术推广办公室承担，并积极发挥企业和非营利组织的力量。这些组织和服务人员是服务农民需求、协助解决农业生产问题的基础力量。

（二）农业科技创新模式成功运作的有效做法

（1）产学研用融合提高创新成果转化的效率。首先，在美国，农业科技研发体系由公立研发机构和私立研发机构联合构成，公立研发机构、大学、研发企业和非营利团体等面向政府规划、市场需求和农民需求，进行明确分工；尤其是在高校的职业教育中，美国实行教学、科研、推广紧密结合三位一体教育模式②，从

① 熊鹏，徐琳杰，焦悦，等. 2018. 美国农业科技创新和推广体系建设的启示[J]. 中国农业科技导报，20（10）：15-20.

② 汪学军. 2010. 中美农业科技发展模式比较分析[J]. 农业经济问题，32（8）：52-57.

科技成果产生的源头上保证了农业科技创新研发、教育、生产和应用的有效衔接，也激发了创新动力。其次，美国建立的多层次科技推广网络为农业科技推广机构、应用机构、服务机构与农业科技成果间的密切协作提供了框架支撑和平台，既推动了农业科技成果的传递，也实现了农业科技需求与成果应用的有效反馈，以及农业科技创新的良性循环和科研成果的高效推广应用。

（2）完善的法律法规、科技管理制度为农业科技创新体系提供保障。首先，美国政府在科技研发、科技推广和应用方面制定了诸多法律制度，奠定了其科研、教育、推广三位一体的农村科技创新体系基础，并通过规定农业学科建设制度、科技成果转化制度、知识产权保护制度、科技研发激励制度和相关配套政策激励农业科技研发、教育与推广人员的工作积极性，为推动优势科技资源的整合和农业科研成果向生产力转化、农业生产服务全流程化提供强有力的制度支撑。

（3）多元化的资金投入机制。美国农业科技创新体系以强有力的资金支持为基本保障，秉承立法为先，以法律保障各级政府财政支持的持续性和稳定性，并规定由跨部门、跨机构的多个部门和机构共同负责。具体从农业科技创新的三个子体系来看，农业科技研发机构的资金主要由联邦政府、州政府和企业投资构成，农业科技推广机构的资金投入除了上述三类机构的投资外，地方政府和个人、各类基金与捐款也是其重要的资金来源。此外，美国发达的资本市场和农业科技金融体系也是农业科技成果转化的重要推动因素。

二、日本：政府主导型农业科技创新模式

日本不仅经济发达，其农业现代化程度也较高，这得益于日本政府搭建的集农业教育、科研、推广于一体的农业科技创新体系。该体系促使日本现代科学技术和农业科研成果广泛应用于农业生产活动[①]，农业科技对农业增产的贡献率不断获得提升。

（一）农业科技创新体系的基本构成

日本农业科技创新体系由农业科技研发子系统、农业科技衔接子系统（日本农业科技推广体系）、农业科技应用子系统组成[②]。日本农业科技创新体系体现出明显的政府机构主导性，是以政府为主导、科研机构为支援、农协为纽带

① 屈小娥. 2005. 日本农业现代化进程中的政府干预及其借鉴[J]. 生产力研究，（9）：139-140，221.

② 顾卫兵，蒋丽丽，袁春新，等. 2017. 日本、荷兰农业科技创新体系典型经验对南通市的启示[J]. 江苏农业科学，45（18）：307-313.

的多维立体结构①。农林水产省是农业科技研发、推广的直接领导机构。不同于美国规模化农业发展的特征，日本集约化的农业发展模式推动着涉农企业和农户成为农业科技应用的重要主体。

首先，农业科技研发子系统。日本政府对农业科技研发的重视程度很高，其科技研发体系包含国立科研机构、公立科研机构、高等院校和企业四类主体。其中，国立科研机构是隶属于农林水产省的国家级农业科研机构，公立科研机构由都、道、府、县的农业实验研究中心及其他各类专业实验场组成，前者主要负责基础性和重要农业课题研究，后者则立足于区域农业技术发展需求，开展应用性技术研发和技术支持活动。各县级农政厅的专门技术员负责在科研单位与改良普及中心之间建立联系。日本各类大学、学院和职业学校也分别从事基础和应用研究，以及为农户提供职业教育。企业在整个日本的农业科技研发体系中占比较小，且主要从事以营利为导向的，具有较好应用性、收益性的技术研发项目。

其次，农业科技衔接子系统（日本农业科技推广体系）。日本农业科技推广体系由政府推广体系和农协推广体系构成（图 5-4），政府推广体系自上而下由农林水产省、农政局（都、道、府、县级的农业改良中心）、地域农业改良普及中心构成，各级推广机构之间职责明确，统筹农村科技推广工作。来自民间的农协推广体系由全国农协中央会、县（都、道、府）农协中央会、基层（市、町、

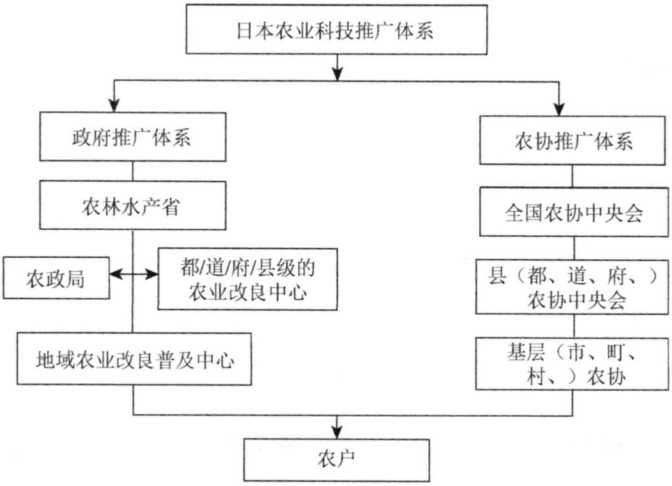

图 5-4　日本农业科技推广体系

① 崔春晓，李建民，邹松岐. 2013. 日本农业科技推广体系的组织框架、运行机制及对中国的启示[J]. 农业经济，(4)：6-8.

村）农协组成，这些组织成为农业科技推广的重要组织载体及政府科技推广体系的重要补充。这种“双轨”制农业科技推广体系既相互独立又相互协作，共同服务于农民、农业科技发展需求。

最后，农业科技应用子系统。该系统主要由农户和农业企业组成。日本现代化农业发展离不开农业科技的重要贡献。在土地利用上，农户充分利用农业科技以提高土地利用的效率性和集约化；在农业生产上，农户利用现代科技发展有机农业、绿色生态农业、观光农业，实现农业生产效益的提高。日本农业企业以市场需求为导向，通过多种方式将农业科技成果转化为现实生产力，从而实现农业市场化、产业化、规模化生产经营。

（二）农业科技创新模式成功运作的有效做法

（1）建立完备的农业科技创新政策法律体系。首先，法律法规供给。为推动农业现代化发展，日本政府出台了《农业改良助长法》从法律体制上确保农业推广体系的建立和落实，前后颁布了促进和保护农业合作社组织的系列法律，而且在20世纪末，日本将农业科学技术发展计划纳入国家科学技术计划之中，将农业科技创新上升到国家层面。其次，资金支持。日本农业科技研发资金主要来源于政府财政拨款，农业科技推广经费依法由中央政府与各层级政府共同担负，而且农协推广的经费主要源于经营性收入、社会投资和捐赠，这就形成了科技推广经费渠道多元化的格局。除此之外，日本政府通过逐年加大财政补贴等形式推动农户利用高新科技成果发展现代农业。最后，其他配套政策。农业保险政策、税收政策、信贷政策等创造了良好的农业科技推广和成果转化环境，实现了农业科技资源的集约利用和科技成果转化效益的提升。

（2）重视发挥民间社会组织的力量，构建政府主导与社会协同的农业科技推广运行机制。日本的农业合作组织在农村覆盖面十分广泛，农户的组织化程度很高，据调查，日本95%的农户加入到农村合作社中，加上法律政策的保障和推动，农村合作社已成为重要的农业科技服务平台。除政府农业科技推广体系外，日本双层结构式的农业科技推广服务还依托各层级农协科技推广机构，基于农户的现实生产需求，直接有针对性地为农户成员提供技术咨询、指导和培训服务，能够有规模、有组织地提高农业科技推广效率，为从事农业生产经营活动的农户提供产前、产中、产后的全方位服务，提升科技成果转化的效率和促进农业产业链的延伸。

（3）健全的农业科技研发和农业科技人才协调管理机制。日本政府始终将推动产学研相结合贯穿在农业科技创新体系建设中。在科研管理方面，日本政府通过设立首席研究官，推动重点研究项目、交叉课题的跨组织合作；在农业科研项目申请方面，日本政府简化了行政审批制度和程序，以注册制度促进科研项目的高效管理；在科研人才培养和职业农民教育方面，日本政府注重产学研的高度结合，建立多层次的农业教育体系和培训制度，提升职业农民和农业科技人才的科技应用技能。

三、荷兰：研发、衔接和应用协同发展型农业科技创新模式

荷兰的农业科技创新水平一直居于世界前列。19 世纪 50 年代以来，荷兰基于其气候、土地和环境等基础条件，格外重视提高农业技术装备水平、土地科学利用和农业科技成果在农业生产中的应用范围，发展农业职业培训，健全农业研发与推广应用系统①，增加科技创新的投入，提高农业土地的生产率，这也使得科技进步对荷兰农业增长的贡献率超过了 80%②。

（一）农业科技创新体系的基本构成

荷兰是现代农业生产和经营一体化的典型代表，其秘诀是构建以服务农民为核心，以农业科技研发、衔接、应用协调发展为依托的全国性农业科技创新网络。该网络以农业科技创新主体集聚为先导，以结合农业产业化发展要求和技术推广应用为目标，实现先进技术、装备供给与农民需求之间的均衡。

首先，农业科技研发体系。该体系主要由农业高等院校、研究所、区域研究中心、农业实验站、涉农企业等联合组成，各类研发机构拥有明确的研发内容和研究重点。由九个研究所和两所农业高等院校合并而成的瓦格宁根大学主要从事基础和重大科技项目研究，是农业科技研发体系的核心力量；区域研究中心和农业实验站主要从事应用性开发研究；涉农企业是加快农业科技研发成果应用的重要机构。由此形成了融合各种科研机构优势资源、遍布全国的农业科技研发网络。另外，科技研发水平与农业教育体系相辅相成，荷兰建立的初等、中等、高等三级农业教育体系培养了大量科技研发人才。

其次，农业科技衔接体系。荷兰的农业科技衔接体系（农业科技推广体系）实行政府、合作社、农协组织、中介服务组织协同合作的运行模式。农业部设立的农技推广局、省级的推广站、地区的农技咨询中心共同构成了国家农业科技推广系统，政府机构组织农学专家和推广人员依据区域特色负责农业科技推广服务工作；同时，建立延伸到乡村的农业科技培训系统，推动高新技术成果

① 翟治芬，周新群，张建华，等. 2015. 发达国家农业科技化发展的经验与启示[J]. 世界农业，(10)：149-153.

② 崔贵芹，王健，赵宪军. 2007. 荷兰农业产业化经营对我国农业发展的借鉴[J]. 商场现代化，(9)：26-27.

的应用和提高农民的科技素质。此外，政府注重发挥农协组织和合作社的集聚作用，推动农户联合生产和经营，提升农业生产的规模化、产业化。其他中介服务机构以营利为导向，同样也为农户提供农业生产、经营所需要的各类科技服务。

最后，农业科技应用体系。该体系主要包含农户、涉农企业两大主体。农户受教育程度和职业素质的高低直接关系科技成果的应用效率、效果。荷兰成功的三级农业教育制度、推广系统的培训机制、农业合作社学习交流机制使得荷兰许多农民拥有较高的农业生产知识、农业生产技能和经营能力，这就为农民掌握先进的农业科技知识、应用农业科技成果和市场知识奠定了基础。涉农企业因其内在的逐利性，基于最新的研发成果和市场需求，也积极推动了科技研发成果的转化。

（二）农业科技创新模式成功运作的有效做法

（1）深化科技体制改革和因时制宜的政策支持。近年来，荷兰政府根据经济、社会发展实际，逐步加快农业科技体制改革步伐，在科技管理领域引入市场竞争机制，以企业化为导向，引入社会资本和企业资本，推动部分公共科研机构企业化，以实现缩减科研经费和推广经费支出及经费来源渠道的多元化、增强农业研发和推广机构的市场竞争力的目标。除此之外，荷兰政府以发展生态、环保、科技含量高的现代农业为政策落脚点，结合该国国情，实施了一系列促进现代农业发展的政策，包括特色农作物品种支持政策、种植管理过程中的环境保护政策、税收和财政支持涉农企业政策、严格的产品认定管理政策等，使荷兰农业具备较高的市场竞争性。

（2）多方位机制推动农业科技产学研高度融合。荷兰较高的农业现代化水平与其科研、教育、推广一体化、推动产学研相结合的农业科技创新体制密不可分。首先，协调管理机制的畅通。荷兰科研部门、教育部门和推广部门统一接受农业部领导，各部门负责人权责清晰、分工明确、协同合作，这就从政府系统内部尽量避免了研发、衔接、应用体系的“各自为政”。其次，分类管理的多元化科研资金投入机制。荷兰除了通过科技体制改革改变部分研发和推广机构的属性，并制定明确的农业科技研发和农业科技推广经费划分标准，如政府重点支持基础研究和战略研究及关系社会与技术经济的推广工作，使农民直接获利的科技推广经费由涉农企业自身承担，这也间接推动产学研的相互融合。在农业科研项目立项上以市场需求为导向，实行委托式项目管理机制①，以竞争方式分配政府委托科研项

① 段莉. 2010. 典型国家建设农业科技创新体系的经验借鉴[J]. 科技管理研究，30（4）：23-28.

目及经费资助，对于已经企业化的农业科研和推广机构，推动其获得企业委托项目从事研发活动。

（3）以农业合作组织为利益共同体的互助互惠结构。首先，民间农业合作组织。家庭农场是荷兰主要的农业生产载体，各种农户联合建立农业合作组织，使其成为农场共同利益的代表者。在农业生产经营活动中，农业合作组织、专业性的农业合作社从农业生产、供销、农机、加工、保险、金融等方面提供全面而贴心的社会化服务。这些组织在农业科技成果推广、农户的农业生产经营活动反馈、为政府提供农业政策建议中发挥重要纽带作用①。其次，官方的农业协会组织。这些协会组织是保护农场主政治利益和社会利益的法定团体。民间和官方农业合作组织在保护农户集体利益、增加农户收入、维护社会稳定和促进农业经济发展方面扮演着重要的角色。

四、以色列：多元主体合作型农业科技创新模式

以色列突破本土自然资源禀赋的障碍，在农业生产中一直广泛发展和利用现代农业科技，这促使其农业科技创新水平一直居于世界领先地位。早在 20 世纪八九十年代，其科技进步对农业增长的贡献率就已经超过 96%，这主要得益于政府的引导和以市场为导向、与该国国情相符的农业科技创新体系。

（一）农业科技创新体系的基本构成

以色列的农业科技创新体系由农业科技研发机构、技术推广服务机构、应用机构组成。在长期的探索中，以色列政府打造了农业科技研发、推广和应用“无缝隙”衔接的农业科技创新体系（图 5-5）。

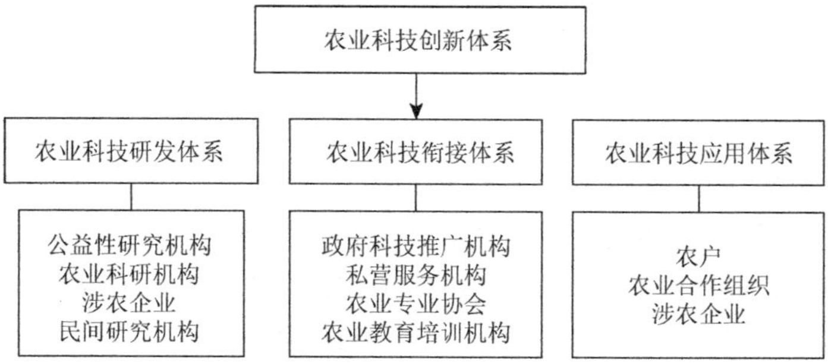

图 5-5　以色列农业科技创新体系

① 倪景涛，李建军. 2005. 荷兰现代农业发展的成功经验及其对我国的启示[J]. 学术论坛，（10）：74-77.

首先，农业科技研发体系。以色列的农业科技工作由全国农业科技管理委员会统一管理。全国农业科技管理委员会负责全国农业科技政策的制定、科研主攻方向与领域的确定和全国农业科技计划的审批①。关于科研机构的组成，公益性研究机构主要包括农业研究组织（Agricultural Research Organization，ARO）、农业研究所和魏茨曼科学研究院。ARO 主要关注农业科技的关键问题和前瞻领域的基础研究；魏茨曼科学研究院主要通过下设的研究中心从事基础研究。农业科研机构主要指希伯来大学的农学院和以色列技术学院，这些高校通过农业相关专业、系别和专门的研究中心，实现农业科技研发和教育的结合。众多涉农企业与民间研究机构根据市场发展需求，通过农业科研投资开展农业高新科技研发项目。

其次，农业科技衔接体系。政府科技推广机构、私营服务机构、农业专业协会和农业教育培训机构共同承担以色列农业技术的推广②。以色列建立了国家层面的农业部农业技术推广服务局（下设专门的委员会），地方层面的区域性推广服务中心，前者负责全国农业技术推广的政策制定、成果传递、技术和后勤服务、业务和合作活动协调等工作，后者旨在推动本区域内技术推广与农业科研的相互衔接。这些机构的人员扎根农村，将最新成果传递给农户，反馈和解决成果应用的后续问题，为当地农户提供科技咨询、技术示范等工作。此外，以色列也实施了类似于我国的农村科技特派员制度，鼓励推广人员通过创建示范农场、企业、示范基地等，提供各类生产资料和生产工具、技术指导、信息咨询等服务。一些农业教育和培训机构也承担了农业技术推广的补充功能。

最后，农业科技应用体系。农户、涉农企业、农业合作组织等都是农业科技成果的直接使用者。在发达的农业教育和培训体系的保障下，以色列农民十分重视自身科技能力的培养，农民职业素养较高，完善的农业科技推广体系也提升了农民农业科技知识与科技成果的积累和应用能力。以色列通过农业生产组织团体、农村基层管理组织、社区合作组织来推动农业生产的规模化与集约化③。市场机制是农业科技成果应用的关键驱动因素，涉农企业以追求利益为目的，这些组织具有推动农业科技研发成果转化和应用的强大动力。

（二）农业科技创新模式成功运作的有效做法

（1）注重科技立法，以市场需求为准调整农业生产结构和政策供给。结合缺水、耕地面积小等资源掣肘实情，以色列通过了节水立法、科技立法、教育立法

① 郭久荣. 2006. 以色列农业科技创新体系及对中国农业科技发展的启迪作用[J]. 世界农业，(7)：39-42.

② 杨乙丹，王兵. 2013. 以色列“无缝隙”农业科技推广体系建设的成功经验[J]. 世界农业，(3)：102-106.

③ 王岚，马改菊. 2017. 以色列现代农业发展的影响因素、特征及启示[J]. 世界农业，(1)：173-178.

等法律法规激励发展集约农业，发挥科技研发和教育对农业科技创新的基础支撑作用。而伴随着农业产业需求市场的变化，以色列政府及时调整传统农业产业结构和农业科技研发、推广内容及方向，创新订单式农业生产形式，迎合市场需求积极发展现代经济作物，推动农业科技在农业生产中的广泛应用。为此，以色列政府出台了众多配套政策，如农业贷款优惠、政府主导的农业保险政策、耕地保护政策、农业研发投资政策、农业职业教育等，保障了以色列高科技支撑型农业的发展。

（2）农业科技创新的资金保障和特色农业科技教育制度。稳定的资金和人才供给是农业科技创新财力、人力的基础。以色列的农业科技创新模式之所以较为成功，政府高度重视农业科技创新投入、农业科技人才培养和职业农民培训的教育机制功不可没。除此之外，以色列还引入风险投资、推广融资、企业经费、国际基金等形式推动科技创新经费的稳定化。就科技教育制度来说，以色列始终保持在教育方面的高投资，并且打造了集大学农业教育、农民的科技教育、农业职业教育于一体的农业教育和培训体系，这种制度安排使得农业科技教育和农业技术推广有效结合，也促使以色列农民始终保持较高的农业生产技能和职业素质。

（3）多元主体有效协作的农业科技研发和推广、教育体系。以色列的农业科技研发和推广体系集合了政府、高校、企业和农业合作组织等主体的力量。首先，农业科技研发机构之间协同合作，推动各类研发部门的优势资源共享、联合研发，有效避免了各类农业科技研发主体在资源配置和研发时产生“孤岛效应”。其次，农业科技研发和科技推广体系的有效衔接。“寓科技研发于科技教育，寓科技教育于科技研发”，将政府机构、大学、私人企业、合作组织等主体统一纳入农业科技研发、教育、供给体系中，定位政府的主导角色，明确其他主体的合作伙伴角色，多元主体协同致力于农业科技的研发、教育和推广，创造了以色列农业高度现代化的奇迹。

第三节　国内外农村科技创新的经验启示

从科技创新视角来看，农村科技创新水平关系国家科技创新体系的完善性和创新型国家战略目标的实现，从社会发展来看影响乡村振兴战略的实施进程和效果，从经济发展来看关系我国农业现代化发展和产业结构的调整，从人民发展来看关系乡村居民的增收致富和全面小康的成色。因此，探索国内外较为成功的农业科技创新体系、运行模式、制度设计等，归纳不同地区和国家所采取的有益做法与重要经验，从而实现以他山之石，攻我国农村科技创新体系之玉。

一、改革农村科技创新体制，推动农业科技研发、教育和推广一体化

从国内农业科技创新服务模式的有益探索和发达国家农业科技创新体系的成功实践可知，农业科技研发、教育、推广体系的一体化和深度融合是农业科技创新水平较高、现代农业发展较快的关键原因。这种研发、教育、推广体系有机结合的体制安排，本质上就是推动科技创新产学研用协同的必备条件。反之，农业科技研发与农业科技研发、教育、推广体系的“碎片化”和相互割裂，各个系统内部协调在协同创新上的体制壁垒必然造成农业科技研发资源的无效配置，更不利于农业科技创新水平的提高和农民科技服务需求的满足。

农业现代化进程较快和农业科技创新水平较高的国家或地区经济往往也较为发达，且非常重视农业科技教育、农业科技推广和科技成果的应用。就国内来看，在农业科技服务层面，经济发达省市在政府主导农业科技推广系统下，敢于打破传统部门分割、不同体系壁垒，从市场发展和农民需求实际出发，在本区域农业科技创新体系基础上，敢于创新、引入市场竞争机制和管理机制，打造了不同形式、不同层次的农业科技服务平台，推动科技研发、教育和推广一体化发展，力求提升农业科技成果转化效率和农业科技服务效率。例如，陕西农业科技专家大院模式、江苏农业科技服务超市模式等，这些有益的农业科技服务模式探索对解决传统农业科技推广体制的产供销脱节、农科教分离、政府科技推广投入和人力资源不足、组织保障体系缺失、科技服务效率低等问题具有一定的效果。但较之于世界发达国家的农业科技创新体系，我国距离建立集农业科技研发、教育和推广高度一体化的农业科技创新体系尚有很长距离。要借鉴美国、荷兰、以色列等发达国家农业科技研发、教育和推广主体的协同性，强化农业科技发展的宏观调控，以市场和农户需求为导向，构建政府、高校、企业、科研院所、农业合作组织、中介服务组织之间相互协作的多层次农业科技创新研发和推广网络，促进农业科技创新成果的转化。

因此，需要从农业科技创新体制改革上下功夫，包括从宏观层面进一步健全农业科技创新产学研用协同体系，提升农业产业体系的科技化水平，提高农业科技创新服务体系的产学研效果，推动农业供给侧结构性改革及农业科技教育体系与科技研发体系、农业科技推广体系和市场发展、农户需求的多维度融合。

二、完善农业科技创新法律政策，加强相关配套制度建设

健全的农村科技创新体系是集合了农业科技研发、推广、教育、应用系统的

整体性生态系统，该系统是以农业科技创新人才培养、资金投入、组织设置、权责划分、资源配置、成果分配、激励评价、风险防范等政策和制度规范为基础支撑。同时，实践证明农村科技创新体系不可能孤立于农村经济社会发展、产业结构调整、金融财政、教育培训等体系。因此，要借鉴国内已有经验和发达国家的农业科技创新体系，一方面，从涉及农村科技创新体系内部的农业科技成果供给、转化、应用整个链条的各个环节着手完善相关法律政策和制度建设；另一方面，要平衡农村科技创新体系与国家其他体系的政策协调性，重视制定法律法规政策、制度保护和保障农业科技创新，提升我国农业科技创新能力，增强我国农业的核心竞争力。

结合发达国家的经验，依据各区域农业发展实际，通过立法和政策出台等形式推动政府加大对农业科技资金体系建设的资金投入，并完善农业科技研发、推广费用分类管理、数额明确的管理制度。在农业科技人才培养上，要充分借鉴荷兰、以色列等国高度重视农业科技人才培育、推广人员素质提升、职业农民教育等的多层次人才培养、培训制度，既要发挥我国高等教育系统内农业人才的研发和推广作用，又要根据农业发展需求完善大学农业教育、职业院校应用型农业人才培养制度，推动农业科技教育与农业生产应用的衔接。同时，要将职业农民教育培训制度作为各层级政府的重要施政战略，从农业科技应用体系内在根源上保证科技成果顺利转化。在农业科技创新体系的组织建设上，发达国家的共同特征就是以政府为主导，将大学、科研机构、市场主体和合作组织等社会力量引入到农业科技研发、推广体系中，使得市场主体、合作社组织成为加快科技成果应用的重要推动者。因此，我国应该加快制定、完善高等院校、市场主体和社会组织承担农业科技服务职能的政策措施，加快农业科技体系“政社市”相结合的步伐。发达国家历来重视知识产权保护，知识产权保护是保护农业科技研发成果、提升农业科技创新能力、实现研发成果转化应用的保障措施，我国近些年来也加强了知识产权保护的制度建设，但仍有必要进一步加强相关政策的贯彻执行力度。

农业科技创新与我国农村和农业发展财政投入制度、农业发展相关税收优惠和金融支持制度及农业产业政策、农业科技教育与推广体系的衔接制度、农业创新人才管理和创新创业政策、农业科技服务平台布局等关系密切，所谓牵一发而动全身，在构建农村科技创新体系中，必须立足于农业发展的全局，统筹兼顾各项政策的落脚点，避免一刀切的农业科技政策及政策间衔接不足导致农业科技服务效果的低效化。

三、强化资源整合，推动农村科技创新保障机制供给侧结构性改革

我国农业科技体制改革、农业科技服务模式的创新，以及发达国家农业科技

模式的有效做法都证明：农业科技创新体系建构政策的实施需要以完善的机制作为保障，以此为基础追求农业科技资源的整合和产学研用的有机结合。那么，资金保障机制、技术创新评价机制、多元件主体协同机制、农业科技人才培养激励机制、农业科技成果推广的市场机制和公共服务机制等都是实现上述目的的重要工具。

首先，资金投入和运营管理机制。实践证明，资金投入是保证农业科技创新活动持续、农业科技成果推广应用的物质基础，美国、荷兰等国家在保持政府财政主导投资地位的同时，纷纷强化企业投资主体、金融资本的补充功能，因此，一是要强化政府的投资力度和财政支持水平，优化财政资源在科技研发、推广和人才培养、培训等机制方面的投入规模，构建合理的资金风险补偿机制[①]；二是要深化创新当前的农业科技服务模式，继续探索科技推广人员、农户、农业合作组织、企业主体间的利益共同体模式，提高农村科技服务的自我“造血”能力，激发农业科技成果应用的积极性；三是按照分类管理、统筹兼顾、严格监管的原则，强化农业科技创新资金的追踪管理和奖惩机制建设。

其次，完善科研人才交流和激励评价机制[②]。相较发达国家而言，农业科技研发与推广的相互脱离、农业科技服务质量不高是我国农业科技贡献率、农业产业化水平不高的重要原因。为了解决上述问题，一是必须脚踏实地、以市场和农业发展为导向，打破传统农业科研院所与农技推广部门各自为政的格局，加大对农业科技应用性项目、成果开发项目的支持和奖励力度，激励科研人员“脚踏实地”从事具有实用性、战略性的农业科技项目；二是政府要积极完善相关人才交流机制，激励农业科研人才和推广人员跨区域、跨部门协同合作，推动其进入企业，为企业提供技术服务，或者深入农村基层和田间，鼓励其通过结成利益共同体等形式，为农户提供常态化、全方位、市场化的科技服务。为此，政府部门要完善相应的人才流动和社会保障、奖励机制，解决科技人才的后顾之忧，同时强化绩效考核，以服务标准和实际成果评价科技服务能力。

最后，建立多层次的农业科技服务载体。一是农业科技研发和推广应用均需要配套的服务保障体系。发达国家和农业较为发达省份拥有的较为健全的服务载体与平台建设正是其取得成功的秘诀。虽然我国也建立了自上而下的政府农业科技推广部门、农协系统，一些地方的农业合作社也发挥一定的效能，整体上看我国的农村科技服务载体建设覆盖范围广，但是服务质量值得商榷，农村科技推广人员的组织和能力难以满足当前的现代化农业发展需求，这就急切需要提高农业

① 张栋，蒋占峰. 2013. AGIL 模式：农村科技创新体系构建框架[J]. 中国农业科技导报，15（1）：170-175.

② 胡祎，陈芳，易建勇，等. 2017. 中国农业科技创新现状及其存在的问题与对策[J]. 食品与机械，33（1）：209-212.

科技推广人员的素质和能力。二是很多区域的农协系统和农业合作社组织形同虚设、根本无法发挥其效能。因此，当前应该基于区域特色产业，整合区域内政府推广机构、高校、科研院所、涉农企业、农协组织、合作社组织、专业大户的优势资源，搭建自上而下的、多层次、跨系统、公益性和市场性相结合、专业性的农业科技综合服务平台。

四、建立良性互动机制，强化农户对农村科技创新的内在认同度和参与度

农民作为农村科技服务的直接受体，其科技文化素质的高低直接影响着农业科技成果的转化效率①。以色列、荷兰等国家的农业科技创新体系的运作实践显示：一是农户等农业科技应用主体对农业科技的重视程度、农户的生产技能和职业素养对农业科技成果转化至关重要；二是农业科技教育和职业农民教育机制、培训机制、农业合作组织的科技示范和服务对农户科技成果应用积极性有重要影响；三是自上而下和自下而上相结合的互动交流机制直接关系农业科技推广效率的高低。因此，要立足于保证农户的农业生产主体地位，并通过传递科技兴农理念、构建职业农民培训机制以及自下而上的科技服务互动机制等工作来强化农户对农村科技创新的内在认同度和参与度。

首先，将科技兴农的理念贯穿到科技人才培养、农业科技推广人员服务能力、农民素质提高之中。上述四个发达国家存在的共同特性之一就是非常重视农业教育机制的构建。例如，以色列以科技立农为基本国策，全国上下都十分重视科技对农业生产的重要作用，高度重视农业科技人才的培育、农民职业素质的提升，将培养和造就农业科技人才视为实现农业科技发展的基本战略，建立了包括职业农民教育、农业科技教育和大学农业教育的全方位农业科技教育体系与独特的培训推广机制，为培养合格的农业科技推广人员和高素质的职业农民奠定了基础。

其次，自下而上的科技服务互动机制。农民是农业科技创新成果的最终接受者和应用者，其职业素质的高低、对科技创新成果应用的态度和行为选择都直接影响农业科技成果的转化效果以及农村科技创新体系的实施效果。发达国家的农民具有较高的文化水平、科技素养和经营技能，他们也能够独自或通过加入合作社组织、农协组织主动积极地参与到农业科技研发成果的应用体系中。荷兰、以色列等国家都重视发展农业合作组织，并且农户也积极加入这些组织。这些组织扮演着农民利益保障者、代表者、维护者的角色，它们能够及时地将来自基层农户的科技需求、利益诉求、政策建议等传达至政府系统、市场体系和教育体系，

① 倪雄飞. 2010. 广东省农村科技服务体系创新模式选择[J]. 安徽农业科学，38（10）：5373-5374，5387.

赋予了农户参与科技成果研发、推广的话语权和参与权，形成了自下而上的农业科技创新反馈传导机制。对此，我国应该明确树立以农户需求为落脚点，建立以上下双向互动交流为把手、以农业合作组织为重要传导载体的互动机制，形成农业科技推广人员重视交流与互动、农民能认识科技的重要性并积极主动参与、农民职业素养提升、农业科技成果高效转化的良性循环。

第六章　农村科技创新的突破口及解决方案

新中国成立以来，我国农业发展取得了长足进步，特别是改革开放以来，农业、农村、农民发展取得了巨大的进步，不仅通过制度和科技创新实现了粮食产量不断增长，解决了人们的温饱问题，并且在国家不断重视“三农”发展的条件下，农业发展不断转型，正在由粗放型农业向适度规模经营的集约化现代农业演进，各地推进结构调整、绿色发展，稳定粮食生产，实现了稳中向好发展趋势；农民生活水平也不断提升，根据国家统计局公布的最新统计结果，2018 年农村居民人均可支配收入已达到 14 617 元，比上年增长 8.8%，扣除价格因素后，实际增长为 6.6%，比同期城镇居民实际可支配收入增长多出 1 个百分点；农村建设取得巨大进步，乡村振兴战略和美丽乡村建设如火如荼地开展，农村基础设施建设和卫生状况取得显著改善。纵观农村改革发展历程，就是一个破旧立新、不断探索、不断创新的过程。党和国家高度重视农业农村农民问题，2003～2021 年，中央一号文件连续 18 年聚焦农业、农村、农民问题，这不仅充分显示出党和国家对“三农”问题的高度重视，而且在很大程度上为我国每年的“三农”工作奠定了指导方针，为农村改革和农业发展做出具体部署。

回首近些年中央一号文件的具体内容，几乎都是围绕促进农业现代化、改善农村环境、增加农民收入和生活水平展开的。2013 年，中央一号文件首次提出“家庭农场”的发展概念，鼓励和支持承包土地向专业大户、家庭农场和农民合作社流转。2014 年中央一号文件强调，深化农业科技体制改革，对具备条件的项目，实施法人责任制和专员制，推行农业领域国家科技报告制度。明晰和保护财政资助科研成果产权，创新成果转化机制，发展农业科技成果托管中心和交易市场。2015 年中央一号文件指出，健全农业科技创新激励机制，完善科研院所、高校科研人员与企业人才流动和兼职制度，推进科研成果使用、处置、收益管理和科技人员股权激励改革试点，激发科技人员创新创业的积极性。建立优化整合农业科技规划、计划和科技资源协调机制，完善国家重大科研基础设施和大型科研仪器向社会开放机制。2016 年中央一号文件中指出，统筹协调各类农业科技资源，建设现代农业产业科技创新中心，实施农业科技创新重点专项和工程，重点突破生物育种、农机装备、智能农业、生态环保等领域关键技术。强化现代农业产业技术体系建设。加强农业转基因技术研发和监管，在确保安全的基础上慎重推广。2017 年中央一号文件中指出，适应农业转方式调结构新要求，调整农业科技创新方向和重点。整合科技创新资源，完善国家农业科技创新体系和现代农业产业技术体系，建立一批现代农业产业科技创新中心和农业科技创新联盟，推进资源开放共享与服务平台基地建设。加强农业科技基础前沿研究，提升原始创新能力。建设国家农业高新技术产业开发区。加大实施种业自主创新重大工程和主要农作物良种联合攻关力度，加快适宜机械化生产、优质高产多抗广适新品种选育。加强中低产田改良、经济作物、草食畜牧业、海洋牧场、智慧农业、农林产品精深加工、仓储物流等科技研发。2018 年中央一号文件正式提出乡村振兴战略。2019 年新春伊始，中央一号文件再次提出关于坚持农业农村优先发展，做好“三农”工作的若干意见。

中央一号文件的变迁反映了我国农业发展的历史变迁，从人民公社到家庭联产承包责任制的飞跃，极大地解放了人民的生产力，调动了人民的积极性，使我国粮食生产实现多年稳定连续增长。现在从家庭联产承包责任制向家庭农场、农业产业化的发展方向则昭示中国农业发展即将进入的另一个历史发展阶段——农业的集约化、产业化和现代化。虽然中国农业的机械化已经取得了较为显著的成果，但与西方发达国家相比，仍然存在较大差距。如何促进农业创新化、产业化发展仍然是社会主义现代化建设的重要内容，是建设社会主义新农村的关键一步。在农业的现代化和产业化发展中，最重要的推动力量无疑是农业科技创新的推动力量，而不能仅仅依靠数以亿计的农民群众的劳动热情。如何改变“三农”工作说起来重要、做起来次要、忙起来不要的尴尬局面，真正树立广大干部和群众科技兴农、创新求路的现代农业意识，寻求农村科技创新的突破口和解决方案应当是“三农”工作接下来一段时间里的重点任务。

新时代农业发展，特别是规模农业和现代农业的发展，对农业科技创新的需求更加迫切。当前我国农业已经从以人力、畜力为主的传统落后农业转向以机械化为主的集约型农业，但与西方发达国家相比，我国农业效率仍然较为低下，机械化水平和农业科技创新能力依然有待加强。如何充分运用党和国家对“三农”问题的高度重视做好城市反哺农村的工作、推动农村科技创新进而推动农业向现代化再进一步具有非常高的理论探讨意义。本章尝试就农村科技创新的突破口和解决方案做一些探讨，希望能给中国农村科技创新带来一点启示和建议。

第一节　农村科技创新的破局思路

自 2008 年世界金融危机以来，中国经济增速受其影响逐渐放缓，从 2008 年的 9.6%下降至 2019 年的 6.1%，国内生产总值（gross domestic product，GDP）增速下降了 3.5 个百分点（表 6-1）。与此同时，中国农业科技进步贡献率却由

2012 年的 53.5%上升至 2017 年的 57.5%，科技创新能力显著增长；我国国家创新能力排名从 2012 年的第 20 位上升至 2018 年的第 17 位。中国经济正在从过去的要素驱动、投资驱动转移到创新驱动上来，经济新常态下的创新驱动符合经济发展规律，这也正是中国经济转型升级的重要历史关口，农业现代化发展和农业供给侧结构性改革正是新时代条件下农业发展对市场经济变化和农业发展规律的呼应。

表 6-1　2008～2019 年中国 GDP 增速

类别	2008 年	2009 年	2010 年	2012 年	2013 年	2014 年	2015 年	2016 年	2017 年	2018 年	2019 年
GDP 增速	9.6%	9.2%	10.4%	7.7%	7.8%	7.3%	6.9%	6.7%	6.8%	6.6%	6.1%

资料来源：国家统计局

在经济新常态条件下，经济发展中的各行各业，包括作为国民经济的基础产业的农业，都需要科技创新来作为其发展的战略支撑点。众所周知，自 1978 年中国农业基本制度从人民公社制度转向家庭联产承包责任制以来，中国农业发展取得了有目共睹的进步。长久以来，家庭联产承包责任制极大地调动了广大农民的生产积极性，再加上持续多年的基本农田建设和机械化的推进，中国粮食产量实现多年连续增长。然而，随着时代的发展，农业收入在大部分地区已经不再是农村家庭收入的主要来源，其在农民生产生活中的重要性也有所下降，农民对农业生产的热情已不如对外出打工谋求机会的热情高，因为后者在市场经济条件下反而能给其带来更高的收入和更好的生活，从这个角度也不难理解为什么农村土地撂荒问题愈发严重。家庭联产承包责任制的改革红利已基本消耗殆尽，农业发展急需制度性改革的支撑。现在大范围推开的土地承包确权及承包权与经营权分开的尝试便是对农村农业发展的有益探索。

此外，家庭联产承包责任制一家一户的小规模经营模式也限制了中国农业机械化和现代化的步伐。在家庭联产承包责任制下，一家一户的经营方式决定了经营个体多但是个体单位经营规模极其有限的农业发展现状，这也导致了普遍的经营个体资金和知识资源有限，阻碍了农业大型机械和科技成果的应用。因此，推动土地流转承包经营制度，扩大农业经营规模，由家庭联产承包责任制下的一家一户小规模经营转向家庭农场、农业合作社等适度规模经营模式，壮大农业经营主体资金和技术应用能力，为科技创新提供富有动力的市场，为农业科技创新创造了重要条件。

农业科技的持续创新是构建现代农业产业体系、生产体系、经营体系，实现农业产出高效、产品安全、资源节约、环境友好的现代化目标，提升农业产品质量和行业竞争力进而实现农业现代化的根本。随着经济发展和城镇化的推进，我国农业发展正在从一家一户的家庭联产承包责任制向适度规模经营的家庭农场、农业合作社演进，从粗放式农业向集约化农业演进，从石油农业向绿色农业演进。新时代的农业发展要求与之相匹配的农业科技创新水平，如何改变当前农业科技创新自主创新能力不足、农业科技创新投入不够、农业科技创新技术转化率低、技术推广难度大、科技在农业增长中的贡献率偏低、农业科技创新及推广平台不完善等问题，是当前农业进步、农村发展、农民增收所需要重点解决的。

只有农业发展好了，农民收入增加了，农村才能建设好，农民的生活水平才能不断提升，三者相辅相成，不可分离。促进农业现代化，解决“三农”问题的重要抓手就是农业科技创新，以创新促发展、以创新求效益是中国农业发展现代化的必经之路。本节将聚焦于中国农村科技创新能力不足、科技创新投入不够，科技创新人才匮乏及农村科技创新平台不完善等问题并给予相应建议。

一、强化农业农村科技自主创新

2018 年召开的中国农业农村科技发展高峰论坛发布的《中国农业农村科技发展报告（2012—2017）》指出，在我国农业发展中，科技进步对农业发展的贡献率已经由 2012 年的 53.5%提高到 2017 年的 57.5%，取得了显著进步，而且据估计 2017 年我国农业机械化综合应用水平已达到 67%，大大改变了我国传统农业主要依靠人力、畜力发展的极度落后状况。

在看到我国农业发展进步的同时，我国农业科技进步贡献率与农业整体机械化水平相比西方国家仍较为落后的事实亦不可忽视，且我国农业科技成果转化率只有 30%～40%，还不及美国日本等现代农业发达国家的一半。据悉，在 20 世纪 90 年代，英国、美国等发达国家的农业科技进步贡献率已达到 55%，而日本因为城市化水平高，对科技推动农业发展的需求更为迫切，早在 1996 年农业科技进步贡献率就已经达到 70%。

在农业机械化方面，中国与西方发达国家在发展水平上更是存在较大的差距。以美国为例，早在 20 世纪 40 年代，美国凭借其先进的技术实力及广袤平坦的平原地貌便已经基本实现了农业机械化，如今更是在各种现代科技的助力下，建立起完善的全盘机械化、自动化体系，依靠不到全美国 5%的人口支撑其庞大的现代农业生产体系。虽然中国近年来农业现代化和机械化水平发展迅速，但在多种不利条件制约下，中国当前农业仍然存在原始农业、传统农业与现代农业共存的局面，这无疑与发达国家存在着巨大的差距，也因此我国仍处于发展中国家阶段，中国的城镇化发展还需要进一步推进，以促进农村土地流转，为中国的农业现代化进一步创造条件。

根据 2017 年 6 月发布的《“十三五”农业农村科技创新专项规划》，我国农业发展正处于家庭联产承包责任制改革以来新的重大变革时期。随着城镇化的发展，越来越多的务农人口转入城市生活，特别是大量的青壮年农村居民进入城镇从事建筑业和服务业等工作，进城务工成为其主要收入来源。再加上一家一户的家庭承包经营模式，导致单个经营主体规模有限，使其农业收入水平相对偏低，进而丧失农业经营的动力，导致大量土地抛荒。2017 年发布的《中国农村发展报告》指出，截止到 2015 年底，我国农业单户经营主体经营土地面积低于 10 亩的农户仍有 2.1 亿户，占到全部经营主体数量的将近 80%。在城镇化迅速发展条件下，大量农民进城务工收入成为家庭主要经济来源，再加上农业经营收益低、部分地区土地零碎化现象严重，也导致一些地区土地抛荒现象严重。

随着农村土地确权工作的逐渐完成，土地承包权与经营权分离，鼓励土地流转的制度设计必然大大加快农村土地的依法有序流转。在这种情况下，必然涌现出越来越多的适度规模农业经营主体，他们将成为中国现代农业发展的主力军。相比一家一户的小农户经营模式，适度规模农业经营主体因为具有规模效益，拥有更强大的经济实力和科技成果应用能力。从这个角度说，加强农业农村科技创新与加快农业发展方式转变相辅相成，农业农村科技创新有助于推动农业现代化发展，加快农业发展方式转变，而农业发展方式的转变，特别是土地流转工作的推进，对适度规模农业经营主体的形成、现代农业科技的创新和成果采用具有十分积极的促进意义。

家庭联产承包责任制下，一家一户的分散经营模式大大阻碍了对农业农村科技成果的应用能力。与此同时，我国当前正处于城镇化快速发展时期，大量农村人口常年在城镇生活、工作也导致了一些地区土地抛荒的现象。这种现象的出现也说明了当前家庭联产承包责任制已经不能很好地服务于我国农业农村的发展需要，应该随着时代的发展做出相应的调整。在未来的发展中，对于制度设计我们也应该保持一个开放的心态，因地制宜、顺势而为地促进上层建筑制度与生产方式经济基础的密切结合，这样才能真正又快又好地促进我国农业生产力的发展，加快实现我国农业发展现代化。

在当前的状况下，不仅制度约束阻碍了农业农村科技创新成果的发展和应用，而且我国农业农村科技创新水平本身存在的不足及与农业发达国家之间存在的巨大差距也阻碍了我国农业现代化的进程，突出表现为农业农村的科技自主创新能力不足。当前我国局部地区农业机械化率与现代化水平已经可以和很多农业发达国家相媲美，如我国东北地区，得益于其得天独厚、地广人稀、土地平坦的自然条件，新中国成立初便成为我国大规模农场建设的实验地点。以黑龙江省为例，2018 年其农业综合机械化率已达到 96.8%，高出全国机械化平均水平 30%，可与农业大国也是农业强国的美国的机械化水平相媲美。但同时我们也应该看到，由于我国农业科技自主创新能力不足，很多先进的大型农机设备都是从德国、美国等先进国家引入的，我国先进的农机制造水平尚且有限。因此，在借鉴创新的基础上，必须进一步提升我国大型农业机械的自主研发能力，以适应我国农业现代化发展的需要。特别是我国地形复杂多样，更需要因地制宜，发展不同型号、不同种类、适合不同地形和作物的先进农机产品。

总体来说，农业的分散经营无疑会导致对农业农村科技创新的需求不足，但是与此同时我们也必须看到，除了外在制度因素和历史条件的制约导致我国农业现代化水平落后于西方发达国家，我国农业农村科技创新体系本身尚不完善、农业农村科技创新高端人才缺乏、创新资金投入不够也是我国农业农村科技创新水平较为落后的原因。在未来一段时间，我们必须严格执行“工业反哺农业，城市反哺乡村”的发展战略，加强农业农村科技自主创新意识，进一步强化对农业农村科技创新的支持力度，缩小我国农业发展水平与西方发达国家的差距，直至迎头赶上，促进我国农业现代化水平稳步提高，也在保障粮食安全的同时不断提升农产品质量，促进城镇化发展水平，提高农民收入和生活水平，满足人民群众对美好生活需求——“食”的需要。

二、加大农业农村科技创新投入

新中国成立后，我国迫切需要实现工业化发展，于是采取了农村支持城市的发展战略，有意抬高工业品价格，降低农产品价格，为我国工业化的发展积累原始资本。如今，经过几十年的发展，我国的工业化已基本完成，工农业产值比例已经从 1949 年的 1:2 发展到 2012 年的 5:1，工业化战略取得了显著成绩，我国已经基本建立起世界上最全的工业体系，对外经贸交流繁盛，被称为“世界工厂”。2018 年我国工业总产值达到 90 万亿元，其中第三产业增加值 47 万亿元，第二产业增加值 37 万亿元，而第一产业增加值只有 6 万亿元，第二产业增加值是第一产业增加值的 6 倍多。

可以看出，第一产业的农林牧副渔早已不是我国经济发展的主力军，只占到国内生产总值中很小的一部分；相反，第二、第三产业早已成为我国经济发展的主力军，这也正是我们国家经济和社会发展进步的体现。与此同时，我们也应当看到，广大农村地区和将近一半的农业人口生产发展和生活水平也与城市之间拉开了巨大的差距，这与我们中国特色社会主义共同富裕的发展目标是不相匹配的。也正是因为如此，我国不仅在 2006 年取消了农业税，而且不断加大对农业、农村、农民的发展支持，特别是在农村科技创新的投入方面，支持力度十分明显。

从 2009 年到 2014 年，我国农业科技创新投入从 71 亿元上升到 124 亿元，短短五年时间几乎翻了一番，充分显示出国家对农业科技创新的高度重视。与此同时我们也应该看到，我国对农业科技创新的投入水平又是相对不足的，就农业科技创新投入占我国总体科研支出比例来讲，农业科技创新的投入占比是非常低的，仅占到我国总体科研投入水平的 6%～7%。而且，据一些学者研究表明，只有当一个国家的农业科技创新投入占到本国农业总产值的 2%左右时，该国农业科技创新水平才能取得突破，才能使该国农业发展与国民经济发展相协调。反观我国农业科技创新投入仅占我国农业总产值的 0.2%左右，与所需要的投入水平有着巨大的差距。因而，我国农业发展远远落后于国民经济发展水平，迫切需要在科技推动下配合城镇化发展，实现农业发展的机械化、规模化和现代化。总的来说，我国主要还是承袭 20 世纪 80 年代创立的家庭联产承包责任制，农业经营以一家一户的小农经营为主，其不具备农业科技创新投入和成果应用所需要的资金与知识水平，因此我国农业发展升级还需由依靠政府引导，加大农业科技创新资金和人员投入，推动农业规模化发展，为农业现代化打下基础，不断提高人民特别是农民群众的生活水平，实现我国农业农村农民的发展并与国民经济相适应、相协调，逐步实现城乡区域一体化发展，实现共同富裕。

2018 年发生的“中兴事件”使很多中国人再次意识到掌握核心科技自主创新的重要性，美国的打压使我国四大科技企业之一的中兴公司因为缺乏运转必需的核心部件几乎停摆。这种切肤之痛再次警醒国人，我国作为一个发展中大国与拥有先进科技的大国存在战略性的竞争，我们必须加大自主创新的投入，掌握先进科技核心技术，摆脱对外国的科技依赖方能自立自强，真正强大起来，实现中华民族的伟大复兴。在 2018 年“两院”院士大会上，习近平指出：“实践反复告诉我们，关键核心技术是要不来、买不来、讨不来的。只有把关键核心技术掌握在自己手中，才能从根本上保障国家经济安全、国防安全和其他安全。”①农业发展关系我们这个拥有 14 亿人口大国的粮食安全，这是最根本的国家安全，不管是从缩小城乡差距、促进农业现代化发展、“城市反哺农村、工业反哺农业”实现共同富裕目标的角度讲，还是从保证粮食安全、维护国家安全的角度讲，加大对农业农村科技创新的投入水平，都具有深远而重大的战略性意义。

特别需要注意的是，在加大国家财政对农业农村科技创新投入的支持时，应重点支持一些我国农业发展现阶段急需突破的技术问题，如农产品深化加工技术、农业育种技术、新型肥料技术、农业智能化信息装备技术等。总体来说，我国农业发展正在从一家一户的家庭联产承包责任制小规模经营主体的阶段向家庭农场、农业生产合作社等适度和中等规模经营主体转变，对科技创新成果的需求和应用能力会不断增强。也正是因为如此，我国政府在下一阶段将大大增强对农业

① 习近平：在中国科学院第十九次院士大会、中国工程院第十四次院士大会上的讲话[EB/OL]. http://www.gov.cn/ xinwen/2018-05/28/content_5294322.htm[2018-05-28].

农村科技创新投入，加快发展适应新形势和实践发展需要的农业农村科技创新成果，助力我国农业农村发展的现代化，不断提高人民群众的生活水平和我国现代化的发展水平，实现共同富裕及中华民族伟大复兴的中国梦。

三、加快农业农村科技创新人才培养

当前，我国农业农村科技创新人员数量众多，但结构比例还需优化，高水平顶尖创新人才依旧缺乏，这已经成为制约我国农业农村科技快速高效发展的重要因素。根据农业部印发的《“十三五”农业科技发展规划》，在我国农业农村科技创新人才中，拥有博士学位的科研人员仅占全部科研人员的五分之一，而正是这五分之一具有博士学位的科研人员，因为具有完善的知识体系、充分的教育背景、拥有较强的科研能力，是科研成果产出的主力军。除博士学位外，拥有大学本科学历和硕士学位的科研人员占到了全部科研人员总数的66%，而在本科以下学历的科研人员只占全部科研人数的14%。可见，当前我国农业科研人员在学历教育水平方面比例呈现出两头小中间大的待完善现象，因为农业科技创新特别是在大型农业机械制造、科学信息技术应用及生物育种和农作物基因改良方面，都涉及最顶端的农业技术开发和应用，需要非常强大的智力支持助力农业科学技术的发展。因此，我们应当进一步完善人才激励机制，建立各大高等院校、农科院及与国外先进农业机构、公司合作，由政府提供资金支持，促进人员和技术的交流与往来，一方面可以选择农业科技人员中的佼佼者进行深造培养，为我国农业科技发展储备更多科技人才，另一方面也有助于我国农业科技发展的交流开发，在借鉴国外发展成果的基础上，实现“弯道超车”的跨越式发展。

政府不仅应当联合各大科研机构和农科院校，促进高精尖农业科技人才在国内外进行交流和培养，培育我国农业科技自主创新的核心竞争力，并且应当建立起完善的农业科技人才培育体系，为农业科技发展培育多层次、多主体的农业科技人才队伍，适应我国农业现代化发展的迫切需要。这要求各级政府和科研院所充分调动人才培养的积极性，由财政出资对农业科技人才培养予以补贴，可以参考师范生培养制度，为自愿从事农业科技学习的学生免除学费和生活费用，为我国广大相对落后的农村区域培育大量农业科技创新和应用人才，助力农业现代化和乡村振兴战略。除了正规教育外，政府和各大高校还可以针对性地建立面向农民群众特别是家庭农场主和农业生产合作社等适度规模经营主体的技术培训学校，帮助他们提高科技成果转化应用能力，提高我国的农业科技生产水平和农产品生产质量。

此外，政府还需加大对特定农业科技创新领域人才培养的支持力度，如农业育种基因改良技术、计算机和信息化与传统农业机械的结合应用技术，以及地理信息系统和无人机技术在农作物灾害预警与防治方面的技术。这些农业科学技术的发展代表了未来农业的发展方向，政府必须予以高度的重视，使我国在新一轮农业科学技术发展中抢占先机，争取制高点。科技是第一生产力的事实已经在我国改革开放以来的迅猛发展中获得普遍认可，即使是对于我国几千年来自给自足的家庭小农业发展而言也是如此。科技人才是科技发展的基础，政府必须高度重视农业科技人才的培育，为其提供充分的资金支持，使其免除后顾之忧，能全心投入在农业科技创新的伟大事业之中。政府可以设立农业科技人员交流基金会，为其提供国内外交流机会，促进其学识的增长，为农业科技创新打下基础。

此外，农业科技创新和其他所有的科技创新一样，具有一定的风险。政府和社会应当为农业科研人员提供一个宽松舒适的工作环境，容许农业科技创新出现一定的失败率，特别是在农业基础创新方面，所需科技创新资金多、投入时间长、失败风险大，是市场主体所不愿意触及的科研领域，这就需要由政府来主导农业基础科学的创新，以破除市场失灵问题。我国现有从事农业科技基础研究的人员仅占全部农业科研人员的 13%，绝大部分农业科研人员都在从事实验发展和应用研究。对任何一门科学来说，基础科研的突破往往对其学科发展具有引领性意义，因此政府必须注重在农业基础科研领域加大投入，培育更多的农业基础科研创新人才。

除了注重对现有农业科研人员和未来农业科研人员接班人的培育外，政府、高校，以及农业科研机构和农业经营主体还应注重对现有农业科技人才技能的充分发掘与应用。例如，鼓励高校教授和高水平人才到农业企业进行兼职，一方面可以为企业提供智力资源，帮助其解决农业生产发展中遇到的实际问题；另一方面也有助于增加农业科研人员的收入水平，帮助他们创立更好的科研平台和工作环境。只有充分发挥人才的作用，培养足够的农业科技创新人才，才能使我国农业科技发展具有源源不断的动力，才能提高我国农业发展的现代化水平。

四、构建产学研联结的农业农村科技创新平台

当前，我国农业农村科技创新主要由农科院校、科研机构、涉农企业等多种创新主体共同组成，但是我国农业科技创新依然显现出自主创新能力不足的问题，突出表现在涉农企业无法得到与其发展相匹配的科研成果。据调查，超过 70%的涉农企业表示其需要更新自己的核心技术，与此形成对比的是，每年各高校院所都产生大量的科研成果，却无法与农业发展相结合，这说明我国农业科技创新研究存在与实践严重脱离的问题。要解决产学研结合不紧密、各自分立严重的问题，

必须建立起考核目标一致、产学研联结的农业农村科技创新平台。农业科技创新的目的是促进农业发展，而不是以发表论文多少为考核目标，决不能允许本末倒置、浪费大量人力物力得到的科研成果反而不能应用于实践。

高校院所和科研机构是智力资源的高度聚集区，具有较强的科技研发和创新能力，也是我国农业科技创新成果的主要产出地，占我国农业科技创新成果的80%左右，但是高校院所和科研机构的科研成果往往与市场需要不相匹配，造成大量的人力智力资源浪费。根据有关部门的数据统计，我国农业科技成果普及转化率仅有三成左右。相比之下，农业企业则对市场变化、技术变化的敏感度较高，能够及时洞察市场需要，开发适销对路的农业科技产品；但是其主要以追求利润为主，并且科技创新人力资源较为匮乏，研发成果仅占我国农业科技创新成果的20%左右。不过近年来，农业企业也在逐步加大对农业科技创新的投入，随着我国教育事业的发展，大量高学历人才进入农业企业参与农业科技创新，超过35%的农业企业将营收的5%～10%用于农业科技创新。在欧美等现代农业发达国家，涉农企业是农业科技创新的主力军，这也是农业发展市场化的结果，也应当是未来我国农业科技创新的发展方向。

尽管涉农企业作为农业农村科技创新的主体有所发展，但仍未能实际担当起农业农村科技创新的主体地位。如何整合专业院校、科研院所、涉农企业的研发力量，以农业科技中介机构为纽带，构建产学研联合的农业农村科技创新平台，集中攻克农业发展中的重难点问题是我国农业科技创新接下来一段时间所需要重点解决的。从农业技术推广特别是农业技术推广“最后一公里”的问题来看，由于我国农业产业化程度低，技术推广难度也较大，分散经营的家庭联产承包责任制模式对农业科学技术在基层的推广形成了制约。

针对明确存在的问题，本节从以下几点就如何建立产学研联合一体的农业科技创新平台提出具体建议。

首先，应当充分发挥涉农企业的农业科技创新主体地位，加快培育一批涉农发展的龙头企业，鼓励其参与国家农业发展规划的制订，积极承担国家组织的各类农业科技创新项目，利用其科技创新效率高的优势，促成更多接地气且高成果转化率的科技创新产品与服务，从而促进我国农业科技创新的发展。此外，国家应加强对农业企业科技成果转化的支持力度，加大财政投入，对一些能够促进农业发展的技术成果联合农户进行推广，这样既能增加企业的投入，进一步增强其自主创新能力，也能提高我国农业生产的技术水平，促进农业科技的应用。

其次，应改变当前农科院校和科研机构唯论文与科研项目为评价指标的激励机制，事实上应当建立起以农业发展市场需求为导向、企业为主体、农科院校和科研机构为助力的，由政府引导的农业科技创新体系，紧抓市场需求，出产适销对路并可大规模推广应用的农业科技创新成果。对得到市场认可的农业科技创新成果，政府可对其发明主体予以奖励，进一步激发各农业科技创新主体的积极性，为其提供一个积极有益的创新环境。

最后，应当在全国各主要区域建立大型的农业科技创新合作体系和平台，打破产学研之间联系薄弱的发展局面。鼓励科研机构和高校科研人员进驻企业指导科技创新工作，同时涉农企业也可以与高校和科研院所建立合作机制，制定人才培养计划，为企业科技创新和发展提供源源不断的人才动力。在国家层面，对于产学研联结创新工作突出的区域可给予重点宣传和奖励，同时应当为我国农业科技创新人员提供舒适的创新环境和适当的经济收入，使其能够专心从事农业科技创新工作。此外，还应当建立每年一次的农业科技创新成果评比，对于获奖者在社会范围内进行表扬和奖励，提高农业科技从业人员的职业认同感和荣誉感，助力其个人价值和社会价值的共同实现；还要调动和发挥农业科研从业人员的主观能动性，对顺利建立产学研联结的农业科技创新平台，推动农业发展同样具有十分重要的意义。

第二节　有效化解农村科技创新难题

如前文已对农村科技创新体系现状进行了整体扫描，并且指出农村科技创新体系的困境所在，即合力不足、资源匮乏、推广不力，以及体制与政策不协调等。同时，参照借鉴国内外农村科技创新的成功经验，在明确农村科技创新的破局思路的基础上，积极解决既有问题既符合程序逻辑，又是构建全新面貌的农村科技创新体系的必由之路。

一、凝聚农村科技创新合力

农村科技创新无法取得重大进展的首要症结在于各类创新主体各行其是，无法形成合力。究其原因，可以用经济学中的理性人假设加以解释：各类主体在参与农村科技创新活动过程中，考虑的是自身利益最大化，共同目标的缺位使得集体行动变得困难。例如，农业企业优先关心的是经营收益，政府部门更在意的是政绩，科研院所和高校不乏功利考量等。要打破此困局，取得实质性突破，离不开各类创新主体的共同努力，关键在于必须进一步明确农村科技创新活动中各类创新主体的功能定位。

第一，各级政府部门，应为农村科技创新活动铺路架桥，打好基础，做好政策制度、环境营造等服务的提供者、引导者。在大多数复杂社会活动中，政府都承担着多元治理角色，其自身性质、价值取向、组织结构和职能配置等对社会经济发展发挥着导向性的作用。政府的角色和功能定位影响着各方社会活动参与者的程度、范围和方式。公共管理学科的发展历程和最新研究表明，“服务型政府”是政府持续改革的目标，是政府作为社会活动参与主体的终极角色和功能定位，是契合当下包括乡村振兴等一系列重大战略的理念指南。“‘服务型政府’是指在公民本位、社会本位理念指导下，在民主制度框架内，把服务作为社会治理价值体系核心和政府职能结构重心的一种政府模式。”①其核心要义有四个方面：政府职能结构重心在社会服务；提倡并促进公民参与；政府和公民之间是一种平等、合作关系；服务型政府在质的层面超越了以往所有政府模式，如责任政府、管制政府、有限政府、廉洁政府、法治政府等。作为服务型政府，在农村科技创新活动中，理应扮演好服务角色，不缺位、越位、错位，既要平等地服务好每一个主体，也要真诚地服务好每一个环节。同时，建立相应的服务评价反馈机制，切实了解农村科技创新活动参与者的意见和诉求，从而更好地提高政府的服务质量和精准性。

第二，农民及自治组织应为农村科技创新活动的主人翁、当家人。归根结底，小到农村科技创新，大到农业现代化，再大到乡村振兴，都是为了缩小城乡贫富差距，都是为了让农民能够共享改革发展成果。这也正是以人民为中心的发展思想的深刻体现。农村科技创新活动的关键点在于“科技”与“创新”，恰恰这两点正是农民的薄弱项，相关知识和经验的短缺使得农民在参加农村科技创新活动过程中只能处于相对被动地位。但是，农民完全可以发挥主观能动性，正确树立主人翁意识，化被动为主动，变“跟跑”为“并跑”，积极参加到创新队伍里。例如，农民既可以将自己的意见建议通过制度化渠道反馈到相关政府部门，也可以就近进入农业企业务工，还可以加入农村生产合作社；“中国农村改革第一村”安徽省凤阳县小岗村的“三变改革”（资源变资产、资金变股金、农民变股东），让小岗村实现了从“户户包田”到“人人分红”②。另外，农民也可以自己成立自治组织或加入现有涉农社会组织，合理合法地表达自己的需求，争取自己的权益。当然，农民通过这些途径参加到农村科技创新活动的过程中，需要有相应的体制机制、政策法规、规章制度等维护其合法权利和利益，从而可以激发其积极性和主动性，减少其后顾之忧。

第三，农业龙头企业应为决定技术创新、研发方向、路线选择、各类创新要素价格及配置、促进成果转化等的主体。农村科技创新活动中究竟是以企业为主还是以政府为主，归根到底还是政府与市场在资源配置中的关系问题。对此，在

① 施雪华. 2010. “服务型政府”的基本涵义、理论基础和建构条件[J]. 社会科学，(2)：3-11，187.

② 陈先发，姜刚. 2019. 从小岗“二次分红”看农村“三变改革”[EB/OL]. http://www.xinhuanet.com/politics/2019-02/18/c1124129872.htm[2019-02-18].

历史与经验总结的基础上，党的十八届三中全会明确提出“使市场在资源配置中起决定性作用和更好发挥政府作用”，从而肯定了农业企业相对于政府部门在农村科技创新活动中的主体地位。并且，大多数科技创新活动，包括农村科技创新活动，不仅需要前期资金投资与技术实力的积累，而且需要承担一定的风险性。而企业在技术创新、研发、生产、经营等流程上更专业，在计划、组织、指挥、协调、控制等程序上更科学。因此，企业的性质、特点和功能同样也决定了其作为农村科技创新活动主体的必然性与必要性。

第四，农村生产合作社应为联合农民集体行动、带领农民走上致富新路的组织实体。农民通过参加合作社，将自己的生产技能、土地、存款等实物资产作价入股，不仅能助益于农民的生产致富能力与集体行动能力，而且对农民的获得感、幸福感、安稳感也是大有裨益的。合作社通过多种崭新形式，正成为一种带领农民发家致富的新型经营主体。例如，当年小岗村致富带头人殷玉荣在尝到改革带来的丰硕果实后，继续牵头组织 18 户农民代表签订了土地入股合作协议，成立土地股份合作社，让农民手中的土地充分流动起来，变成真正现代化意义上的生产要素，探索出一条既适合于“三农”基本民情现状，又适应于农业现代化发展趋势的新型经营模式。随着合作社的范围逐渐扩大，功能更加完善，价值愈发凸显，也会成为农村科技创新的有效实现载体。

第五，农业科研院所和高校应为基础科学理论、方法、思维方式等知识创新及农村科技创新人才理论化、专业化、科学化培养培训的主体。我国农村科技创新的关键薄弱环节之一在于原始创新能力不强，与发达国家相比仍存在较大差距，无法满足农业现代化发展需求。我国科技领域人力资源总量大，但优秀拔尖人才少。因此，农业相关科研院所和高校应当承担起农业科学领域基础理论和应用技术的研究工作，以及农业农村科技创新人才的培养培训工作，以专业智库的姿态积极充当农业农村创新发展的外脑。

第六，涉农社会组织应为在科技普及、推广服务、技能素质教育等方面发挥作用的主体。社会组织独立于政府体系和市场体系之外，承担着一定的公共职能，具有非营利性、志愿性、公益性等基本属性，是一种能够弥补“政府失灵”和“市场失灵”的组织制度创新形式。社会组织的主要社会功能有：动员社会资源；提供公益服务；社会协调与治理；政策倡导与影响①。在农村科技创新活动中，涉农社会组织主要是在“提供公益服务”方面发挥作用。例如，社会组织利用其强大的社会资源动员能力和社会成员对其所倡导的公益理念认同的坚实基础，将成熟的农业农村科技知识向广大知识陈旧的农村工作人员普及；将实用的农业农村科学技术向仍旧使用落后农业生产技术的人员推广；对那些

① 王名. 2006. 非营利组织的社会功能及其分类[J]. 学术月刊，（9）：8-11.

因缺乏专业劳动技能而待业在家的人员进行针对性技能素质教育，把他们“扶上马”并“送一程”。

二、优化农村科技创新协作

新中国成立以来，我国长期的城乡二元结构造成农村区域社会、经济、文化等方面发展滞后，特别是科技在农村的包容性较低。其中原因既有农村自身基础薄弱，也有市场化改革的负面影响，还有政府资源配置政策的不当倾斜等。因此，缩小城乡差距，必须加快统筹协调农村科技创新资源，优化农村科技创新协作。

首先，优化布局跨区域全链条协同的创新平台与基地，夯实农业农村科技创新的物质技术基础。创新平台与基地，既是政产学研用结合的载体，也是农业农村科技创新成果的孵化器。例如，2015 年广东省成立的农业科技创新联盟是由农业农村科技创新活动各主体共同组成的。借联盟载体整合各类创新资源，集聚各种主体优势与动能，采用“政府引导、科企联合”模式，打造出一个集“源头创新、成果转化、示范带动”于一体的农业农村科技协同创新支撑平台[①]。例如，刘振滨和郑逸芳将农业科技协同创新运行模式划分为协同一体化模式、服务型推广模式、契约型合作模式、系统型中介模式四种，其中，协同一体化模式就是“多个产学研单位通过组织一体化的形式进行资源整合”，具体有科技创新平台模式和产学研系统一体化[②]。再如，王丽娟和信丽媛针对京津冀各区域资源分配不均衡的现状，提出组建京津冀农业科技协同创新联盟，并从完善合作机制、整合创新资源、搭建信息网络平台等角度提出具体可行的保障措施[③]。其他典型的还有高新区农业科技园、农业科技示范县等。通过搭建创新平台与基地，可以实现项目对接、技术落地、人才交流培养等一系列农村科技活动的展开。在此过程中，政府主要做好制定优惠对口政策、审核入围项目、提供综合性服务等工作；农业科研机构和高校与企业则借此平台、基地推动研究、技术、产品、服务的实现。

其次，建立并优化农村科技创新协作机制，形成“一盘棋”工作新格局。农村科技创新协作机制的基本要素主要有动力、目标、信息、组织和路径[④]。动力是各类创新活动参与主体的行动源泉，而利益驱动是各类主体的基本特性，因而必

① 彭思喜，姜百臣，胡秀丽. 2017. 广东省农业科技协同创新现状与对策研究[J]. 广东农业科学，44（10）：129-135.

② 刘振滨，郑逸芳. 2018. 农业科技协同创新动力要素体系及运行模式研究[J]. 科学管理研究，36（1）：73-76.

③ 王丽娟，信丽媛，宋治文. 2016. 京津冀农业科技协同创新的路径探索[J]. 山西农业科学，44（2）：140-143，265.

④ 刘宗敏，刘强，汪闵，等. 2016. 农业科技协同创新机制构建研究[J]. 农村经济与科技，27（3）：11-12.

须使各农村科技创新主体结合成利益共同体，驱使其“劲往一处使”。目标是各类创新活动参与主体的终极方向，农业现代化与乡村振兴应成为其努力的统一方向。信息是各类创新活动参与主体的行动依据，必须保证其信息传递渠道畅通、多元、有效，信息内容充分、准确、真实。组织是各类创新活动参与主体的协作载体，必须保证其顺利实现即时有效的沟通与协调。路径是各类创新活动参与主体的行动遵循，必须确保农业农村科技创新成果供适于求，避免浪费。农村科技创新协作机制的主要内容有三个方面：一是宏观层面的顶层设计，如建立并完善科技统筹协调管理机制，实行项目首席专家负责制。二是具体执行层面的文化协作。现代科学与技术的发展和创新成果的实现越来越体现出融合交叉的趋势。三是微观层面的各类农业农村科技创新主体内部协作，如农业科研院所和高校内部要避免学科之间形成壁垒，积极促进内部各类创新资源整合利用、优化配置、开放共享。因此，农村科技创新要抓住趋势，选择性部署重点方向，主动跨领域、跨学科，合理组建农村科技创新团队结构，既要考虑到年龄结构上老中青三结合，也要建立良好的激励管理机制。同时，创新团队内部也要注重建立和谐合作的创新文化，这不仅与团队领导人的个人魅力、管理方式有关，而且也离不开创新团队的日常管理。

三、提升农村科技创新推广效果

近年来，农业龙头企业、家庭农场等新型经营主体，通过农村土地流转，发展适度规模化经营，不断提高农村土地生产力和农村经济发展水平。与此同时，我国农村科技创新推广体系和效果仍停留在以行政推广为主的传统途径与水平上，已经严重影响到农村科技创新成果转化应用的整个流程乃至农业现代化步伐，亟待构建新的加速科技成果转化应用的服务体系，提升农村科技创新推广效果。

其一，健全“一主多元”农业技术推广体系，在明确各自分工的基础上促进相互协作，实现推广主体多元化、推广方式多样化与推广效果最大化。所谓“一主多元”，“一主”是指以政府公益性农村科技推广机构为主导，“多元”包括社会营利性推广机构与研究实验示范性推广机构。前者具体包括农业生产资料公司、农业加工龙头公司与新型农业经营主体，后者具体包括农业科研院所和高等院校[①]。这种“一主多元”农业技术推广体系，有利于拓展服务领域、丰富服务内容、创新服务方式，提升农村科技创新成果推广效果和供给水平。

其二，改造优化现有的政府公益性农村科技推广体制。大多数农村科技公益性较强，知识产权保护和技术物化较难，由于社会营利性推广机构与研究试

① 汪发元，刘在洲. 2015. 新型农业经营主体背景下基层多元化农技推广体系构建[J]. 农村经济，(9)：85-90.

验示范性推广机构天生自带逐利性和不成熟性，这决定了只能由政府在农村科技推广中发挥主导作用。如果放任其取代政府成为公益性农村科技推广机构，不仅很难对农村科技创新成果产生良好推广效果，而且可能会对农村社会经济发展造成负面影响。尽管各种新型经营主体和经营形式蓬勃发展，但我国广大农村地区由地块分散导致的小农经营仍是当前推行农业农村政策、促进农村科技创新的最大背景，因此仍存在坚持并改造优化现有的政府公益性农村科技推广体制的现实必要性。对此，需要注意三个方面：一是稳妥推进县乡农技推广机构的内部机构及人员改革。坚持精干高效原则，对县以下农技推广机构进行精简、撤销、合并，按照区域、产业类别等属性重新划定职能职责。与此同时，对推广机构负责人与具体工作人员的招聘、选配、考核、晋升等制度加以改革，建立激励竞争机制，激发其探索创新推广模式。二是妥善解决基层县乡农技推广工作人员的工资及待遇问题。基层县乡农技推广工作人员的现实待遇和地位远不如同级别的公务员干部，这在一定程度上抑制了这一群体的推广主动性与积极性。为此，各级政府必须改变这种状况，既要切实提高基层县乡农技推广人员的工资待遇并保证按时足额发放，也要拓宽和壮大县乡农技推广人员的工作队伍结构和数量。例如，制定适宜优惠政策吸引大学生加入进来，提升推广人员的思想觉悟和工作干劲。三是加大对现有县乡公益性农技推广机构的运行经费支持。经费是组织运行的基础保障，县乡农技推广机构的推广成效很大程度上取决于经费的合理安排。既要适度扩大经费总量，保证各区域各产业都得到平等照顾，也要注重经费支出结构的适度倾向性，如农技推广人才的引进、日常培训、本地特色产业与主导产业等。

其三，逐步建立并完善社会营利性推广与研究实验示范性推广体制。支持“多元化”推广体系共同发展是满足我国农业生产经营主体和经营方式多元的现实需求。针对前者，需要明确界定农业生产资料公司、农业加工龙头公司与新型农业经营主体各自的推广职责、义务、运行机制；针对后者，主要是充分发挥农业科研院所和高校的智力作用，将理论应用于田间地头，积极承担起相关农业农村科学和技术的理论研究工作、专业技术人才的培养工作及农技推广人员的培训教育工作。同时，加强对研究试验示范性推广机构的监督，尤其是验收环节的监督。

其四，健全“一主多元”农业技术推广体系的保障措施。在法律措施方面，与时俱进地修改完善《农业技术推广法》，加强农业农村科技创新推广法治建设，依法界定农业技术推广机构的性质和工作职责，适当提高农技推广人员准入门槛，真正实现对农村科技创新推广机构实行依法管理、依法考核；依法监督农村科技创新推广工作，加大对违法违规行为的惩治力度，提高农技推广经费的使用效益；依法做出多元推广主体的定位，清晰界定农业科研院所和高校的法定职责和权限。在行政措施方面，制定针对性的多元农村科技创新推广体系的资金保障政策，做到专款专用、专款有用；制定激励与约束相结合的考核方案，工资及奖励要严格与推广绩效挂钩，亦可实行末位淘汰制，切实提高农村科技创新推广效益；制定符合基层农村科技推广实情的行政领导办法，建立中心站负责工作机制，变双重领导为垂直领导，并且，要重新界定各级政府部门和农村科技推广机构的职能权限，改变管理权责交叉的混乱状况，进一步健全各部门、各机构、各人员的日常管理办法，严格执行依法依规管理。在配套措施方面，从年龄、学历、经验、性别等各方面改善农村科技创新推广人员的组成结构，提高其整体素质水平；建立健全推广人员再教育制度，采取专家授课、现场观摩、基地探访等多种形式，及时进行现代农业知识、信息技术知识、经营管理知识、法律政策知识的更新培训；加大考核监督，实行“能者上，庸者下”的市场化管理办法；扶持农业协会等涉农社会组织的发展壮大，发挥其在农村科技创新推广中不可替代的作用；加快教科研推广建设，充分利用农业科研院所和高校的智库资源，做到农业科研知识成果真正服务于农业农村，应用于田间地头；并持续加大科技特派员制度的践行力度，支持完善基层农村科技创新推广队伍建设，加快星创天地、高等学校新农村发展研究院等建设，增强农村科技创新服务能力。

四、加强农村科技创新顶层设计

首先，系统描画乡村振兴战略背景下农村科技创新的行动路线图，紧紧围绕农业领域重大问题、技术、产品与需求，聚焦精力解决若干重大任务，助推农业现代化和乡村振兴战略的顺利实现。一是健全农村科技创新体系，为农村科技创新活动提供载体。二是构筑农业农村科技创新先发优势，包括加快实施和部署农业科技重大专项和重大工程、加快突破农业重大科学与前沿技术问题、加快构建现代农业农村科技支撑体系。三是巩固农村科技创新已有基础，包括设施设备基础、人力资源基础、数据信息基础等，具体举措应从平台基地、人才队伍、信息管理等方面着手，不断加强农村科技创新基础性工作。四是壮大农业高新技术产业，辐射带动相关产业的发生发展。五是提升农业农村科技国际合作水平，进一步提高我国农业国际竞争力。六是增强县域科技创新服务能力，包括深入推行农村科技特派员制度、建设一批创新型县（市）。

其次，科学设计支撑农村科技创新的保障措施。一是强化组织领导和统筹协调。加强中央与地方部门对接，搭建协调联动、协同推进、工作会商的农业农村科技创新协同合作工作机制，完善部省联动机制，统筹项目、人才、信息、组织、平台、基地等科技资源，树立大农业、大协作理念，形成产业链与区域统筹联动、布局优化的农村科技创新整体规划。二是完善农村科技创新政策支持体系。首要的应是财政投入政策，既要考虑到财政投入扶持方式的科学合理性与创新突破性，也要争取效益最大化地运用政府引导基金等财政资金的杠杆作用，撬动更大的社会资本为农村科技创新服务，创造性地采取“互联网+金融”等新型模式，完善多元化、多渠道、多层次的农村科技投入体系，为农村科技创新提供更为精准的资金支持。遵循农村科技创新规律，选择性加大对基础性、战略性和公益性农村科技研究平台基地建设的支持，加强农业农村领域知识产权创造、运用、管理和保护，健全知识产权保护相关法律法规。三是人才培养和智库建设。在创新驱动发展战略下，创新始终是第一动力，人才始终是第一资源，且只有充分发挥人的主观能动性，才能真正让创新落地。因此，科技特派员应当也必须发挥农村科技创新成果推广服务的主体作用，同时也不能忽略农村本土化人才的挖掘和公益性社会组织的参与，努力形成多元化新型农技推广服务体系。在发展过程中，要设立一定的门槛，遴选农业科研院所和高等院校的优秀拔尖人才，组建农村科技创新智库，创造优越条件与和谐环境使其持续开展政策研究、科学技术研究，为农村科技创新提供针对性咨询服务。创新农村科技创新人才评价考核机制，摒弃“唯论文论”思维，严格与农村科技创新成效联系起来。四是组织模式与制度创新。组织是活动开展和目标实现的载体工具，单个组织的资源和力量总是有限的，多个组织又会因目标不一致出现“集体行动的困境”，因此必须创新组织模式与组织制度，统筹政府、企业、科研院所、高校、社会组织、农民个体等的活动方向，积极开展全链条创新活动设计。五是对创新活动实施全流程实时动态监控。及时掌握计划完成度、偏离度，并组织开展项目中期评估，对收集到的数据信息进行分析反馈，并结合农村现实情况适时调整农村科技创新计划。

第三节　积极构建农村科技创新体系

科学技术是第一生产力，创新是引领发展的第一动力。积极构建农村科技创新体系，就是为实现农业现代化发展装上发动机，也是实施乡村振兴战略的有力抓手。农村科技创新体系是落实新发展理念、坚持创新驱动发展战略的实践载体、制度安排和环境保障，其总体要求是结构完整、创新高效、功能完善和运行顺畅，体系框架涵盖农村科技创新的主体、平台基地、生态、研发、推广、管理、保障等方面，是一个支持农村科技创新活动全过程的有机整体。

农村科技创新应是多元主体共同参与的过程，这既符合治理逻辑，也是农村地区科技创新资源分散化严重的现实需求。农村科技创新体系的构建，首先就是要吸引多元主体协同参与，包括各级政府相关部门、农民及自治组织、农业龙头企业、农业生产合作社、农业科研院所和高校、涉农社会组织等，要充分发挥各级政府相关部门的支持、引导和服务作用，吸引调动各主体充分发挥各自的资源优势和身份优势，合理配置各类创新参与主体的功能定位。其次要集聚农村科技创新体系的主体动能，打造一支“懂农业、爱农村、爱农民”的“三农”工作队伍，一方面重点关注对当前农村科技人才的挖掘、重用，为“土专家”“田秀才”“乡村能人”发挥价值创造有利于创新创造的环境氛围；另一方面着眼未来需求建立起急需型农村科技创新人才培育的长效机制，如开展免费农技生计划，培养“订单型”农村科技人才，建设农村科技创新人才定点定向培养等相关工程。

农村科技创新需要平台基地才能完整孵化出适销对口的创新成果。平台基地主要是指协同创新联盟和创新中心，如国家现代农业产业科技创新中心、智慧农业产业技术创新战略联盟、国家农业高新技术产业示范区、国际农业科技创新共同体等。平台基地集信息搜集、决策选择、研发投入、技术产出、实验应用、推广普及、人才培养培训等全流程于一体，是农村科技创新的实现载体。平台基地通过专业的调研团队，收集农业农村农民最现实最直接最迫切的科技需求，集中反馈后由平台做出农业农村科技研发方向的决断，紧接着投入资金，等到技术成型后交付实验测试，如果能达到预期成效，就利用提供推广服务体系进行普及应用。在此过程中，农村科技创新人才也能够得到实际的锻炼和提升。

农村科技创新需要良好的创新创业生态。创新意味着风险和不确定性，现实情况往往是失败多于成功。在此背景下，有必要建立宽容、支持甚至是鼓励失败的容错纠错机制，营造崇尚创新的文化氛围，让农村科技创新人才大胆尝试、大胆创新；积极倡导科研诚信，恪守学术道德，坚守职业道德底线和规则规范，承担起社会责任；充分考虑到广大农民群体的文化基础较弱和接受能力较差的基层实情，一方面加快建设多层次、多内容、多渠道农村教育培训制度体系，另一方面以政策法规、科技知识为重点，以突出优势所在、长远利益考虑为突破口，开展形式多样的农村科技创新的科普宣传和培训活动；深入实施知识产权战略，从完善法律法规，健全行政保障措施，提高知识产权保护意识等途径，尤其是加大对恶意假冒、模仿等侵犯知识产权行为的惩戒力度，为农村科技创新撑起“保护伞”。

农村科技创新的核心突破口在于科技，科技的突破口在于研发。只有突破了研发环节，才能实现真正的原始创新。当前，全球新一轮科技革命和产业变革如火如荼，农业前沿技术是农村科技创新的风向标，农业制造产业、绿色智能制造技术等智慧农业为农业农村转型升级打下了基础。但是，不可否认的是，我国农村科技创新喜中有忧，挑战依然严峻。首先，我国农业农村科技自主创新能力尤其是原始创新能力较弱，总体上处于跟跑格局；其次，我国科技人才总量巨大，但适于我国农业农村基础现状的优秀拔尖人才和团队较少，尤其是把握农村科技发展前沿和趋势的人才较少；再次，科技基础条件较差，尤其是农村科技资源分布不合理，整合和开放共享程度有所欠缺；最后，我国农村科技投入的总量和结构与发达国家相比，仍存在不够和不合理的问题。面临挑战，我们必须树立创新自信，找准突破口对症下药，针对性地解决农村科技研发环节的难题。首先，集中一切科研力量攻关农业领域关键核心技术，把握农业科学前沿领域及发展趋势，努力提升农业科学领域原始创新能力；其次，盘活农村科技创新存量人才，分层次、分区域、分领域地最大化利用人才这一最大资源，采取多种方式对当前关键环节的农村科技创新人才进行教育培训，建立人才终身跟踪培养制度；再次，加大农村科技资源系统整合力度，由最高管理层级进行统一调配，同时既要考虑到资源贫乏区域的均等性问题，也要兼顾农业农村科技关键性、决定性、基础性领域的倾向性问题；最后，对比发达国家农业农村科技投入情况，结合我国现状，持续加大财政资金支持力度，持续改善财政资金支持方式，引导社会资本等为农村科技创新服务，在建设中完善主体多元、路径多样、层次分明的农村科技投入体系。

要让农村科技创新成果真正下落到农民手中，成为农民创业致富的有力工具，离不开推广这一环节。健全“一主多元”农业农村技术推广体系：一方面，持续改造优化现有的政府公益性农村科技推广体制，充分发挥其公共性、基础性、社会性功用。另一方面，逐步建立完善社会营利性推广体制与研究实验示范性推广体制，满足当前我国多种农业经营主体和经营方式并存的现实需求；在法律、行政、配套等方面做好健全“一主多元”农业农村技术推广体系的保障措施；建立科学规范有效的运行管理和利益联结机制，推动农科教对接，形成农村科技创新成果转化应用的强大合力。

科技管理关乎科技投入效益，不能简单地等同于一般的生产管理，必须注意到农村科技创新的特殊性和重要性。第一，充分考虑项目及人员的特点，因人而异地建立选择性激励制度。尤其是要改革科技立项制度，重点选择契合农村经济结构转型要求与实际应用价值高的课题及项目；在农业科研院所和高校建立健全从招聘、录用、定岗定薪到考核、晋升等全流程的农业农村科技创新人员激励管理制度，以及首席专家负责制等农业科研领军人才激励管理制度。第二，加强农村科技创新的项目管理制和经费的基金管理制，加强项目监管和资金监管，提升科研投入和推广经费的使用效益。要重点关注项目选择、农技推广过程，必须因地制宜、因地施策地调整农村科技创新的经费支出结构，避免向大课题、大项目、好单位、富地方过度倾斜，而忽略了这些层面上的优势较弱者或欠发达地区。

农村科技创新既有一定规律可循，也存在创新的极大不确定性，必须建立健全制度保障体系。一是政府行政层面：政府是农村科技创新的推动者和保障者，必须在农村科技创新活动全过程中发挥作用，尤其是要在政策体系层面做好全方位的顶层设计；政府职能范围既要覆盖至完善各项法律法规、政策体系、规章制度，也要做好扶持创新创业的引导者、服务者，实现政府角色从管理向服务的转变。二是法律保护层面：由于科技创新成果易受剽窃，保护不当不仅会打击农业农村科技人才的创新积极性，更是我国知识经济发展进程中的重大损失，因此最关键的是要完善知识产权保护法，让农村科技创新活动有法可依，有章可循。

第七章　构建农村科技创新体系的目标、原则与思路

农村科技创新体系建设既隶属于新时代农村科技工作中的重要一环，也是科技创新体系中的重要环节。高效快捷的农村科技创新服务不仅是农村科技成果转化为现实生产力的强力手段，同时以满足农民需求为宗旨的服务可以直接反馈农民呼声，适应农业生产的实际需求，从而为农村科技创新不断提供动力源泉，修正和调整科技创新目标，促进农村科技创新与农村经济发展的紧密结合。新时代构建农村科技创新体系刻不容缓，尤其是在乡村振兴的政策背景下，从农村经济社会发展的角度，构建农村科技创新体系具有极大的理论指导意义与现实实践价值。本章主要探讨构建农村科技创新体系的原则与思路，从其运行的目标、原则和思路三个宏观维度展开。

第一节　构建农村科技创新体系的目标

中共中央、国务院印发了《乡村振兴战略规划（2018—2022年）》，该规划以习近平同志关于“三农”工作的重要论述为指导，按照“产业兴旺、生态宜居、乡风文明、治理有效、生活富裕”的总要求，对实施乡村振兴战略作出阶段性谋划。乡村振兴战略是一项依托于阶段性目标的实现而开展的长期规划：到2020年，乡村振兴的制度框架和政策体系基本形成；到2035年，乡村振兴取得决定性进展，农业农村现代化基本实现；到2050年，乡村全面振兴，农业强、农村美、农民富全面实现①。农村经济产业发展作为乡村振兴这一重大战略达成的关键，倒逼着作为经济发展第一生产力的力量——科技快速发展，因此构建农村科技创新体系助力新时代乡村农业崛起也成为当务之急。在与乡村振兴战略目标保持一致性的前提下，亟须制定全方位的农村科技创新体系发展的长期与短期战略目标。

一、长期战略性目标

按照新时代乡村振兴战略发展现代农业的总体要求，需积极探索建立一种新

① 中共中央 国务院印发《乡村振兴战略规划（2018—2022年）》[EB/OL]. http://politics.people.com.cn/n1/2018/0926/c1001-30315263.html [2018-09-26].

型的农村科技创新体系，同时着力建设服务高效、机制创新、极具特色的多层级覆盖的农村科技创新服务网络体系。农村科技创新体系的建设应立足于农村创新企业、典型基地与农业机械化种植大户的实际要求，基于此探讨创建政府主导与市场协调相配合的机制。同时，必须落实农村经济产业的创新指导与产业链配套供给、整体服务与特色服务相链接的农村产业科技创新模式，推动农村知识型生产力转化为社会现实生产力，加快农业产业发展和转型①。构建农村科技创新体系作为中国乡村振兴中“农村现代化与农业强国”长期战略目标实现的重要组成部分，其本身长期战略目标的规划也是十分关键的。新时代背景下，随着城市化进程的加快，农村需要做出新的战略定位，对此国家做出重大决定——农业部更名为农业农村部，这意味着自上而下均意识到农村发展对于乡村振兴战略的历史性意义。对于我国农业经济面临的发展动力不足、结构较为单一和生产方式过于传统的困境，国家开始进行产业调整与结构升级，以满足农业生产对于科技发展的需求。农业产业作为乡村振兴战略实施的核心，增强其核心竞争力、凸显农业的优势产业是当前乡村振兴的重点。为此，必须落实农业产业结构升级的具体策略，将开发农业产业高速发展的新科技、提升乡村产业的市场核心竞争力作为我国乡村振兴战略发展的行动指导，为实现我国的农业振兴指明前行方向，而农业科技创新体系的构建在其中具有极高的战略价值。

（一）科技创新增强农业发展动力，实现农业现代化的战略目标

《中华人民共和国土地管理法》的修正使得我国农村土地间的流转现象越来越频繁，传统以土地细碎化耕作为主的农业个体种植户逐渐转变为规模经营的农户，尤其是近年来新型农业生产者的出现，也对农业科技水平提出了较高要求。人民日益增长的美好生活需要决定了整个产品市场的消费结构必须尽快转型，提高产品的市场竞争力及质量系数，完善农产品的丰富性。从农业长远发展来看，必须提升农业生产的高科技含量，创新农业高科技产业，建立高效的农业生产循环体系，构建乡村种植业、畜牧业等多种产品生产链，实现“种养合一”的现代化农业发展体系。而在我国的“五位一体”战略格局中，生态文明占据一席之地，因此必须改变农业生产的粗放方式，针对生态文明提出的环保、可持续、绿色等理念落实具体的实施思路。农业生产的科技创新能力需要取得质的突破，由此与农业生产相关的生物学、化学、信息科学及农业经济学等学科知识就显得尤为重要，

---

① 戴起伟，曹静，凡燕，等. 2010. 构建新型农村科技服务创新体系的思考——以江苏省为例[J]. 农业展望，6（8）：54-58.

这些都关乎着农业科技创新能力的提高，以及能否扩大农业生产的规模，形成可持续的现代化农业体系。

在乡村振兴战略的指导下，要以构建农村科技创新体系为依托，实现农业现代化的战略目标。因此，必须运用市场化运营的方式打造农村科技创新综合体，构建新型农业科技服务形态，密切农业科研、企业经营与政府管理三者之间的联系，建立规模化农村生产基地“三农”服务呼叫中心、县级农业农贸市场、跨区域的物流服务中心与平台、农业科技创新研究所及农业智慧体系建设示范基地，同时利用“互联网+”的农业服务平台，打造以农业科技创新培育、农业规模生产、产品销售协调共存的现代化农业生产平台。

（二）大力推进县域经济创新驱动发展，完成美丽宜居乡村的战略目标

“郡县治，天下安；郡县富，天下足。”中国县域经济是宏观经济与微观经济、工业经济与农业经济、城市经济与农村经济的结合部，也是新时代背景下新型工业化、信息化、城镇化、农业现代化的交汇点。大力发展县域经济既是国家发展的需要，也是实现“两个一百年”奋斗目标的基本保障。在我国经济发展进入新常态的背景下，必须支持县域开展以科技创新为核心的全面创新，发挥科技创新在县域经济中的核心主导地位，建立农业生产的新引擎，激发农业创新的新动能。实施乡村振兴战略，基础在县，活力在县，难点同样在县。

我国城乡发展的二元性决定了相当一段时间以来县乡农业经济难以有所发展，尤其是在农村科技方面的投入较少，从而造成了我国农村科技创新意识落后、配套资源缺乏、科技创新能力滞后、技术含量低等诸多现实难题。国家通过政策措施引导科技落地农村基层，提升县域科技创新驱动发展能力，有利于提高全面小康成色，顺利完成国家的相关战略规划，最终为乡村振兴战略的落实奠定良好基础，建成真正宜居的幸福乡村，壮大县域经济，提高广大农民生活品质。城乡统筹步伐不断加快，美丽宜居乡村建设取得重要进展。通过构建农村科技创新体系，针对农村生态文明建设的战略目标，必须对乡村布局、城乡一体化建设及环境保护等领域的技术进行攻关，实现乡村又好又快的发展。现实经验表明，“三农”问题必须要找到良方才能予以改善，而农村科技创新平台的构建与发展则至关重要。

（三）通过科技创新构建农业国际生产体系，实现“农业走出去”国家崛起战略

现如今我国作为世界第二大经济体，在农产品的进出口方面，均处于世界

前列，但是在农贸市场却没有相应的话语地位，这意味着我国需要建立与之匹配的农业现代化生产体系，以提高农产品的国际竞争力。但我国最大的难点及关键核心问题在于农产品的科技创新能力远远不足，难以与西方国家进行竞争，因此必须建立农业国际生产体系，确保我国农产品在国际生产链中处于中高端水平位置。

农业作为一个国家综合国力的重要体现，西方发达国家对此投入甚多，处于领先地位。且科技创新在各国均被作为重要的国家战略，各国政府也给予了极大的支持①。农业科技创新投入是衡量国家农业科技创新体系建设水平的指标，需要与当前中国农业发展水平、公共性与前沿性特点相匹配。为改变中国农产品的生产地位，必须提高农业综合竞争力，提高农业科技创新人才的储备资源与开发资源，选拔高科技人才，逐渐扭转农业科技发展不足的现状。

国际竞争除了在经济、军事等层面愈演愈烈外，科技领域也在不断开展革命，世界各国在涉及科技创新时，均将其放在战略地位，这意味着今后几十年的科技竞争将会相当激烈，农业科技革命和农产品生产的爆发也是可以预见的，在生物信息技术、产品结构等方面均会迎来一系列重大的科技突破，从而促使农业发生翻天覆地的变化。在呈现激烈竞争状态的农业高端科技领域，西方发达国家已经对农业生物技术开展了前沿性的研发，我国也需迎头赶上。同时，“一带一路”倡议正逐步深入落实，尤其是在和发展中国家交流与经贸往来时，农业生产是至关重要的。因此，必须加快我国农业农村科技创新体系的建设，确保在世界农产品市场占据有利位置。当前我国较高的互联网普及率意味着未来农业也有可能会不断与高端前沿的科技创新成果相结合，实现农业生产的可持续发展。这些都将有利于实现我国“农业走出去”战略目标，最终提高我国在国际农业生产体系中的地位。

建立现代化的农业生产体系理应成为实现乡村振兴战略的重要指标，并成为农业改革的长期实践目标。其中，农业科技创新能力的培育更是重中之重，而构建农业科技创新体系既是具体实践，也是落实乡村振兴战略的具体要求，还是最终解决“三农”问题的核心钥匙。事实上，不论在学术研究中，还是在政府工作会议中，均强调农业现代化体系的建设不仅符合农业改革的发展思路，也是农业发展真正的出路。为此，必须从以下两个维度入手进行分析：一是农业现代化发展需要农村科技创新体系，奠定乡村振兴的科技创新基础和产业生产能力基础，以彻底改变农业科技创新不足的现状；二是农业科技创新体系的培育能够直接提供农业发展的新产能，形成高质量的农业生产循环体系。

① Li N，Chen K H，Kou M T. 2016. Technology foresight in China：academic studies，governmental practices and policy applications[J]. Technological Forecasting and Social Change，119：246-255.

二、短期战略性目标

当前乡村振兴战略的实施与国家“十三五”规划是相得益彰的，短期战略的实施正是为了服务长期战略性目标的最终实现。为此，政府需要加快落实科教兴国战略，深入开展农业供给侧结构性改革，更新升级农业现代化生产模式，促进农业科技创新实践基地的培育，助力乡村振兴战略的全面推进。为此，需要践行“五位一体”总体格局的发展思路，全面实践《国家中长期科学和技术发展规划纲要（2006—2020年）》①中提出的农业农村科技创新战略，推进农村科技创新体系建设，构建具有农业科技创新能力和农业综合效益与竞争力凸显的现代化生产体系。具体来说，2017年科技部等印发《“十三五”农业农村科技创新专项规划》，指明“十三五”农业农村科技创新需要实践的指标体系与量化值②，具体数据，见表7-1。

表7-1　“十三五”农业农村科技创新规划指标值与目标值

整体分类	指标	2015年指标值	2020年目标值
农业现代化水平	农业科技进步贡献率	56%	60%
	主要农作物耕种收综合机械化水平	63%	70%
	农业物联网等信息技术应用比例	10.2%	17%
	农业高新技术企业/个	6 800	>10 000
	农业劳动生产率/（万元/人）	3	4.7
农业自主创新能力	国家农业高新技术产业示范区/个	2	30
	国家现代农业产业科技创新中心/个	—	30
	农口产业技术创新战略联盟/个	36	80
	国际农业科技创新共同体/个	—	10
区域农业科技创新能力	创新型县市/个	—	100
	国家农业科技园区/个	246	300
	星创天地/个	—	3 000
	科技特派员/人	70万	80万
	农田灌溉用水有效利用系数	0.53	0.55
	主要农作物农药利用率	36.6%	40%

① 《国家中长期科学和技术发展规划纲要（2006—2020年）》确定的重点领域、重大专项、前沿技术、基础研究[EB/OL]. https://www.csc.edu.cn/article/711[2016-12-12].

② 关于印发《“十三五”农业农村科技创新专项规划》的通知[EB/OL]. http://njxgkjrc.gov.cn/njtechsub/Apps/servplate/index.php?s=/PolicySearch/policydetail/id/110491[2017-06-14].

续表

整体分类	指标	2015 年指标值	2020 年目标值
农业可持续发展能力	主要农作物化肥利用率	35.2%	40%
	主要农作物秸秆综合利用率	80%	85%
	养殖废弃物综合利用率	60%	75%

（一）农业科技创新能力和水平显著提升

当前，我国农业农村科技的原始创新能力较为欠缺，严重滞后于转型期农业现代化改革的要求。且现阶段我国农业发展短板较为明显，主要表现为：农业科技创新不足、农业科技人才培养体系不全、农业科技发展理念不突出、缺乏具有重大农业科技创新的研发团队和典型人物。整体来说，农业科技创新能力和水平的提升不是单一资源可以回应的，需要全力整合社会资源，实现资源的共享，进行科学合理的规划布局，由此满足科技创新发展的基础性条件。农业科技创新体系的建设需要适应新时代社会背景及其作为公共性资源的共享性特点，为此，必须贯彻落实科教兴国战略，改善农业科技创新的基础性设施，同时依托地方科技创新平台，大力支持地方性农业科技创新类型的科技课题。总之，深化农业科技创新改革，打造以科技创新为基础的农业可持续发展机制，更好地实现农业科技创新与农业产业的对接，给农业插上科技的翅膀。

因此在构建农村科技创新体系的短期战略目标时，确保我国农业科技创新能力在发展中国家中具有较高竞争力与挑战性，前沿性的农业科技创新成果在世界农业生产舞台上具有一定地位，这是引领世界农产品市场改革发展，助力我国成为农业创新型国家的重要依托。

（二）农业综合效益和产业竞争力显著提升

就现有实践情况来看，我国科技创新的农业科技成果数量较少、质量较差，导致我国长期以来的农业竞争力明显不足。从农业科技创新主体的角度来看，涉及企业、高校和科研院所等多元主体，但产学研三方之间协调机制的缺乏使得多方资源的整合面临难题，农业科技创新成果的成功转化率低，最终导致农业生产环节受阻。农业科技创新成果转化机制的缺陷使其发展滞后于农业科技创新平台的建设，同时也造成农业科技创新专业人才在一定程度上的流失。农业科技创新体系的建设重点在于科技成果的转化与科技人才的培养，因此必须提高农业科技创新成果的转化率，满足农民共享科技创新成果的现实需求。

依托农业科技创新体系的成果转化平台，落实农业生产科技化的实践目标，完成农业生产的效率化与规模化，形成较强的农业科技创新体系，是提高农业产能与农业生产结构的现代化程度，打造具有地方特色农业科技的乡村产业链，促使乡村振兴战略的实施初具成效的重要路径。为提升我国农业的国家竞争力，必须加紧培育一定规模的前沿农业科技研发平台，积极倡导企业参与农业科技创新研发，在一定区域范围内打造科技农业典型示范基地，从而形成农业科技创新区域示范效应，带动区域农业特色发展与高端前沿化，争取部分领域的农产品达到世界一流水准。同时，应着力提高农业科技创新成果的转化率，使农产品在市场化阶段具备极强的核心竞争力，通过大规模的推广使用，为农业科技成果的落地奠定良好的体制基础，持续提升农业科技创新成果高效化、规模化、体系化的市场化能力。

（三）农业科技创新平台基地和人才队伍建设水平显著提升

乡村振兴战略的落实依赖于现代农业的变革发展，而变革发展所依托的是具备创新素养的高科技农业型人员，相应地如何培育农业科技创新人员并鼓励其扎根乡村成为发展现代农业和高质量实施乡村振兴战略的关键。因此，政府需要加紧农业科技创新平台建设，采取多项鼓励措施培育农业科技创新人才队伍。农村科技人才是农业致富的带头人，随着农村经济体制改革的不断深入，发展农村经济“一靠政策、二靠科技、三靠投入”已成为基本共识。农业科技创新人才能够带头学科技、用科技，是创新农业生产道路的排头兵，是带领农民进行改革、走出一条科技致富道路的先锋，同时也是农村科学发展和社会变革的重要推动力量。各地一方面要继续开展农业科技特派员工作，鼓励农业科技工作者深入田间地头为农民提供现场指导，更好地应对农业生产发展中的具体难题；另一方面需着力完善细化科技特派员工作制度，不断充实农业科技特派员工作队伍，并通过多项优惠政策扶持，让广大科技工作者能够下得去、立得住、干得好。当然，农村也要提供开展科技服务的便利条件，增强农村对农业科技工作者的吸引力。

建设一批国家现代农业产业科技创新中心作为农业科技创新的示范基地，激发具有国际农业前沿科技研发能力的本土性研究团队，大力培育符合现代化农业生产需求的高科技人才，构建与之适应的人才管理体系，形成农业科技创新人才的长久可持续发展机制也是应有之道。当今世界经济的竞争是人才的竞争，因此必须重视对农业科技创新人才的培养和发展，建立规模化的现代农业型人员队伍，形成长期稳定的人才投入机制与评价指标体系。当前仅仅依赖政府的投入是远远不够的，现代农业科技创新体系的培育与建设需要协调社会各方力量，积极整合资源，以农业科技成果转化的公共性为合作契机，不断吸纳农业科技创新企业与人员参与进来，将其放在全社会予以关注的战略高度。鼓励农业型高校、农业科研机构等相关方委派农业型科技创新人员给予技术指导，不断完善科技与实践相结合的成果转化机制。由此，推动农业型研发专家成为促成农业科技创新体系中多方合作的纽带，需要以其影响力为轴心推动农业科技创新的可持续发展及农业科技创新能力质的飞跃。

（四）农业科技创新体系效能显著提升

总的来说，我国现存的农业科技创新体系严重滞后于农业现代化改革需求，难以满足乡村振兴战略的实践目标。以往受限于农业发展的资金投入不足，农业科技创新显得力不从心。在科技资源有限的现实背景下，我国农村建设必须高效整合社会科技资源，充分发挥我国社会主义制度优越性，统筹各方资源，同时建立农业科技创新体系的规范化协调机制，创建具有农业生产高效率的科技创新实践平台。农业科技创新体系存在以下亟须解决的问题：一是缺乏农业科技创新产业链，相关配套机制依然不够；二是农业科技创新的科学评价机制依然不规范。

农业科技创新体系效能的强化，需要构建农业科技创新成果的转化平台。为此，农业科技创新领域的扶持政策应依据现实需求来制定，并加大农业科技创新的价值引导及对其成果转化的奖励力度。农业科技创新成果的落地依托于规范化、体系化的生产平台，平台中多元主体的协同合作是整合优质资源、发挥综合优势的关键。而在明确市场需求的前提下对农业科技创新产品进行设计、规划、产品化及市场化，也是提高农业科技创新成果转化成功率的有效手段。由此，亟待建成具有互动合作、资源共享、极具市场竞争力特征的农业科技创新体系。

（五）农村科技创新生态不断升级优化

2019 年科技部发布了《创新驱动乡村振兴发展专项规划（2018—2022 年）》文件，强调“以农业农村现代化为总目标，坚持农业农村优先发展总方针，以‘产业兴旺、生态宜居、乡风文明、治理有效、生活富裕’总要求为科技创新出发点和落脚点，到 2022 年，创新驱动乡村振兴发展取得重要进展，农业科技进步贡献率达到 61.5%以上，实现农业科技创新有力支撑全面建成小康社会的目标”①。为

① 科技部关于印发《创新驱动乡村振兴发展专项规划（2018—2022 年）》的通知[EB/OL]. http://kjj.panjin.gov.cn/2019_02/13_13/content-116127.html[2019-01-21].

此，无论是从农业科技创新的能力来看，还是从建设水平角度来看，必须予以大幅度提高，来适应现代化农业产业改革升级的新时代要求，真正提升我国在农业产业方面的国家竞争力，更好地实现乡村振兴战略中的农业目标。生态环境作为农业科技创新体系建设的前提，必须不断被改造与优化，形成适合农业现代化发展的新型生态环境。与此同时，农业科技创新的政策环境也是重要前提之一，优质的农业科技创新政策环境将直接影响创新能力，以及决定能否吸引广大农业科技创新型人才回到乡村并留在乡村。

总之，全面推进乡村振兴战略要求必须建立兼顾国际前沿视野与农业现代化发展需求的农业科技创新体系。因此，应大力扶持与推进农业科技创新体系的培育和发展，抢占世界农产品市场的科技制高点，从而满足国内和国外的农产品生产需求。相应地，各级政府和农民应加速创设农业现代化生产的先进理念，并推动农业产业高效化与技术化发展。同时，直面农业发展的难题，加快农业科技创新体制改革，实现农业生产的结构转型与产能升级，真正为我国综合国力的提升贡献农业力量。

第二节　构建农村科技创新体系的原则

构建农村科技创新体系是全面推进乡村振兴战略的实际要求，更是推动我国科技创新事业跨越发展的重要思路。新时代背景下，我国必须深化农业农村科技体制改革，以科技创新支撑农业产业结构调整，提高农业现代化产能，借助构建农村科技创新体系的历史契机，引领农业高科技产业转型，实现农业生产的科技化与现代化，并推动农业产业多部门联动，创新出我国特色农业崛起之路，打造农业生产科技化、农业质量高标准化、农业效益高效化的现代化农业品牌。乡村振兴战略需要农业现代化发展的有效支撑，具体来说需要建立农业科技创新的现代化生产体系。构建农村科技创新体系实现农业生产发展突破的重要举措，需要兼顾宏观原则与微观原则。

一、宏观原则

（一）贯彻落实国家重大战略导向的原则

提高全面小康成色的关键在农村，其中农业科技创新作为农村发展的重要推手，起着举足轻重的作用，因此必须践行国家重大战略导向原则，在“十四五”期间真正落实农业科技创新规划。“十四五”规划作为当前国家重大战略部署，在巩固“十三五”期间农业农村科技发展所取得的重大成就基础上，对农业农村科技创新体系建设提出了进一步的总体指导。政府与社会各界都高度关注农业科技创新工作，为此亟待进行科学缜密的规划工作。整体说来，我国已经在农业科技创新工作上取得了一系列卓越的成就，农业科技创新能力正在稳步提升，农业科技发展体系逐渐转入攻坚期。

在新时代背景下，构建农村科技创新体系需要与“十四五”等国家重大战略规划保持高度一致，坚持服务国家重大战略导向的原则。“十四五”期间，运用农业科技创新平台力量助力农业发展方式的转变，提高农业生产效率及市场竞争力，实现农业增效、农村富裕和农民增收，是现代化农业发展的需要，也是契合乡村振兴战略目标的现实要求。随着乡村振兴战略的深入开展，农业振兴更加需要产业结构升级的推动，其关键在于构建农业科技创新体系，凸显农业改革的科技性与制度优势，打造现代化的农业生产链。由此，必须不断推动农业转型。

此外，农村科技创新体系建设的要求与原则必须与国家层面的“生态、科技、现代、高端”的战略性发展目标相契合，按照农业发展的功能分区和因势利导原则，坚持“科技化、规模化、标准化、机械化、产业化”的要求，构建农业高端科技产业布局，形成以现代化农业科技产业为主的农业改革之路。

（二）贯彻落实国家农业科技创新目标的原则

无论是我国农业现代化的发展要求，还是迈向世界农业转型之路的目标，均需要构建生态型的农业产业，因此加强农业产业结构调整刻不容缓。其中，农业现代化程度不高是阻碍我国农业发展的核心问题，而科学技术在农业生产中运用比例较低也正是阻滞我国农业现代化进程的重要原因。长期以来，我国农业发展的各主体之间缺乏协同合作，难以将有限的科技资源整合起来。因此，应统筹协调多方主体力量，整合各个主体的优势资源，协同各方力量构建农业科技创新体系。为此，首先，需要在各多元主体之间建立合作沟通机制，建立资源的共享平台；其次，在构建农业科技创新体系中，确定各主体之间的功能分工与责任。同时需要开放农业科技协同创新思路，建立农业科研创新—成果转化—生产运营等程序链的创新之路①。

（三）贯彻落实农业科技体制改革的原则

良好的科技制度环境与政策环境是确保农业科技创新体系良性发展的重要

① 刘宗敏，刘强，汪闵，等. 2016. 农业科技协同创新机制构建研究[J]. 农村经济与科技，27（3）：11-12.

保障。对此，需要在党和政府的统筹规划下，建立政府相关职能部门与地方政府、企业的联动机制，打造多元主体的资源共享平台，实现资源的有效整合与信息的快速共享，构建农业科技创新体系中多元主体协同运行的格局。同时，农业科技创新机制的深入改革对激发科技创新活力提出了更高的要求。农业科技创新机制的改革必须坚持“问题导向、体制改革、科技创新”，建立“以问题定任务、以目标建团队、以团队促改革”的现代化农业科技创新机制。为此，加快建立“稳定科技创新目标、团队、财政支持，激发科技创新机制”的农业科技创新的机制，创建分级分类相结合的差异化农村科技评价体系，建立与科技财政持续支持和适度竞争相协调的农业资源分配机制均至关重要。此外，农业科技创新体制的深入改革能够极大地激发创新型农业人才将主要精力由“写文件、跑项目、讨经费”向“找问题、组团队、设创新”的积极转变，实现农业技术问题与任务对接、科技创新与农业产业对接、科技人员贡献与考核绩效挂钩，由此真正激发科技创新人才对于乡村建设的热情，真正推动农业科技成果向实践的转化。

（四）贯彻落实扩大农业科技国际视野的原则

国家涉及农业的重大战略包含“一带一路”倡议和农业“走出去”战略，意味着我国农业科技创新体系的建设不能局限于国内，更需要将眼光放在国家发展战略及国际全局视野中，构建农业生产的现代化国际链条，建立与我国国际地位相匹配的农业科技地位，最终达到我国建立创新型强国的战略目标。科学技术是农业的第一生产力，也是农村企业的核心竞争力。新时代背景下，国家“一带一路”倡议的持续推进，意味着必须尽快调整我国农业发展模式，进行产业结构升级，以完成农业现代化的乡村振兴目标。无论是从国内民众对于农产品的需求角度来看，还是从农产品走出国门参与国际农业市场竞争的角度来看，都要求我国尽快提升农业生产效率，提高农产品质量。换句话说，我国成为出口导向型国家，农业改革必须坚持外向发展道路，落实农业科技创新的国际合作思路，打造贯穿全球的农业生产网络①。

当前，我国已不再是传统的进口导向型国家，也正在不断加大出口量，意味着国际合作成为发展的必然趋势。在“一带一路”倡议引领下，农业正不断向外发展，农村企业也正相继走出国门。为此也需不断加强与西方农业科技强国的合作，吸纳前沿的农业科技，同时拓展我国农产品市场，为农业“走出去”战略的顺利落实建立强大的科技基础。

① 李经纬. 2017. 西北地区与丝路前段国家农业科技合作模式研究——以农业企业走出去为视角[D]. 杨凌：西北农林科技大学.

（五）贯彻落实农业全产业链价值导向的原则

打造具有中国特色的农业发展之路要求我国农业发展必须立足国家农业产业发展战略，树立农业科技创新意识与前瞻性视野，大幅提高我国农业产业的科技应用比例，构建完善的现代化农业产品的产业生产链及服务链，形成极具规模和影响力的农业产品效应。但当前我国乡村农业发展依然以小农经营模式为主，带来农业附加值低、标准低、安全性较低，以及农产品科技创新的含量低、信息化程度低、抵御风险能力低、现代化程度低等问题。这种典型的传统农业生产模式导致农业经营者难以与市场用户产生有效互动，同时，缺乏对市场差异的专业化定位和组织化的生产，导致农产品的溢价无法实现，即使有利润可得，农民也无法从农业生产的价值链中获得额外的效益与回报。此外，农业经营的相关企业基本上各自为政，农产品单一、生产渠道单一、资金渠道单一、科技创新投入资金普遍缺乏等问题仍然较为严峻。

现代化农业全产业链必须涵盖农业生产到农产品进入市场的全过程。因此，在这样的生产链模式要求下，农业生产不仅需要适应当前社会的发展要求，即以市场用户的消费为生产的原始目标，同时在农产品产出之后，也需要与农业企业进行协作，构建符合农产品发展导向的市场，完善产品物流与信息网络运行机制，从而实时掌握产品流向，并根据相关信息进行供给策略调整①。图 7-1 为“科技农业+主导企业”的全产业链融合模式。农业全产业链在产品理念上具有极大的领先优势，无论是从农产品的生产环节，还是从农产品的市场销售环节，均强调以社会大众需求为导向，不断根据大众对于农产品的消费喜好进行相关产业的动态调整，最终达到现代化一体信息传递模式，从而完善农业产业的科技链。因此，助推农业科技创新体系建设，必须坚持提升农业全产业链价值的原则。

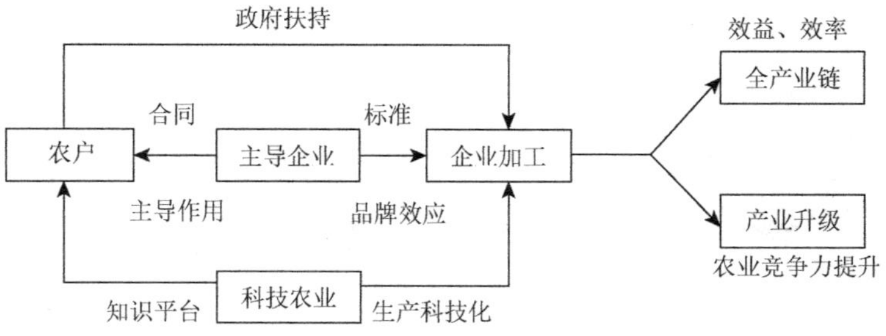

图 7-1 “科技农业+主导企业”的全产业链融合模式

① 魏晓蓓，王淼. 2018. “互联网+”背景下全产业链模式助推农业产业升级[J]. 山东社会科学，（10）：167-172.

二、微观原则

从世界各国构建现代农村科技创新体系的经验和模式来看，都凸显了政府作为主要责任主体的领导地位。总的来说，我国农村科技创新的水平和能力均落后于西方发达国家，关键在于国家的重视力度不够与资金难以到位。而在乡村振兴战略和科教兴国战略的主导下，我国正在不断加大对农村科技创新体系建设的支持力度。这意味着如何有效地建设农村科技创新体系将成为相当长一段时间内的农村工作重点，如何在政府主导下，统筹协调各方资源，出台有利于农村科技创新的政策文件，成立农村科技创新的专项资金，构建一套囊括资源、人才和多方主体协调沟通的共享平台成为关注焦点。当前，构建农村科技创新体系的发展模式还有待商榷，但是总体上需要具有创新精神，并不断强化三种属性：第一，进行农业科技创新多元主体协调、农村科技创新人才培育及农村科技创新资金整合的社会化探索；第二，在乡村振兴战略实施背景下，提升乡村产业发展的战略地位，完善城乡一体化的产业结构升级；第三，凸显社会化与市场化导向的农村科技创新改革模式，开放与地方特色产业企业相联合的模式机制①。在这样的背景下，打造农业科技创新体系，必须坚持政府引导和市场机制相结合原则、可持续发展原则和科技兴农原则②。

（一）政府引导和市场机制相结合原则

当前中国社会正进入深化改革期，农村科技创新体系建设必须紧跟新时代的步伐，在凸显政府对于乡村振兴的核心引导地位时，同时兼顾社会多元主体的协同作用，强调社会力量在建设农业科技创新体系中的灵活作用，提升农业科技创新资源在各主体间的流动与共享，形成社会合力型的农业科技创新体系构建模式。在农村科技创新能力不高和水平不足的背景下，也相继带来农业发展产能过低、农产品的生产难以满足社会的需求等现实问题。进一步深入分析可知，这些问题本质上是由传统的城乡二元结构带来的制度体制问题，从而出现低水平的农村科技创新体系及零散化的农产品生产模式。随着新时代社会转型期的到来，传统的农业发展模式已不符合社会进步的政策环境及人民对美好生活追求的社会环境，因此需要对于农业产业发展结构进行调整，同时重新审视农业产业的战略定位。

---

① 戴起伟，曹静，凡燕，等. 2010. 构建新型农村科技服务创新体系的思考——以江苏省为例[J]. 农业展望，6（8）：54-58.

② 林树文，陈文静，曾玉荣. 2011. 福建省新农村科技服务创新体系模式构建及对策措施[J]. 江西农业学报，23（12）：184-187.

必须加快农业科技创新体系的建设，并且始终贯彻落实政府主导和市场机制相结合的原则，为乡村振兴战略目标的达成奠定良好的科技环境。

综合上述分析，我国农村科技创新体系的建设关键在于制度环境的改善，强化对于农村产业发展的制度重视和政策支持。为此，理应加强农村科技创新的政策法规制定工作。在政府主导下，形成一套公平科学的科技创新制度，同时充分调动资源，保持足够的敏感度，及时对农产品市场的变化做出相应的政策调整。对于社会流动化程度越来越快的现实情形，政府必须保持科学的全局意识，充分认识农业生产的规律，建立与市场相匹配的生产链及销售链。农业科技创新体系的政策环境在于稳定、合作、多元化，即凸显政府的核心主导地位，同时也需要引进市场的竞争机制来强化农村科技创新体系①。在此基础上，政府主导下的农村科技创新体系建设将会极大强化资源整合的优势，凸显社会主义制度的优越性，同时兼顾市场机制的灵活性与资金运用的高效性，为构建农村科技创新体系建设增进制度自信与市场优越性，真正实现农业现代化改革的乡村振兴目标。

（二）可持续发展原则

农村科技创新体系的构建不是一成不变的，必须与时俱进，同时持续稳定地发挥乡村振兴战略的作用。这也是依托科技力量提高我国农业发展生产力，促进我国农业产业兴旺繁荣，实现我国生态农业发展战略的核心途径。农业科研机构在农业科技创新体系建设中主要发挥研发主体作用，同时地方农业企业成为农产品生产与销售的主体，而中央政府和地方政府则在农业科技创新体系建设中扮演了资源整合与资金投入的主体角色。为此，在构建农业科技创新体系中必须充分考虑上述三方主体的协同分工效应，并促进科技创新工作的长期开展。相应地，也可以促进我国产业振兴工作的持续推进。在这一政策指导下，必须始终坚持农业生产的可持续发展原则。一方面，农业科技创新体系的建设有助于促进粮食稳定发展和农民持续增收。粮食稳定发展是新时代背景下我国农业改革的核心要求，粮食的稳定发展及农民的持续增收，从战略角度看则能形成我国农业的健康发展结构。然而当前我国在这方面还存在很多问题和不足，因此还需通过不断改进和完善农业科技创新体系的建设来进一步提高农业产量，最终保障农业生产的效益。也只有借助农业科技创新的研发，才可以真正改善农业生产的效益，从而实现农民持续增收的乡村振兴的战略目标②。另一方面，加快农业科技创新体系的建设也是实现农业农村经济可持续发展的科

① 崔慧霞. 2013. 农业科技创新中的政府作用[J]. 农业经济，（4）：3-5.

② Xi M Z，Smith S P. 2014. Simulating cooperative fire evacuation training in a virtual environment using gaming technology[C]. Virtual Reality.

学途径。我国农业发展面临极大的生态环境压力，必须发挥科技在产业结构调整中的巨大优势，以及强化农业科技运用在保护生态环境上的战略意义，完成农业发展的生态循环产业链，不断提高农产品的质量和利润，真正实现农村经济改革的可持续发展目标①。

（三）科技兴农原则

随着新时代社会改革的现实要求，农村产业的改革也提上了政府议程，而其核心正在于农村科技的运用。因此，为了真正提高农业发展生产力，必须始终坚持科技兴农原则，对农业高等院校和研究所的科技研发项目给予大力支持，重视对农业科技创新资源的开发与利用，提高农业科技创新的成果转化率，实现科技农业的可持续发展。

在相当长的一段时间内，我国农村科技创新体系建设水平较低，带来较多发展问题。我国农业科技创新性不强，包括新品种、新技术的更新速度太慢；农业新技术推广面较窄②。因此，构建农业科技创新体系，必须始终坚持科技兴农的原则，具体落实以下几点：第一，需要加快思想观念的转变，通过多种信息平台提高科技在农业生产发展中的运用认知，将农业科技创新能力的地位提升至乡镇农业发展的核心位置；第二，加强农业信息网络建设，畅通农产品市场渠道，为农民搭建与社会各界人士沟通的桥梁，及时提供农产品市场的销售情况；第三，作为现代化农业发展的基本要求，必须强化国家对于人才培养的战略实践；第四，推动农业科技创新体系的长效机制建设，形成稳定的科技创新平台；第五，作为可持续发展战略的重要要求，必须为农业科技创新人才与生产实践的密切联系提供稳定的机制保障。

总之，构建农业科技创新体系，必须在宏观原则的指导下，兼顾微观原则。当前，国家层面的乡村振兴战略离不开农村的现代化改革，而农村科技创新体系是农村现代化改革最强有力的支撑。农村科技创新体系的建设与实施必须以提高农业生产力为现实基础，以真正提高我国农业的综合国际竞争力，突破农业资源和市场的双重制约。总之，只有不断加大农村科技创新体系建设的能力和水平，才能保障我国农业的健康与长效发展。

第三节 构建农村科技创新体系的思路

作为乡村振兴战略的重要实践，农业转型成为重要的改革诉求，在实现“农

① 刘赛. 2017. 加快农业技术创新促进我国现代农业发展[J]. 农民致富之友，(11)：250.

② 李慧琴. 2018. 大力推进农业科技促进农村经济快速发展[J]. 财经界，(36)：8.

业强、农村美、农民富”的战略目标中，良好的农业科技基础发挥着坚实的引领作用。农业科技基础的建设以农村科技创新体系的构建为载体，必须依据明确的战略目标与基本原则制定清晰化的工作思路，包括从宏观政策层面进行调控的整体工作思路，以及从微观落实层面开展指导的分环节工作思路。

一、整体工作思路

（一）农村科技研究开发体系建设的创新

积极创新我国农村科技研发体系建设，有助于真正发挥农村科技创新的价值与作用。因而，要真正有效地推动各项建设工作持续开展。第一，将农业科技创新机构的分类改革、分层改革和区域农业科技资源的整合升级予以统筹，逐步构建分工协作、凸显比较优势的农村科技创新研究开发体制。将农村科技创新机构分为三类，分别采取相应的方式予以改革：即将具备市场竞争的社会科技创新组织和机构变革为专业的农业科技创新企业；可以将地方相关科技产业服务机构拓展为企业化管理体制；将以基础性、公益性为主的农业科技创新机构，在优化结构、人才分工、转变机制的条件下，按非营利机构予以运行。同时在分类改革的基础上，加速推进基础性、公益性农业科技创新机构分层改革的步伐，构建层次性与区域性相结合的农业科技创新研究开发新体系。此外，根据因地制宜的开发原则，跨区域的农业公益性科技研究开发机构，可依据综合性和专业性两方面配置，与区域农业科技资源的优化重组相统筹。

第二，升级改造农村民营科技企业和农业科技中介机构的社会环境，加快建立适应农业市场竞争力的企业化科技研发体系。积极支持产权清晰、运行规范的新型农业科技创新企业，形成长效化的稳定机制，整体培育企业化的农村科技创新研究开发体系。首先，倡导政府及企事业单位的科技人员创办农村科技企业，参与农村科技开发及将创新技术转为农业成果的研究。其次，支持各类促进农业发展的科技型企业的研发工作，政府需要利用专项财政基金积极扶持金融机构，增多对新型农村科技创新组织的资金投入。再次，不断深化农村科技创新企业群改革，凸显前沿科技研发优势，发挥地方特色农业产业区域示范效应。最后，鼓励社会大型企业以需求为导向投资农业科技中介机构，在改革开放的福利共享阶段，这将是使我国农村科技企业成为乡村振兴战略实施过程中实现农业现代化目标的主要方式。由此，构建农村科技创新体系的服务模式，即以农村科技创新能力的提升为立足点，大力推动企业的农业科技研发，依托农业市场对于农业科技的需求而开展科技创新，为农村经济的发展提供现代化服务[①]。

第三，始终坚持政府在农村科技创新体系建设中的主导作用，发挥政府在政策支持和资源整合方面的巨大优势，为农村科技创新体系建设奠定良好的制度基础。实践中发现，政府对乡村振兴战略的实施主要以项目制的形式开展，因此为配合政府部门的相关工作要求，农村科技创新领域的社会力量也应不断加强自身能力建设，以在项目制中贡献自身对农村科技创新领域的力量为使命。

第四，农业现代化目标的具体落地，需要强化对农业科技创新企业的政策优惠，鼓励地方乡贤积极投身其中，以科技项目的形式获取国家的政策资源。农村科技创新研发机构既不是政府行政单位，也不是完全脱离于政府部分的监管，是在政府相关部委机关统筹下管理的科研机构。众所周知，美国作为世界上最为发达的国家，其科技创新能力和研发水平均位于世界第一，而其体系的建设也是得到了美国政府政策和财政的强力支持。因此，农村科技创新体系的建设离不开政府的全力投入，同时与农业产业发展政策、科技机构的运作模式及社会多元主体的资金支持密不可分[②]。

（二）农村科技创新推广体系的完善

第一，凸显政府在优化农村科技创新推广体系中的主导地位。农村科技推广具有资源共享的特点，因此难以精准实施技术市场化和产权明晰化的界定，这也意味着政府在农村科技创新推广平台的建设中有着十分重要的调节作用。而非政府类的农村科技创新推广组织往往力量有限，一般情况下不愿意参与公益性农村科技项目。另外，市场很容易淘汰竞争力较弱的社会科技创新组织，其培育与发展是一个漫长的过程，而在此期间，政府应在农村科技创新推广体系的建设中给予宏观指导。因此，政府需要加快建设和优化农村科技创新推广体系，帮助其顺利度过农业生产体制转型和结构变革的阵痛期，这也是乡村振兴战略的应有意蕴。

第二，积极发展以农业高等科研院所为中心的农村科技创新推广体系。发挥农业高等院校与农业科研机构的科技研发引领效应，形成市场推广效应。此外，农村科技创新的推广不是单一主体的责任，需要在政府强化责任意识的同时，积极拓展市场化渠道，吸引更多掌握现代化农业前沿科技能力的人才，形成制度化的长效推广机制。为农业科技创新体系的多元主体协同平台提供正式的制度渠道是政府部门的重要职责，也是更高效地发挥人才、技术、市场等多方优势的重要

① 陈惠，唐明霞，宋居易，等. 2016. 农业科技中介体系的发展问题与对策——基于科技创新角度[J]. 安徽农业科学，44（15）：247-249.

② 崔慧霞. 2013. 农业科技创新中的政府作用[J]. 农业经济，（4）：3-5.

保障。地方各级政府应落实农业科技创新政策，并对其给予大力资金支持，建立人才队伍与资金投入机制，积极同农业高等院校与农业科研机构合作，签订人才下基层的协议，提高农业科技推广队伍整体素质[①]。

第三，凸显农业科技创新体系建设中典型产业的发展优势，建立世界级的农业科技创新产业园。我国农业生产科技需求主体（个体农户和乡镇企业）经营的规模小且较为分散，因此农村科技创新推广体系一旦直接与基层的无数农户产生推广链接，就会出现农业科技推广市场交易成本高、推广难度大的问题，最终带来农业科技供需不匹配及难以满足农户需求的问题。此外，农村科技创新推广体系与经营指导和信息服务链接方面的障碍依然存在，农村科技推广的整体效益难以提升，农业科技推广向农业推广的转型也就难以达成。强化农业科技创新示范效应，倡导农业科技创新机构、企业、个体农户积极开展规范化体系建设，促使形成农业科技人才和农户的培训基地，这一尝试还可以成为农村产业结构优化和农业经营模式现代化改革的创新举措，以此为立足点，创新农村科技创新推广体系的转型途径。

（三）农村科技管理体系的建设

第一，坚持因地制宜的建设原则，加快保障农村科技创新的政策奖励机制。我国农村具有极强的复杂性与极大的特殊性，必须根据当地的农业产业条件及科技发展阶段，制定与其农业现状相契合的农村科技管理体系。实际上，许多地方的农业生产普遍存在科技覆盖率低的问题，一方面由于政府对于农业产业的投入力度不足，另一方面也与农民的科技创新意识不强相关，基于农业现代化目标的达成，政府需要建立完善的农业科技创新社会环境与制度环境，构建与农村产业结构战略性整合相协调的农村科技创新体系，而政府的政策激励机制能够成为农村科技创新管理体系的催化剂。政策奖励环境的营造与建设，为科技人才向农村转移提供了政策保障，稳固了农业科技创新体系建设的长效发展，为乡村振兴战略的落实打造了坚实的政策基础与人才基础。

第二，积极开发农业科技创新体系的项目制和推广资金的基金制。我国农业科技创新管理体系的建设仍然较为滞后，需要学习国外先进的项目管理经验，总结提炼适合我国农村科技管理体系的现实实践。在农业科技项目运行上，主要从三个层面予以落实：一是涉及民生的农业科技创新核心研究项目，包括农业科技运用的关键性研究、先导性技术研究及受益面较广的农业资源综合利用项目研发。二是采取地区重点产业开发，组织农业实用性科技成果转化机制的实验示范推广

---

① 刘明. 2007. 武汉市农业科技服务体系创新研究[D]. 武汉：华中农业大学.

项目，实现农村科技成果生产的市场化。三是结合不同地区特点的重大农业技术培训项目，包括对农民、农业科技人才、农村科技创新开放机构的政策性培训。通过一定阶段的项目实践，制定符合我国农业改革现状的农业科技创新研发项目制和推广资金基金制。委托具有市场竞争优势的地方科技创新平台参与政府的项目规划，以便更好地运用农村科技创新推广资金，针对项目制与基金制的项目实践，给予充足的资金支持，包括采取市场竞争的方式优化农村科技创新管理体系建设。

第三，优化农业科技创新的资金分配结构，完善资金使用的监管制度。在农村科技创新管理体系建设中，必须合理规划科研资金和推广资金的分配结构，对大课题、大项目和国家级科技单位的资金投入现状进行改革。在政策上扶持地方性的农村科技创新机构、农业主产区和经济结构急需调整的偏远地区，同时对进行农业科技研发的民营企业以及高科技产业给予更多的资金支持，从而从统筹全局的角度优化地方资源分配格局，凸显农村科技创新体系在乡村振兴中的核心战略作用。在此基础上，农村科技创新资金必须遵循科学的产业改革规律，倡导特色产业的战略引导作用，投入资金以发展高科技前沿农业产业。

二、分环节工作思路

依照构建农村科技创新体系的整体工作思路，以提高农产品在国内外市场的竞争力为核心改革点，解决农村科技创新体系建设的公益性、基础性、战略性、前瞻性等重大问题，制定详细的分环节工作思路。主要涉及如下方面：提升农业前沿科技成果转化率，针对国际国内农产品需求进行针对性的科技规划，依托政府各农村科技创新项目，系统合理地布局农村科技创新体系建设的各个环节，形成农业科技产业集群。在乡村振兴战略总目标导向下，引领建设中国特色的现代农业创新之路。

(一) 健全农村科技创新体系

针对我国农业产业发展科技化不足的现状，进行产业升级，主张农村科技创新体系建设的现代化科学布局，兼具创新与实践效应，促进科技力量与农业产业发展的深度融合。

第一，推动农村科技创新体系中多元主体协同力量的发挥。不断深化探索农村科技创新体系建设中多元主体的责任分工，区分与规划好农业高等院校、科研院所及地方性农业科技组织和企业的不同职能。积极成立专门的农村科技创新资金，支持地方性农业科技组织和企业的科技产业研发工作，真正引导和促进多元主体间的有效协同。

第二，推进跨区域农村科技创新示范基地的协同建设。围绕国家粮食发展战略、生态文明建设布局等核心指导思想，以提高农业科技产业的产能为基础，强化农业产业的科技竞争力。力争建立一批具有示范效应的区域化科技特色产业协作中心，重点形成农业优势区域的科技实践基地，达成农村科技创新的现代化多元主体资源共享的发展业态。

第三，完善农村科技成果转化机制的平台建设。在新时代多元社会主体协同治理的社会背景下，构建农村科技创新体系需凸显政府的核心主导作用，发挥其统筹组织优势，健全农村科技创新体系建设的多元主体协调机制和信息共享机制。产学研合作作为现代化农业科技创新体系建设的模式，应不断创新其发展模式，不断壮大协调新型农村科技创新体系建设的多元主体，实现农业科技真正服务于农业现代化改革。

第四，塑造现代化农村科技创新体系建设的稳定机制。随着农村科技创新体系建设的深入，需要调整其实践思路，主张从农村科技创新体系建设向打造服务模式转化，这意味着政府与多元社会主体之间的责任也需要相应的调整。因此，为了形成现代化农村科技创新的可持续发展模式，也需积极塑造现代化农村科技创新体系建设的稳定机制。

（二）培育农村科技创新先发优势

第一，加快落实和部署农村科技创新政策规划与项目建设。首先，凸显农业产业的粮食作物发展理念，落实国家粮食安全战略，粮食增产的科技研发需求随之成为农村科技研发的关键。其次，推动种业自主创新工程。推动农业科技育种项目的实施，根据国家的战略需求及社会大众的粮食偏好，针对性地进行科技研发，形成市场机制主导的多元社会主体协同的产学研科技模式，奠定国家农村科技创新体系的社会基础。

第二，加快农业重大科技难题攻坚进程。面向国家农业市场的重大需求、世界科学前沿的发展趋势，针对事关农业民生的战略项目，强化以创新为核心的国家农业科技研发机制，加快农业生产中的重大科技难题攻坚，争取在国际农业市场中占据制高点。

第三，推动落实农村科技创新现代化建设的支撑架构。既要强化农业生产链的系统化服务的科技支撑，也要强化科技创新对产业发展的支持机制，大胆建设一批凸显地方特色、科技含量高的示范工程，构建具有地方特色的产业发展模式，最终真正发挥农村科技创新的引领核心作用。

构建农村科技创新体系，无论是整体工作思路，还是分环节工作思路，都需要始终契合时代主题，即乡村振兴战略的落实。在加速推进农村科技创新体系工作中，需有效发挥政府的主导作用，强化政府的财政投入，同时需要与地方创新发展的需求衔接，从而构建具有中国特色的农村科技创新体系，最终实现乡村振兴的战略目标。

第八章　农村科技创新体系的多元主体参与

《“十三五”农业农村科技创新专项规划》指出：加强农业农村科技创新人才队伍建设，健全农业农村科技创新人才评价机制，加大对创新人才和创新团队的稳定支持力度。创新公益性农业科技推广服务方式，加快构建新型农业科技推广服务体系，推动科技特派员成为农业科技服务的主体，支持各类社会力量广泛参与农业科技推广服务[①]。

具体来看，首先，政府应在农村科技创新体系中占据主导地位，进行宏观管理、农村科技创新的财政兜底及协调运作。政府主导是为了明确方向、把握创新的脉络。但随着创新工作不断向基层落实，更应激活农村科技创新体系的核心主体——农民的自觉参与，提升他们的主动性和创造性，使其认识到农村科技创新体系的重要性和必要性。重点扶持农民群众的自主创新意识和合作创新行为，并在此过程中提供政策扶持，以促进农村科技成果的转化效率。其次，农业企业在农村科技创新体系中承担创新主体角色，它们亟须政府和农村为其提供广阔的舞台。同时，还需鼓励农业科研院所深入农村基层，在项目立项和实施中充分了解市场前景和农业发展需求。最后，加强农村科技创新体系的重要外部力量——农村中介组织的建设，并充分发挥其外脑作用，使其为农村科技创新体系构建提供重要的外部资源支持。

第一节　激发新型农民的核心主体活力

农民群体，作为农业生产实践、农产品消费的载体，在农村科技创新体系当中扮演着核心主体角色。农民群体既是农业科技成果的消费者和受益者，也是科技成果的实践者和推广者，但他们在农村科技创新过程中往往会面临认知不足、参与度较低、抗风险较弱等诸多问题。因此在完善农村科技创新体系时，务必要将体系中的每一个节点有效串联，统一农民主体的科技创新认知，明晰科技创新的重要性与必要性，并通过相关的政策扶持和技术指导，有效促进农民主体的科技成果转化效率，从而不断提高新型农民的技能和素养，以实现同农村科技创新体系中其他主体的良性互动。

---

① 关于印发《“十三五”农业农村科技创新专项规划》的通知[EB/OL]. http://njxgkjrc.gov.cn/njtechsub/Apps/servplate/index.php?s=/PolicySearch/policydetail/id/110491[2017-06-27].

一、统一新型农民的科技创新认知

农村科技创新体系渴求对科技创新有着清晰认知理解、技术应用熟练的新型农民。统一新型农民的科技创新认知，首先要让他们能够预见到农村科技创新可以带来实惠和收益，激发他们参与农村科技创新体系的行动自觉；其次通过逐步引导，让农民主体逐渐适应农村科技创新体系的运作路径，以加深他们对农村科技创新的认同。

推广农村科技创新体系，首先面临的是农民主体较单一的知识结构和较传统的观念，以及其无法及时有效地认同科技创新带来的改变。而农民素质高低决定着其参与农业生产的效率，进而影响着农村科技创新体系的建设乃至创新成果的应用转化。因此，农村科技创新体系的建设不仅仅是物质资源上的量变到质变，也是对于人力资源的培育和升级。

经济发展程度影响着教育资源的配置，城市地区的教育资源普遍集中，农村地区的教育资源则相对落后；加之农民生产、生活较为分散，有限的教育资源获取也相对不易，且农民的收入水平也尚不足以支撑其过多的教育投资。以上因素导致了农民的科技文化素质和科技创新意识处于低点，在一定程度上影响了农村科技创新体系的建设和推广。因此，首先，政府部门应当重视对于农村科技创新和农村科技创新体系的宣传、指导工作，采取科技下乡入村、到点到户统一培训的方式进行指导，同时还可以提供专人授课进行一对一指导，向农民群体普及科技创新的实用性和可获益性，提升他们的科技创新素养，激发参与的积极性；其次，政府应通过政策倾斜对愿意接受农村科技创新的农民群体加以培训，并提供用于农业新技术投入生产的财政补贴、低息甚至免息贷款等优惠政策，以保障最大限度的技术、资金、政策扶持。此外，树立新型农民应用农业创新技术增产增收的典型案例，能吸纳更多持有观望态度的农民群体，认同农村科技创新体系带来的真正实惠。在此基础上，实现农村科技创新体系由点及面的不断拓展。

二、加强新型农民的分类教育培训

统一新型农民的科技创新认知不仅应针对他们思想观念认知上的改变，也应当通过农业教育机构开展多领域、多层次的分类教育培训，提高农民科技创新能力。进行新型农民的培育工作，有助于提升其接受新知识、掌握新技术的基础，并有助于让他们在具体的生产实践中发现困难、定位症结，并在专业人士的指导下加以解决，甚至可能在此基础上实现农业科技的创新和进步。

分类教育培训意味着针对不同的农民群体开展针对性的教育培训，主要由三种类型构成：以基础教育为导向的九年义务制教育、以技能培训为导向的农村职业技术教育、以农业科技推广为导向的农村成人培训。且后两者是推动落后地区发展农村科技创新的重要手段，也是解决农村劳动力过剩的关键环节，因此必须摆在更加突出的位置。

（一）农村职业技术教育

针对较为落后的农村地区，应集中力量发展农村职业技术教育，可以在一定程度上保证农民群体的后代能够积累一定的基本文化素质，以此为突破口进行后续的实用技能培训工作。相较义务制教育而言，农村职业技术教育更具针对性和实用性，可以充分发挥农业大中专院校、职业技术学院等“教学+实践”的指导方式，借助新媒体进行科技信息的传播、知识的普及、经验的分享及技能的传授，培养出一批有利于农村科技创新的中坚力量，让他们既拥有扎实的理论素养，又掌握可操作性的实践经验。农村职业技术教育的主要目标即培育一批懂理论、会技术、能实践、知管理的新型农民，因此，其设立和发展要形式多样，并不断创新培育机制，围绕当前农村科技创新的具体需求设立学科体系，开展理论同实践紧密结合的学习课程，为农村科技创新体系培育大量新型农民。

首先，在农村职业教育的教学对象选取上，应重点面向农村初高中毕业未能进入大学学习的学生，回乡青年农民也应纳入教学范畴，重点为他们提供农业种植、畜牧、经营管理等方面的职业技术教育。学费可以通过政府补贴、助学贷款等方式降低入学门槛，职业技术教育的推广，一方面可以解决个人的生计问题，另一方面也能够配合农村科技创新体系的建设和推广。此外，职业技术教育还可以采用激励措施，吸引优质的学生前来就读，鼓励专业的教育人才指导工作。

其次，在农村职业教育的学科建设上，应重视农业职业技术院校同具体生产机构的协作，完善职业技术教育的学科体系，有针对性地建立健全符合农村科技创新体系建设发展需求的学科和专业，让农村职业教育的学生及时接触生产部门，了解具体实践情况，提升其在产业发展需求方面的适应性，尽快投入农村科技创新体系的发展建设当中去。

最后，在农村职业教育的教学方式上，不能盲目地以高等院校为蓝本进行效仿，而需围绕农村的优势产业、市场需求、发展前景进行慎重考量，紧密结合教育和产业、学校和农业企业、专业和岗位、教学和生产等重要因素调整教学模式，完善农村职业教学的理论与实用并重，基础教育同市场前沿接轨。可以通过老师带队、学生参与组建科技下乡的项目组和服务分队，搭建培训基地，通过实验、实习等多种教学方式充分开展多层次、多渠道、多形式的职业培训和科技推广，培养一批理论知识扎实、职业技能熟练、运营管理较强的农村科技创新复合型人才。

（二）农村成人培训

农村成人培训以农业科技推广为导向，相较于义务教育和农村职业技术教育，其不具有强制性，约束性较弱，因此，应当考虑的是如何有效吸引农民群体参与培训，并从中获取到有用的信息投入农村科技创新实践中。而农民一方面需要具备一定的农业生产和科技创新素养，另一方面他们又缺乏可以参加的培训课程，基于此，政府应当出台相关的政策文件，大力开展多领域、多渠道、多层次的农村成人培训扶持，例如，采取农业技术讲座、科技咨询、技能培训、函授及夜校等方式培训，鼓励农民参与其中，并为其颁发教学证书。具体而言，对于不同的农民主体，应进行分类培训。

首先，重点培养一批能够带头示范的新型农民。由于农民在风险未知和短期内无法获得收益时，对于农村科技创新的接受和使用会相对保守，因此，农村成人教育需要筛选出一批具有科学文化素养和学习能力较强的农民群体作为专业户、示范户开展试点培训，以他们为代表的新型农民，是农村科技创新体系的重要节点。本地的农村带头人，在农民群众心中富有威望和号召力，他们对于农村科技创新的吸纳和转化更快，且在农民群众中更具信服力，可以带领其他农民主体将农业科技应用于具体的生产实践中。推进示范户、示范村、示范乡的有效建设，进一步拓宽县、乡、村三级的基层技术推广网络，使农民群众通过科技成果的推广真正获取实惠，提升其学习热情和参与态度。

在培训方式上，不宜过于呆板生硬，应不断改进培训方式方法，通过通俗易懂的语言或者材料，将枯燥晦涩的理论加以提炼。在讲解过程中应用案例、教具的实操，使接受培训的农民能够通俗易懂地掌握技术精髓。总而言之，培训要符合农民群众的文化水平、接近他们的思维模式与生产实践。培训不用人人覆盖，可以选取农村中有文化、懂技术的代表参加，并逐级教学反馈推广，经过培训后的他们再回到所在区域向下进行培训。针对学习难度较大的培训，还可以安排技术人员跟踪入驻到村，及时反馈技术使用中的难题，帮助农民解决问题。除了常规的授课培训外，也可以利用电视、广播、互联网、电化教育、函授教学、科技培训直通车、乡村图书馆、电话及短信等手段，搭建起线上线下互动的培训体系。

针对发展成熟、具有代表性、示范性的新型农民，可以根据农业产业结构调整和农业产业化经营的需求将其培养为农民企业家。在培养方面则需要有所调整：从技术导向转为管理经营导向，重点提升他们的规模化经营管理能力，培养企业家精神。经过培训的农民企业家在政策、资金、服务扶持下，不仅可以起到带头示范作用，还能够带动其他农民增收致富。

其次，着力培养一批发挥骨干作用的农业技术员。相比于起示范带头作用的新型农民和农民企业家，骨干农业技术员的职责在于掌握最新农业科技，成为农民同科技人员间的桥梁和纽带。这批农业技术员通过农村科技创新体系中的科技宣传推广工作，为其他农民群体提供技术上的支持和帮助。骨干农业技术员是农村科技创新体系技术推广的"最后一公里"，因而要推进农业技术员培训的常态化，以此不断更新他们的知识结构和专业技能，以便更好地为农民群众服务。同时还要加强农技推广人员的思想政治教育，以提升他们服务的态度和责任心。此外，农业技术员的福利待遇和职称评定也要与之挂钩。对于服务态度积极、农民群众反馈效果较好的农业技术员予以褒奖，且职称评定向基层地区、艰苦地区倾斜，注重工作程度和群众反馈，重点解决农业技术人员的岗位编制，降低准入门槛，通过公开竞争上岗的流动管理制度吸纳优秀人才加入农业技术人员队伍。

最后，注重培养一批农村管理服务队伍。农村科技创新体系除了技术层面的人才队伍外，同样需要管理服务的队伍参与其中。服务队伍可以包括农村基层干部，也可以涵盖农村中介组织的带头人，因此需要运用多种形式手段，围绕农村科技创新体系的服务需求，强化农村基层干部对于农业政策法规的认知，学习农业治理和民主管理的流程与方法，提升他们的管理服务能力。对于农村中介组织的带头人，培养则应另有侧重，他们作为连接农民与市场、企业的纽带，需要提高法律法规意识与市场观念，既能够为实现农村中介组织自身的发展壮大努力，又能够为农民群体提供准确有效的中介服务。

三、促进新型农民的科技成果转化

农民在经过思想认知的统一及科技创新培训之后，关键点在于如何有效提升新型农民应用科技创新的成果转化率，具体可以从三个方向展开：项目管理、指导监督、风险规避。

（一）项目管理

农民对于农业科技成果的应用可以是原有农业生产中的技术改良，也可以是新品种的培育。无论是何种科技成果的应用，通过严格的项目立项及评估都可以基本保障项目的后续落实。首先，让农业技术员或者相关专家评估该农村科技创新项目是否具有理论基础和实践条件，即项目的可操作性，并考察农民的种植能力和当地开展项目的自然条件，对技术存疑的地方进行反复论证，以达到实施过程的切实可靠。其次，需要让农村中介组织和农业企业判定项目的市场价值，即项目能否满足市场需求，针对低值、无需求的项目应予以修订或淘汰，避免出现为创新而创新，有投入无回报的结果。

（二）指导监督

通过评估论证的项目就可以进入实施阶段，但受限于农民群众的文化基础和能力素养，加之农业企业的创新能力相对有限，政府在项目实施过程中依旧应扮演重要的指导和监督角色。政府可以帮助农业企业和农民群体重点解决农业产业化中面临的农业技术对接和转让、农业技术推广、农业产业资金来源等一系列重要问题。监督角色则是督导农村科技创新项目实施过程中的主体责任落实，是否存在违法违规行为等，并针对项目实施情况进行跟踪和定期评估，以判断是否对项目进行持续扶持。

（三）风险规避

在市场经济条件下，传统小农经济下的农村科技创新往往面临着较大的潜在风险，新技术、培育新品种的风险都需要农民群众独立承担，但抗风险能力过低而导致的科技成果转化失败的案例会加重农民群众对于采用新技术的担忧和抵触，极大地阻碍新科技的发展和推广。在农村科技服务体系中，农民群众不用再单打独斗面对复杂多变的市场环境，而可以在农业企业的资金支持、农业专家的技术指导、农村中介组织的管理服务下尝试新科技、培育新品种。主体的增加、环节的增多意味着风险的分散，有利于提升农业科技成果的有效转化。农村科技创新体系中的农业产业化、规模化将过去单一的个体农户、农业企业、农业科研院所、农村中介组织紧密联系在一起，通过利益共享和风险共担，能够有效提升农村科技创新体系的抗风险能力。

第二节　承认农业企业的主体身份

科技的进步可以带来成本下降和利润攀升，进而把利润投入再生产，进一步实现更多的科技创新，这种良性循环也同样体现在农业企业的产业化经营过程中。农业企业通过农业产业化方式，集聚了农业生产资料、科研技术、科研人才要素，通过农产品的生产改良、生产流程的升级再造、管理手段的发展创新，为农业产业化带来规模效应。农业企业在农村科技创新体系中的科研、转化、应用、推广全过程中肩负着极为重要的角色。农业企业的科技创新不仅可以有效推动农业产业化，也能够带来农产品从生产到加工、从运输到销售全流程的革新。西方发达国家非常重视农业企业的主体作用，甚至以企业为核心开展农业科技创新工作。而我国农业企业尚处在发展的初级阶段，主体地位不够凸显，尚未能肩负起核心主体角色，但随着农业企业的不断发展壮大，它将会在市场机制的作用下，充分利用生产要素进行组合创新，实现技术创新和利益获取；同时，农业企业的技术革新有利于丰富农产品种类，提升农产品竞争力，促进农民增收，实现农业产业结构的合理调整。而政府、农民、科研院所、社会组织等主体都可以为农业企业的发展壮大起到有效的补充作用。

一、政府为农业企业创新搭建舞台

首先，政府可以通过财政对农村科技创新体系的运行进行财政兜底和政策倾斜；其次，政府可以协调管理农村科技创新体系中各个组织的调动和协作；最后，政府还能健全农业企业的监督网络。而农业企业作为农村科技创新的重要主体，也需要在政府的牵线搭桥上实现同农民、高校、中介组织的有效合作。

（一）强化财政资金投入，拓宽融资渠道

对于大部分农业企业而言，普遍存在资金紧张、抗风险能力弱的问题，他们主要的融资渠道是银行贷款，但小企业放贷难度大，同时贷款利息居高不下，会给企业造成不小的负担。作为地方政府应当充分认识到农业企业在农村科技创新体系中的重要性及其面临的融资困境，因而需要增加政府对于农业企业的科技创新投入，同时规范各级政府在此过程中的责任划分。地方政府需要持续加大财政对于农业科技创新的扶持力度，重点投资主导产业、打造优势品牌。一方面，通过财政倾斜将现有的资源加以整合，对现有的优势项目进行科技研发支持，其关键在于建立政府引导投入、农业企业主导投入、社会力量参与投入的多元化投入机制，具体而言即需要通过地方政府规划出台政策文件，探索鼓励推进农业科技创新的政策办法，将金融领域同科技领域紧密结合，引入社会资本和风险投资基金的共同参与，进而提升农业优势产业技术水平，优化农业产业结构。另一方面，针对参与农村科技创新体系的企业进行税收优惠和政策倾斜，为其解决后顾之忧，使其更加持久地投入科研创新和成果转化当中。政府可以通过调研农业企业的资质和运营情况，予以评价打分，针对资质尚可和发展前景较好的农业企业，优先办理适当的贷款，针对建立初期还贷能力有限的企业可以放宽年限，贴息贷款降低利率，解决农业企业用钱难问题，使农业企业更加专注于农业科技研发和成果转化，以推动农村科技创新体系的不断完善。

（二）完善公共服务平台

农业企业的有效运行得益于自身的发展状况和配套的外部环境，其中公共服务平台是典型的针对性配套设施，它能够为农业企业的技术开发、创新实践、成果转化提供有效的支持。而农村科技创新体系中的公共服务平台建设较为滞后，影响农业企业的信息获取、人才队伍建设、科技成果推广转化。

为此，政府可以搭建公共服务平台，主要职责在于订立农业科技创新的行业标准，明确技术规范并减少标准不匹配带来的闲置浪费和无序竞争；配置农村科技创新体系的创新资源，以实现科研设施的最优利用；开展农业科技创新信息咨询，共享前沿资讯，便于农业企业根据政策动态进行策略调整；引进农业科技创新人才，加强培训和就业推荐，满足农业企业的用人需求；协调农业企业和高校科研院所进行联合技术攻关，重点解决基础性、关键性技术难题，协助对接供需双方进行成果的转化和转让，降低信息不对称带来的交易成本。此外，在农村科技创新体系公共服务平台建设初期，需要政府持续的专项经费兜底和政策扶持，以保障机构的平稳运行。随着机构运作逐渐进入正轨，政府应逐步弱化投入力量，优化融资结构，通过多元化、多渠道、多层次进行平台建设经费的筹措，使机构通过服务的深入拓展来实现组织的自给自足。

（三）加强农业企业监管

加强农业企业监管可以考虑通过信用体系建设，来明确企业的财务状况和抗风险能力。具体而言，政府可以委托第三方评估机构，对农业企业的关键信用数据进行收集整理，构建起农业企业的信用评估体系，掌握企业的财务行为及融资活动，同时将评价数据反馈给监管部门和农业企业，减少信息不对称和道德风险，从内外部共同促进农业企业的健康有序发展。一方面可以让监管部门真正掌握企业的财务状况，便于针对性地调整财务政策：对于运行有序的农业企业继续扶持，而减少甚至放弃扶持无序的农业企业。另一方面农业企业根据评价结果进行自查，明确现有的问题和不足，加以及时改正以满足监管部门的要求。

二、农村为农业企业创新提供平台

有了政府的财政兜底、政策倾斜、平台服务、监督管理的保障与监管外，农村则可以为农业企业提供具体生产实践中的协助。

（一）发挥特色产业优势，奠定创新基础

农村应发挥自身特色产业优势，让农业企业能够借助农村的特色产业加以深耕。农业企业应围绕农村传统的支柱和优势产业，提速产业融合，重点提升农业产业创新驱动发展能力，全面增强科技在农业产业流程整合中的主导作用。挖掘产业的潜在价值，并针对性地完善农产品生产，实现特色产业的优化升级，提升市场竞争力，为农业企业的科技创新带来更大的空间。

（二）推进土地流转，支持农业集约化生产

除了特色产业的协助外，推进农业集约化生产也能够帮助农业企业迅速完成现有农业生产资源的整合。农业企业的园区搭建、原料获取、产品研发和中试放大均需要大量土地资源来支撑。农业集约化生产也意味着需要有效推进土地流转，而农民对于土地流转的抵触及现有补偿政策偏低都是阻碍因素，所以农村应积极配合农业企业的集约化生产需求，发挥企业的影响力和竞争力，为农民展示集约化生产前景，激发农民对于土地流转的积极性；农业企业则可以通过长期租赁、联营、农户入股等合作形式获取土地的经营权，实现资源的优化配置。

（三）全环节参与农业企业的科技创新

农业企业在产前、产中、产后的三个环节当中，均需要其他主体的通力协作。农村兼具需求方和供应方的双重角色，将全环节参与农业企业的科技创新。

在产前，农业企业需要深入调研市场需求，而农村则可以为农业企业提供生产状况、生产难题、市场销售状态等重要基础信息，为农业企业节省大量的调研成本，便于其确定需要创新和转化的技术方向，进而有效对接需求方和供应方。在生产中，农村可以为农业企业提供实验环境和场所，便于其进行试点和中试放大等具体操作，在实验基础上不断改良技术、做好衔接。在产后，农村可以为农业企业生产的农产品进行技术推广，同时还可以对农产品的使用情况加以反馈，帮助农业企业不断改进工艺，提升农产品质量。除了物力层面，农村还可以在人力方面支持农业企业的发展。农业企业同农户签订合同和订单，农户在接受农业企业提供相关技术培训和指导下，按照企业的技术标准进行农业生产，农业企业则按照农产品的协议标准进行采购和销售。

三、推动农业科研院所同企业联合

尽管农业企业可以作为农业科技创新主体，但由于现实因素导致其科技创新能力相对有限，需要加强同农业科研院所及其他社会科技创新实体之间的战略合作。农业科研院所利用政府财政的支持开展基础性和前沿性的科研教学工作，相比于农业企业拥有更加扎实的研究团队和技术储备。因此为加强合作互补，二者均需要探索出有效结合的创新模式：积极发挥农业科研院所在农业科技创新资源上的技术优势和人才优势；充分利用农业企业对市场形势的准确感知和前沿动态的把握，优化两种主体间农业科技创新资源的优化配置，实现强强联合。以战略合作促进农业企业的科技创新迅猛发展，这也是完善农村科技创新体系的必要条件。

当前科研院所同企业的联合主要有两种途径。一种途径是农业科研院所同农业企业合作，直接将农业科技成果进行转化，或者帮助企业解决生产中遇到的技术难题。其优势在于转化效率高，可以帮助企业迅速渡过技术难关，降低科研投入的人力、物力成本和时间周期，减少了自研创新的失败风险，同时也帮助农业科研院所解决了自身科技成果产出转化率低、科研同生产实践脱节的现实问题。还有一种途径是农业科研院所正在逐步改制，从中独立出一个机构，将经营与公益分开。该机构将依托现有资源，采取市场化的运作方式，彻底向农业企业的模式进行转化，背靠农业科研院所作为技术支持，还可以摆脱农业科研院所存在的体制束缚，围绕市场需求实现自主经营与自负盈亏。总体来看，无论哪种联合方式，都是为了将现有的科技资源加以利用整合，切实解决农业企业的技术瓶颈和现实难题。

第三节　推动农业科研院所的深度协作

农业科研院所肩负着科研教学的核心任务，对于农村科技创新体系的意义重大，因此需要充分引导农业科研院所参与其中。总的来说，虽然国内农业类的科研院所相对有限，但是大部分综合性大学均设立了农业相关学科，农科专业的学生数量也呈现出增长趋势，相关的课题项目也在逐年增加。但是基础性、前沿性的科研工作仍需同具体的生产实践相联系，如果单纯偏重科研和教学，老师、学生及科研人员对于当前农村、农业的现实需求不甚明晰，势必会导致成果研发和成果转化相脱节。

在农村科技创新体系中，农业科研院所需要围绕自主创新的战略规划，根据当前农业科技创新的现实需要，重点打造技术密集、资源节约、经济高效的现代化农业，构建起融合“人才、学科、团队、项目”的学科体系。农业科技创新的关键在于核心技术的掌握，缺乏自主创新，势必会受制于人，后续的成果转化、应用也就成为无水之鱼。农业科研院所需要围绕自主创新这一基本点，根据当前农业的支柱和优势产业，开展多领域、多层次、多角度的创新。通过科研与实践相结合的方式培育优质农产品、培养优秀农业科技创新人才，进而推动农村科技创新体系的不断完善。

一、建设人才队伍，打造科技创新团队

人才队伍是科研创新平台的关键所在，想要提升农业科研院所的农村科技创新能力，需要充分发挥农业科研院所在涉农高科技人才培养中的核心价值，不断完善农业科技人才的培养管理制度，通过完善专业设置、定向委培、专业技术人员培训加以落实。

（一）完善对口专业设置和课程安排

大部分农业科研院所均开设有涉农专业，也具备了教授农业科技创新的科研基础和培养涉农高科技人才的能力。农业科研院所应充分整合现有的专业教育资源，围绕农村科技创新体系的需求调整学科体系和专业的设置，拓宽培育范围，完善教育机制，为农村科技创新体系的建设发展培养更多优质的涉农专业人才。

在学习课堂上采用理论+实践的常态化教育，开展随堂专业培训，以达到课堂学习与实地检验的有机结合。同时，农业科研院所还需要不断更新前沿农业科技成果，为师生提供最具时效性的学习环境。此外还可以聘请农业科技创新领域的专家学者前往农业科研院所进行授课和指导，增加农业科技成果讲座课程。总而言之，就是要让农业科研院所的教学资源和师资力量得到充分发挥，为农村科技创新体系输出大量优秀的专业人才。

（二）采取人才定向委培

除了专业设置的大方向外，针对地方农村科技创新体系的需求，农业科研院所可以同政府强强联合，将地方的农业技术人员输送到农业科研院所进行委培教育。委培区别于普通的涉农专业，会重点培养其农村科技创新体系所需的知识技能。重点整合农业科研院所现有的教育资源，采取理论知识学习和实地教学并重的培养方案。派遣农业科研院所的骨干教师进行专业授课，聘请农业领域的专家、

教授开展专业的农业知识讲座。总之，应充分利用现有的教学资源和师资队伍，开展对委培人员的专业培训工作。待委培工作结束，农业技术人员可以回到原岗位，及时将获取的知识技能转化为实践，便于解决因专业缩减和农村待遇低导致的涉农人才流失问题。

二、坚持学科建设，构建科技创新平台

人才的培养离不开学科体系的建设和科研创新平台的搭建，它们决定了农业科研院所的高度和视野。因此农业科研院所要以学科建设为中心，提升科技创新能力为目标，构建科技创新平台。

（一）加强学科建设

学科建设是农业科研院所的核心所在，代表着其科研实力、教学水平与科研潜力。农业科研院所想要在农村科技创新体系中有所发展和突破，势必需要制定出一套符合市场需求、满足自身定位的学科发展战略。例如，可以考虑注重学科交叉、发展优势学科、补足劣势学科、增强学科特色，实现学科资源的优化配置。在农村科技创新体系中，还需要考虑解决战略性、前瞻性问题，将其同学科建设相匹配，以期实现学科发展同现实需求的合理嵌构。

（二）构建研发实践基地

除了学科建设外，农业科研院所参与科技创新平台的建设，也能够在一定程度上体现其综合科技实力。农业科研院所可以同企业、地方政府、社会中介组织协作，共建地区性、行业性的科技创新平台，如科技研发基地、人才信息交流中心和农业科技成果转化中心等，通过科技创新平台以实现科技资讯的互通有无、科技资源的共享流动、科技成果的转化推广。在科技创新平台内部，创新主体能够相互协作、优势互补，并随着科技创新平台的发展壮大，形成示范效应，以推动农业科技过程的转化应用。

三、加强项目建设，推进产学研合作

因为当前农业科研院所的发展尚处于初级阶段，单打独斗式的科技创新仍属少数，采用项目制是农业科研院所较为常见的产学研协作方式。在项目建设中，

农业科研院所需要注重同农村科技创新体系中其他主体的协同合作，同时以市场为导向、以农业生产为需求进行产学研的深度合作。

（一）以市场为导向的科研立项

农业科研院所的科研立项工作，除了夯实基础性理论探索外，也应主动面向市场需求，探索具有实用性和效益性的科研立项，以此提高科研成果的转化效率，而非为了科研而科研。这就要求农业科研院所的工作人员在科研立项时，应充分调研具体的农业生产需求，丰富科研立项的实用性和前瞻性，让科技成果可以真正服务于产业发展，实现为农业产业化而科研的项目目标。科研项目立项之后的专家评审工作，也应当将项目的现实指导意义纳入考核范畴，以审核标准为导向鼓励科研团队前往农村基层进行深入的考察调研，让科研项目的立项申请能够对具体的农业实践起到有价值的指导。

在科研项目的来源选择上，一方面，可以根据政府部门或者基金会的纵向课题加以针对性的调整，注重理论基础与实用指导相结合，批准符合当地农业建设需求的课题；另一方面，农业科研院所可以从市场上接受其他需求方的资助，如农业企业等农业生产部门的横向课题委托。此类课题形式在项目的管理、经费的使用、项目成果的判定上更加灵活，可以丰富本就相对有限的农业课题项目。

（二）以农业生产为需求的项目建设

在以市场为导向的项目立项之后，就需要落实到具体的项目建设工作上。在项目建设过程中，应改变过去以农业科技创新者为主体的研发方式，应当考虑吸纳具体实践的农民群众参与到决策当中。在农民群众的帮助下，充分掌握农业生产的真实需求，了解他们的真实想法；在尊重农村发展现状的基础上，进行项目的研发和改造；在项目建设当中还应注重农民使用的技术门槛和成本压力，减少科技成果使用的非必要成本，以实现投入产出的最优解，保障农民群众的利益最大化。

四、注重成果推广，创新科技成果转化

农村科研院所在产出了农业科技成果之后，成果的推广转化就成了后续工作的首要任务。在具体的转化方式上，农业科研院所应以农业科研项目为载体，积极推动涵盖“生产示范、项目推广、信息传播”的新型农业科技推广模式，重点推广农业实用技术，保障农业得以增收提效。农业科研院所还可以谋求同各级政府部门的支持合作，借助政府力量，推进科技成果试点，拓宽科技成果转化路径。

（一）构建政府推动的科技成果推广模式

农业科研院所的科技成果转化和推广离不开政府的扶持与推动，因此农业科研院所应主动谋求同各级政府的合作，根据当地的农业科技发展情况，丰富科技推广途径。想要提升农业科技成果的转化推广效率，需要其他推广主体的通力配合，关键在于如何让依附于农业科技成果推广链条上的主体利益得到体现，推广链的上游是政府部门、农业科研院所；链条中游是科技成果推广的农业推广企业部门或者中介组织；链条的下游是农民或农业生产企业，他们是科技成果转化的末端。多个利益主体组成了这条冗长的推广链条，但他们的角色、目的、需求是有所差异的。农业科研院所追求成果的转化效率，政府追求成果转化对于农业产业化的促进作用，农业推广企业和中介组织追求的是产品的推广效率，农民和农业生产企业则追求成果转化对于农产品培育、农业技术改造带来的效率提升。如何准确实现推广链条的上游、中游、下游的有效对接就考验着农业科研院所同其他主体间的协作，依靠政府的力量便是关键所在。

（二）完善农业科技成果转化激励机制

农业科技成果转化可以促进农业产业化的进程，而科技成果转化的效率又决定着农业生产效率。农业科技成果的转化在政府的扶持推动下，也需要调动推广转化主体的积极性。激励农业科研院所及科研人员参与农业科技成果的转化既需要实力，也需要动力，除了改善转化环境、增强他们的自信心外，也可以选择内外部奖励措施。

农业科研院所的农业科技成果转化激励主要从两个方面体现：一方面是主管部门对于农业科研院所机构的奖励，主要体现在高校评估体系中的得分，这能有效激励农业科研院所的管理人员推进科技成果转化；另一个方面则是针对农业科研院所的科研从业者进行奖励，主要是体现在他们的绩效考核、薪酬发放及职称晋升等方面。我国各地农业科研院所的奖励体系应与科技成果转化的效率挂钩，既能够引导农业科研院所及其科研人员调整工作重心，又能对科技成果转化表现较好的机构和个人予以褒奖，避免参与科技成果转化的个人因薪酬待遇和职级晋升不能与之匹配而导致其积极性受挫[①]。

针对科研从业者，首先，可以采取农业科技成果转化同绩效薪酬挂钩的工资制度，在原有的薪酬结构中，完善绩效板块，提升绩效工资的占比。对于参与科

① 霍向涛. 2014. 地方农业院校在科技成果转化中的作用研究——以湖南农大为例[D]. 长沙：湖南农业大学.

技成果转化效率较高且业绩突出的个人给予高薪回报，同时使其与对科技成果转化不积极、业绩落后的个人拉开显著差距，通过差异化的薪酬反馈机制，让科研从业者重视农业科技成果转化的态度和效率。其次，建立健全严格规范的职称考核机制，除了原有的评价体系外，还需将科技成果转化和农民群众的评价反馈纳入职级晋升的关键指标，在综合评判的基础上得出考核标准；针对已经获评优秀职称的科研人员也需要定期考核，根据后续的考核结果决定续聘、降聘乃至解聘等结果。此外，还需鼓励他们积极参与学校创办的科技示范基地建设。科技示范基地既能够满足农业科技研发的需求，也能够进行后续科技成果的推广转化。对于积极参与学校示范基地建设的农业科研从业者，要在经费、薪酬、职称等方向上予以表彰。

平台要注重基础性和前瞻性的知识汇集，完善科技成果转化平台和信息平台的搭建工作，在平台中推进资源有效配置和优势互补，以此促进科技成果的快速转化。另外，农业科研院所需要鼓励农业科研从业者积极探索农业科技成果有偿转化机制，最大限度地鼓励农业科研从业者同农业企业、农业技术协会、个体农户等科技成果有偿转化，让其更有动力参与到创新工作当中①。

第四节　吸纳农村中介组织的支持援助

农村中介组织作为农村科技创新体系的第三方力量，它们的存在可以弥补政府在农业科技创新过程中存在的缺陷和不足，除了社会组织同其他主体的协同合作外，也能够带动农村科技创新体系内外部的有效竞争，以保证农村科技创新体系更具活力和效率。在众多发达国家的科技创新进程中，往往会建立各种农业合作组织、农业专业协会等中介组织，这也能够成为我国可资借鉴的有效途径。

农村中介组织在农业科技创新体系的建设推广中发挥了重要作用，政府应当推动制定农村中介组织的立法工作，认可其法律地位，保障法律权益；积极规划有利于农村中介组织良好发展的政策环境，指导农村中介组织在内部建立健全管理制度、明确产权归属，切实提高组织管理人员和服务人员的能力素质；因地制宜，分类指导，进一步完善农村中介组织的发展路径。

一、加强农村中介组织的建设及管理

农村中介组织的建设和成长离不开政府部门的培育与扶持，同时政府部门还需加强对于农村中介组织的监管和引导。

① 王书升. 2010. 黑龙江农业高等院校在农业推广中的地位和作用研究[D]. 北京：中国农业科学院.

（一）积极培育农村中介组织

对于农村中介组织的培育和发展，可以通过鼓励农村科技创新体系中的不同主体自愿联合，形成多途径、多形式、多层次农民专业合作组织。农村中介组织可以通过提供信息、咨询、评估、中介、法律等服务，降低交易成本和机会成本，有效提升农业科技成果转化的成功率。因此，各级政府对于农村中介组织要有足够的重视和支持，保护农村中介组织的合法权益，在经费、科技、生产资源方面给予一定的扶持和帮助，同时强化对于农村中介组织的管理和引导，促进其健康有序发展。具体而言，在农村要有意识引导乡镇、村组建立农民专业合作社、农业专业协会等农村中介组织；在县和乡镇，抓住农村能人和专业大户的带头示范作用，采取企业同农户签约或者入股的形式使其形成利益共同体，以达到产业化经营的模式。鼓励地方农业科技推广部门发挥自身信息、技术、资源优势，围绕农业科技成果转化推广，组建农村中介组织；形成产业的农业企业，可以考虑推进农业行业协会的组建；小规模的优势产业则可以考虑围绕支柱产业和代表农产品，组建富有行业特色的农民合作组织。并在此基础上，由小到大、由低到高不断推动更高层级的农村中介组织建设。同时，政府还需要帮助其确立社会地位、组织原则和机构设置，探索工作方式和运作机制，制定监管的法律法规，引导社会对农村中介组织形成正确的认识，保障其法律地位。

（二）加强农村中介组织的管理体系建设

政府在培育农村中介组织和构建农业中介服务体系的同时，农村中介组织也应及时主动地接受来自各级政府的督导，不断完善组织的规章制度、规范组织行为、提升经济实力，让组织壮大成为农村科技创新体系中联系农户、农业企业、政府、农业科研院所的扎实纽带。

首先，农村中介组织需要重视法律的保障和监管。一方面，法律可以为农村中介组织提供稳定健康的外部运营环境，保障其法律地位和权益不受侵害；另一方面，法律也会明确地界定农村中介组织的权利边界、经营范围，让其在固定的框架范围内行使自身的职责，更好地服务于农村科技创新体系。

其次，农村中介组织也需要政府的监管体系。一般在农村中介组织的发展初期，民政部门和农业部门均会提供挂靠或者指导工作，参与到组织起步阶段的机构设置、日常运行等，等到农村中介组织运行成熟之后，有关部门将逐步退出，按照农村中介组织的章程选拔负责人和领导成员，采取民主管理，实现自主运营。

最后，农村中介组织也需要明确组织内部的管理规章制度，在农村中介组织内部建立监事会和理事会，对组织的运行发展、合作服务、利益分配等工作起到一定的监督作用。

二、发挥农村中介组织的外脑作用

在农村中介组织和农业中介服务体系发展到一定阶段后，可以考虑发挥中介组织的外脑作用，并使其参与到农村科技创新体系建设的政策议程当中。

（一）参与农业科技创新的机制构建

西方发达国家的实践表明，以农民协会、农业企业为代表的农村中介组织在农业科技成果转化中具有举足轻重的地位，并发挥了巨大的推动作用，展示出了较好的发展前景。我国的农村中介组织起步较晚且发展尚处于初级阶段，呈现出小而散、经济基础薄弱、发展后劲匮乏等亟待解决的问题。

传统的农业科技创新主要由政府为代表的公共部门所主导，其下属的研究机构和高校负责科技创新，但伴随而来的是行政主导下创新研发效率低下、成果转化不足、供需脱节的问题。随着市场经济的放开，农业企业也逐步开始承接政府的推广职能、承接农业科研院所的研究职能。农业企业的加入弥补了公共部门竞争性不足的问题，但伴随而来的是市场经济的趋利性、盲目性。农村中介组织作为农村科技创新体系的参与者，它在农业推广中的作用与日俱增，将再次给农业科技创新机制带来变革，因而有待加快构建起一套符合农村中介组织参与的农业科技创新运行机制、组织体系和保障制度。国内在创新农业科技运行机制的同时，也要充分扶持、引导农村中介组织，以此满足农村科技创新体系下农民、农业企业对于农产品改良、生产技术创新的需求，不断改善和提高农业科研机构推广能力。

（二）参与农业科技创新的政策议程

除了农村中介组织本身的纽带作用外，让农村中介组织参与到政策议程中，更能发挥其外脑作用。农村中介组织可以在政策议程中一方面为自身的发展壮大谋求政策扶持，另一方面可以为农村科技创新体系的发展出谋划策。

首先，农村中介组织参与农村科技创新体系需要制度环境和政策保障作为支撑，但受限于当前国内经济环境下，不同区域、部门乃至所有制之间仍存在较大差距。农村中介组织的发展动机仍有待明确，农村科技创新体系的构建，科技成果的知识产权保护有待完善，地区间、部门间的协作有待强化，在此背景下，政府需要借助农村中介组织在政策议程的参与，健全现有的政策保障体系和制度环境。在具体的政策议程当中，可以从以下几个方面着手参与：支持农业科技创新的政府财政投入，以此降低农村中介组织自筹经费的窘境；支持农村中介组织参与农村科技创新平台的建设，如实验室、技术中心、研发基地等，可以让农村中介组织在其中享受到科技资源的互通有无，优势互补；支持农村中介组织参与成果转化推广，农村中介组织在科技成果转化链条中扮演着相当重要的角色。政策层面的认可和协助，可以为其在科技成果转化链条中谋得更多的扶持，使其在成果转化收益的分配和激励上也会更具话语权。

其次，农村中介组织也能够促进农村科技创新体系政策制定。农村中介组织会在政策议程中谋求和其他创新主体间的平等地位，也就保证了不同创新主体能够在农业科技成果的研发、转化、推广中平等地参与进来，让他们更具积极性和创造性；同时农村中介组织也能推动税费均等化的制度改革，减少农村科技创新体系中的政府一家独大，减少政府直接的行政干预，为其他农村科技创新主体保留更多的发展空间。农村中介组织参与政策议程还能够帮助农村构建合作信用等级制度，帮助农村科技创新主体明确权力、划分职责。

最后，农村中介组织可以促进科研院所人力、物力资源的优化配置，实现人员流动和资源共享。

三、为农业科技创新提供资源支持

农村中介组织除了可以发挥外脑作用外，也能够为农业科技创新提供资金支持。政府应重视民间资本的作用，拓宽农业科技创新领域的投资渠道，积极鼓励农村中介组织投资进入；农村中介服务体系则可以让农村中介机构在服务链条上为农业科技创新提供支撑和保障。

（一）重视农村中介组织对农业科技创新的投资

农村科技创新体系的建设和推广，农业科技投资非常关键。对于农业科技投资而言，以农业科技金融中介机构为代表的农村中介组织可以作为其重要的组成部门。在国外，农村中介组织的民间资本占农业科技总投资的比例呈现逐年上升的趋势。经验表明，吸引来自农村中介组织的民间资本支持，可以有效缓解农村科技创新出现的资金不足困境。农业科技金融中介机构是金融与农业科技结合的纽带，是践行“科技是第一生产力”的核心载体。

重视农村科技金融中介机构的投资，首先，需要推进机构的发展，在明确推动农业科技和民间金融资本的融合目标下，政府部门应借助政策规划，利用政策扶持、引导、激励、监管等职能，为农村科技金融中介机构预留出更多的发展空间，使其能够茁壮成长，同时还需要加强农村科技金融中介机构同银行、风险投资机构、创业投资机构的横向和纵向联系，使其能够在现有的金融体系中占据一席之地。其次，在农村科技金融中介机构的服务内容上，要注重拓展科技担保服务、科技保险服务及资本市场中介服务。在科技担保服务上，农村科技金融中介机构可以承担科技担保，并完善科技担保服务的管理制度；在科技保险服务上，农村科技金融中介机构可以创设科技保险新险种，接收对农业科技创新存有疑虑的农民群众、农业企业的投保；在资本市场中介服务上，农村科技金融中介机构可以进行增资扩股、收购兼并等方式，来实现金融资源的整合。再次，农村科技金融中介机构可以协同其他创新主体搭建信息平台，将农村科技金融中介机构掌握的金融信息同农业科技监管部门的内容加以整合成数据库，一方面便于农村科技金融中介机构的日常化管理，另一方面又便于上级主管部门的日常监督，借此降低信息获取的成本，提升农村科技金融中介机构的服务效率和实际收益。最后，农村科技金融中介机构还可以培养出一批了解农业科技创新、掌握金融渠道、把握市场前沿动态的农业科技金融中介服务队伍，他们将对整个农村科技创新体系的发展壮大发挥纽带作用。

（二）落实推进农村中介服务体系

除了资金支持外，农村中介组织还可以衔接配套的农村中介服务体系，向农业科技创新提供全方位的中介服务。政府应为农村中介组织拓展服务链条，并形成规范完善的农村中介组织服务体系，加强农村中介组织对于农业科技成果推广的效果。在服务链中，政府需要建立健全涵盖科技研发、教育培训、成果推广相融合的全流程服务，重点培育各类农村中介组织，有力推动农业产业化过程和科技成果商品化进程。政府还要在农业教育培训体系中，嵌入农村中介组织力量，通过教育手段推广最新的农业创新科技成果，帮助提升农民群众的科学文化修养和知识技能素质，紧密结合农民教育和技术推广。政府还需为此类社会中介组织衔接配套对应的农村中介组织合作体系，合作体系需要根据当地的实际发展状况，进行多层次、多样化的工作指导。

农村中介服务体系意味着要不断满足农村科技创新体系和农业产业化的发展需求。效率卓越、富有特色、竞争力强的农村中介服务体系将在我国农业科技研发乃至转化推广过程中扮演重要角色。因此，除了不断培育农村中介组织外，还需通过多种途径、多种手段建设涵盖科研院所、政府、科研中介机构等多元主体在内的农村中介服务体系。随着市场经济的发展，传统农业技术推广人员已经难以满足服务需求，因此农业科技成果推广已经从单一的由政府主导走向主体多元、方式多样、市场化运作的道路，涵盖了国家农业技术推广机构、农村中介组织、农业科技园区、农业科技中试基地、生产力促进中心等多元机构所组成的庞大系统，他们都将为我国农业科技推广服务体系的建设不断添砖加瓦。

第九章　农村科技创新体系的整体制度设计

为了提高农村科技持续创新能力和效率，促进农业农村现代化发展，需要在制度上构建一套完善、系统、可行的实施路线图，促进各主体、各要素之间的协调与配合。

第一节　整体性布局农村科技创新体系工作

加速构建农村科技创新体系要有大局意识，要全方位规划，从现代农业和农村未来的发展出发，从现代农业整体性构建农村科技创新体系。既要加强顶层设计，明确农村科技创新体系制度建设的各个要素，又要不断健全农村科技创新工作的各项制度，制订具体的行动方案和建设路线图，使相关工作早日见到实效。

一、加快农村科技创新体系的顶层设计

“十二五”规划中，为顺应改革和创新的时代需求，首次提出“顶层设计”这一概念，打破了以往“摸着石头过河”的改革策略，至此，我们更加明确了要用系统论的方法创新发展。古语有云，“不谋万世者，不足谋一时；不谋全局者，不足谋一域”。在建设农村科技创新体系的过程中，要从全局的角度宏观地把控各方面、各层次、各要素，统筹规划，协调资源，以便更加高效快捷地建成农村科技创新体系。

（一）行动者群体

建设农村科技创新体系是一个系统性工程，“顶层设计”就是要宏观统筹做好规划，但要有自下而上的动力，要通过社会各个主体的互动，让地方、社会力量及其他的利益相关方都参与进来。

首先，政府就是体系建设的总设计师，是全面把握农村科技创新体系建设方向和目标的总舵手。在资金上，给予农村科技创新一定的财政倾斜，加大对农村科技创新的补助，尽量减少农业科技发展方面的税收，降低农业科技的试错成本，为农村科技创新提供坚实的基础。在政策上，健全知识产权保护制度，保护科技

创新人员的权利，并落实科研成果转化及农业科技创新激励相关政策[①]。另外，政府还应该发挥协调作用，积极号召社会组织和个人加入农村科技创新，凝聚多方力量，统筹推动农村现代化、科技化建设。

其次，社会组织作为我国经济、社会发展的黏合剂，具有承上启下的巨大作用，能有效填补政府和市场之间的空白。在农村科技创新的过程中，科技类社会组织集专业性和公益性于一身，既能充当科技创新的思想库，又能成为科技产品走向市场的推动器，还能发挥传播科技创新文化宣传栏的作用。因此，社会组织应认清时代赋予自身的使命和责任，不断完善自身治理结构和运行机制，投身到推动农村科技型创新的任务中去。

企业作为农村科技产品的需求主体之一，在推动农村科技创新过程中发挥着巨大的作用，尤其是一些农业龙头企业，通过资金或提供农业科技培训的方式，不仅可以提高企业本身的知名度和美誉，还可以促进农业科技的发展，从而享受到科技创新带来的正外部效应。

对于农村科技创新而言，还有一个重要的群体就是科技特派员。如果说社会组织是政府和市场之间的黏合剂，那么科技特派员就是政府和农民之间的桥梁，他们不仅作为科技创新的智囊团，推动农村科技和经济的发展创新，还可以下户到村，为农民提供科技指导和培训。科技特派员在科技服务中兼具公益性和有偿性于一体，具体体现在农村科技创业中开展服务和在科技服务中开展创业[②]，以这种方式促进了农村科技服务体系的建设。

最后，农民作为农村科技创新成果的直接应用者，其对农业科技的使用率和需求程度直接决定了农村科技创新的发展程度，其参与农村科技创新体系建设主动性的强弱在一定程度上影响和决定着一国农业科技创新体系建设的成效。只有真正调动农民自身对于科技成果使用的积极性，让他们真正主动地参与到其中，才能最大限度地发挥科技创新在农村的作用，有效促进农民增收和农业现代化。

（二）设计原则

第一，要坚持需求导向的原则。在市场经济条件下，能解决农民需求的产品才具有核心竞争力。这就要求制度设计人员紧跟市场需求，在深入了解农户需求的基础上，结合农村科技发展中的实际问题，对相应的农村科技创新研究进行一定的制度倾斜，对农村科技创新体系发展的重点和进程进行宏观调控，进一步将科技创新应用于产业发展中，促进农村第一、第二、第三产业之间的融合发展，

---

① 中共科学技术部党组关于创新驱动乡村振兴发展的意见[EB/OL]. https://www.ckcest.cn/default/es3/detail/1005/dw_policy_tt_2021/97887D942BFF88AE444768614ED89C14 [2018-08-23].

② 王震. 2012. 科技特派员农村科技服务行为与体系建设研究[D]. 北京：中国农业科学院.

力图以产业来带动乡村社会的发展与振兴。

第二，要坚持按需施政的原则。任何一套主体制度都不可能满足一切地区和人民对于科技创新的所有需求，尤其是我国占地面积广阔，东西部经济发展水平不一，自然地理的环境差异也大，农村与农村之间面临的问题和人文习俗不同，这就意味着我国农村科技创新体系不可能实施一套单一的政策，而应该是主体政策和辅助政策共同协调。因此，在制度设计时要完善分类评价机制，根据不同区域的资源条件、产业发展现状和经济水平，因地制宜确定不同的科技创新目标、任务和路径，对不同的地区和主体实施相应的激励机制，以保证各子系统的功能健全。

第三，要坚持协同联动的原则。农村科技创新体系建设是一项系统工程，并不是某一个单位或某一个部门能做到的，需要各主体协同合作，发挥各自的优势才能更快完善整个体系。总的来说，我国各地的科技创新主体包括政府、相关社会组织、农业龙头企业、各高校、各协会等，这些主体在农村科技创新中，拥有不同的作用，发挥着不同的功能优势。通过充分利用这些主体的资源，协调各方优势，不仅可以最大限度地降低农村科技创新体系制度设计的实施成本，还能集合各主体的力量，使各种资源的功效发挥到最大。

倡导以科技部为中心，协同各级相关职能部门积极参与的科技创新战略，服务于我国乡村振兴战略。

（三）创设全国—省域—地方的创新体系

2019 年中央一号文件提出，要“强化五级书记抓乡村振兴的制度保障。实行中央统筹、省负总责、市县乡抓落实的农村工作机制，制定落实五级书记抓乡村振兴责任的实施细则，严格督查考核”[①]。作为乡村振兴战略中重要一环的科技创新，也应构建一个各级联动的创新体系。

从宏观上来说，加快农村科技创新体系建设是时代的必然要求。当今社会，科技是第一生产力，科技发展水平决定了国家的综合实力。然而受长期城乡二元结构体制和户籍制度的影响，我国农村的经济发展水平和人才素质都远远低于城市，相应地，农村科技发展也是我国科技发展中的短板。在这一背景下，我国农村科技创新体系的建设，首先就要在国家层次引起重视。从国家层次充分调动各方资源（包括金融资本、人力资源、科研原材料、政策资源、信息资源、知识资源等）并将其投入农村科技创新研发中，为农村科技创新体系建设营造一个良好的环境。

在中观层次上，各省级部门要结合本地实际，出台相应的激励制度，号召

① 中共中央国务院关于坚持农业农村优先发展做好“三农”工作的若干意见[EB/OL]. http://cpc.people.com.cn/n1/2019/0219/c419242-30806167.html[2019-02-19].

各地区加快创新农村科技。我国区域辽阔，科技创新发展程度不一的省份应对应采取不同措施。对于经济和科技发展较好的省份，应更好地发挥自身优势，瞄准国际前沿，制定更具针对性的国际科技合作策略，鼓励更多的科研机构、企业和人员大胆创新。对于科技创新水平处于中间层次的省份，应加大对区域内重点科研高校和机构的投入，建立以企业为主体的协同创新关系，明确自身长期区域创新资源特征和发展思路，以及尝试与其他省份进行创新性合作、资源互动、行动同步、系统匹配，有针对性地建设特色农村科技创新体系。而对于科技创新能力相对落后的省份，则应加强与其他周边省份或高校的合作，对有区域特色的创新企业进行专项扶持，同时鼓励多种形式、不同规模的创新活动，培育区域创新发展文化。

在微观层次上，县乡一级是对本地区农村科技创新发展现状了解最透彻的主体，在促进创新发展上具有一定的自主权，可以充分调动本地区优势资源助力科技创新。准入政策方面，鼓励社会资本进入本地区，拓展科技创新资金渠道；人才政策方面，加大对教育科研的投入，为科技创新人才解决户口、生活等现实问题；宣传推广方面，对优秀科技成果进行包装和推广，号召更多企业采用优秀科研产品并对其予以一定的补贴和奖励。

二、构筑农村科技创新体系的四梁八柱

习近平总书记在中央全面深化改革领导小组第二十次会议上指出："把各领域具有四梁八柱性质的改革明确标注出来，排出优先序，重点推进，发挥好支撑作用。"[①]在推动农村科技创新体系的构建中，也要搭建一个完善的框架，优先推进重点机制。

（一）全国性的科技创新资源投放机制

由于我国面积辽阔，农村数量较多，而资源是有限的，这就势必会造成资源分布的不平衡。要想促进农村科技创新快速发展，必须探索全国性的资源投放机制。

一般而言，在发达国家，主要由政府来主导科技发展规划的制订。在此过程中，政府从国家整体利益出发来做出宏观的决策，建立科学的资源投放机制和强有力的监督，并引导科技人员为实现国家科技目标做贡献[②]，由第三方评价科技工作的结果。这种国家宏观的资源投放机制，不仅可以做到按需分配，将资源放在

① 习近平：扭住全面深化改革各项目标 落实主体责任拧紧责任螺丝[EB/OL]. http://politics.people.com.cn/n1/2016/0111/c1024-28039116.html[2016-01-11].

② 李晓方. 2012. 国家科技资源分配决策机制的分析与建议[J]. 科学决策，（5）：1-28.

最需要的地方，扩大资源的利用率，还可以避免“运动员就是裁判员”的尴尬处境，公平合理地分配资源。

对于我国农村科技创新而言，资源的稀缺和利用率不高是制约多数农村地区科技创新发展的重要因素。首先，要加大政府农村科技创新基金的投入，以避免“巧妇难为无米之炊”的困境。科技的发展创新是一项长期过程，前期足够的资金投入方能带来科技的发展，反过来，当科技发展到一定程度，又能带动经济的腾飞。在建设农村科技创新体系的过程中，可以让各级政府根据本级区域内的实际情况，制订完善可行的发展规划，对所需要的资金额度分类做统计，再通过科技创新融资平台为科技创新主体的项目提供科技创新基金支持。其次，要将科技创新资源用在“刀刃”上。农村科技创新主要是为了优化农村产业结构、促进农村现代化建设、提高农业生产力、改善农民的物质生活水平。因此各科技创新主体应该以市场需求为创新驱动力，主动加大对市场和农民急需、符合产业结构调整政策的创新项目投入。最后，要有效地利用外部资源，吸引更多的企业进行投资。社会上存在大量闲置资源，政府应该加强引导、鼓励民间资本主动寻找良好的农村科技创新项目，充分发挥民间资本在构建农村科技创新体系中的作用。

（二）全国性的科技创新人才培育规划

未来的竞争，说到底是人才的竞争；科技的竞争，说到底也是人才的竞争。人才作为科技和知识的载体，其存量水平和发展状况决定了国家的综合竞争能力和可持续发展能力。因此，要完善科技创新人才培育机制，培养一批高学历、高能力、世界一流的农业科技创新人才。

在引入机制上，根据农村科技创新的重点要求和核心能力大范围地遴选高层次科技创新人才。放低人才引进标准，如掌握核心技术和技能、有一定学习能力和创新能力的创新型人才，在各大企业或研究机构拥有一定科研产品和能力、能够促进农村科技创新、技术产品升级的重大科研成果的人才，农村科技创新重点领域急需的专业技术人才和管理人才，在某一方面掌握先进技术的人才，对这些人才都可以大胆引进。与此同时，要提高人才库的竞争机制和流动机制，对于积极探索、有想法的优秀科技创新人才予以一定的奖励，而对学术不端等不良行为加以惩罚。

在人才培训机制上，加大培训力度，提高体系内人才队伍的思想素质和技术水平。一方面可以每年选拔队伍内有潜力的青年人才进行专业培训和开发，或在高校和科研院所的优势基础学科上建设一批专业的农村科技创新青年英才培养基地，按照高标准每年选拔一批优秀大学生进行专门培养，为队伍的建设提供后备力量。另一方面为已经走向农村科技创新体系建设的优秀人才提供一个交流学习的平台，不仅为他们提供一个在国内各地区创新实践互相交流的平台，还可以资助他们出国学习，让他们真听真看真感受，学习别人的优秀科技创新经验。

另外，要在国家宏观层面为农村科技创新人才营造一个良好的社会环境。例如，提供充足的科研经费及后勤保障，使他们没有后顾之忧，全身心地投入科研工作中，或是实行弹性工作制度，使科技创新人才能够自主选择习惯的工作时间。还可以建立不同的科研资金渠道、运作模式、管理方式，鼓励科研人员可以根据自己的兴趣通过各类科研资金渠道申请项目。科技创新是一个长期过程，在此过程中需要科技创新人才不断尝试，因此还要在全社会形成一个共识，即允许失败，以此来减轻科技创新人才的心理负担。

（三）全国性的农业科技成果转化机制

应用现代科技改造传统农业，这是提高农业现代化水平的必然要求。近年来，我国对于农村科研工作的投入日益增加，也取得了一定的成就，然而现有的科研产品或技术对农业发展的贡献率不足，与发达国家相比，我国农业科技成果转化率远远不够。科技成果的价值体现在实际的生产力上，只有提高科技成果的转化率，才能体现其科研价值，因此，完善农业科技成果转化机制迫在眉睫。新时代背景下，我国落实农业科技创新成果转化存在四种路径：第一种是政府主导型，强调政府在农业科技创新研发与转化中的核心角色，提供优越的政策环境与社会发展环境；第二种是企业主导型，企业发展遵循市场化逻辑，具备效率竞争意识，由企业负责农业科技创新成果转化，将极大地解决市场与社会需求不匹配的现实困境；第三种是科研院校主导型，给予农业科研院校更多的资金支持，提升其农业科技创新能力；第四种是多元主体协同合作型，政府作为主要的资源与政策统筹者，协调各相关研发主体与成果转化单位共同参与农业科技创新，达到四位一体的转化路径[①]。

然而在现实条件下，我国农业科技成果转化存在农民素质较低、农村基础条件差、农技人员稀缺、农业科技成果实用性不强等问题，因此，在农业科技成果转化机制上还需再接再厉。从农民的角度，要加强农民的技术培训，提升农民的人力资源，增强他们在应用科技成果方面的主动性和积极性。从科研机构的角度，要以农民的实际需求为导向，研究农民需要的科技产品，同时建立科技示范基地，引导农民直接感受科技成果的魅力。对于政府而言，要加大投资力度，促进农业科技成果的推广与应用，让农民群众更加了解当前的农业科技成果，提升农业科技成果在农村的影响力。

① 赵安东. 2018. 农业科技成果转化的特点、问题与发展对策[J]. 产业与科技论坛，17（24）：6-7.

第二节　构建系统性农村科技创新制度体系

一、构筑农村科技创新的整体制度

十八大以来，我国的农业农村科技创新工作不断取得突破性进展，农村科技创新体制机制改革纵深推进。长期以来的城乡二元结构使得农业的发展受到忽视，农村科技创新活动滞后，系统性的农村科技创新制度体系亟待重构。我国农村发展战略也由以往的“以工补农、以城带乡”，到“城乡一体化发展”，再到“乡村振兴战略”，农村的地位和作用发生了重大的变化，不再是单纯接受城市的反哺，而是要主动发力，成为促进我国经济增长的新引擎。虽然随着农村科技创新的进步，我国的农业高新技术产业获得了长足的发展，农业科技进步贡献率在 2017 年已经上升到 57.5%，但是原有的农村科技创新体系与农村经济发展的战略性矛盾越来越突出，较多制约农业科技创新与发展的体制性弊端和深层次问题需要解决，科学研究与生产实践相脱离的现状依然存在，农业产业仍是我国的“弱质产业”，为了实现农业科技型、创新型的可持续性发展，农村科技创新制度的系统性建设工作任重道远。

科技创新是农业经济发展的战略支撑，也是促进农业可持续性增长的动力。农业科技创新是指围绕乡村振兴战略和可持续性发展主体，利用科技创新驱动来带动农业市场方式的转变和农业生产效率的提高，协调各创新主体要素和非主体要素之间的关系，构建制度、政策、文化各方面相互依存、相互作用的社会经济文化系统。在新阶段，全球新一轮的技术革命和产业变革蓄势待发，我国的农业产业发展也进入了转型期，高投入、高消耗、低产出的粗放型农业经营方式已经不再适应我国农业的发展，农业生产模式正在由资源密集型、劳动力密集型的产业结构向技术密集型、资本密集型转变。农村科技创新制度体系不健全则制约了我国农业现代化的发展，与发达国家相比，我国的农村科技供给水平较低，以小农户为主导的农业生产经营结构导致创新主体的创新能力不足，农业产业的自主创新研发能力与发达国家相比存在较大的差距。习近平强调，“农业农村现代化是实施乡村振兴战略的总目标，农业现代化关键在科技进步和创新”[①]。为此，要通过科技创新来强化农业产业的科技研发、创新激励、成果推广制度，发挥创新在农业农村工作中的关键作用，用创新来推动乡村振兴工作，为农村的科技创新服务提供良好的氛围和制度保障。

当前，农村科技创新体系建设工作尚未完成，在提高全面小康成色时期，

---

① 以科技化促进农业现代化[EB/OL]. https://politics.gmw.cn/2020-08/06/content_34065054.htm[2020-08-06].

要想解决“三农”问题，只有依靠制度建设来提升农业科技创新能力，进一步释放科技创新潜能，对农村经济结构的战略性调整，使创新成为支撑和引领农业发展的主要推动力。科技创新体制是科技创新活动的组织活动、管理形式和组织运行机制等的总称①，在一定意义上，农业科技创新制度体系的改革需要对整个制度体系进行资源的重新配置，用相关科技创新资源的重组来实现组织的系统功能。在新的时期和新的历史阶段，深化我国农村科技创新制度改革需要合理配置科技创新资源，重点研发节本增效的农业科技创新重大项目和关键项目，确保农业产业从增产导向向增质导向转变，调整农业产业现代化技术体系的结构和布局，建立现代化的、层次分明的科研创新体系科技管理体制，完善省、市、县三级联动的农业科技创新制度，推进农业产业制度体系转型升级。加快构建现代化的农业产业技术创新体系，需要立足于当前农业产业的科技创新需求，聚焦农业发展的关键要素，加大对农村基层地区的科技创新支持力度，强化重点核心领域的科技创新突破，以适应市场经济的发展和市场化改革的需要，尤其需要注意将政府行为和市场机制进行有效衔接，科技创新作为社会公共服务的重要内容，与其他行业相比，其公益性和经济外部性更强，如果仅仅以市场机制来进行资源配置，很容易导致创新动力不足，因此，政府在客观上需要对农村的科技创新政策提供政策支持和财政投入，在加大政府对农业产业支持力度的同时，也要尊重农业产业的市场化发展规律，充分释放各经营主体的积极性，提升农村科技创新的活力。

农村科技创新制度的建设应该是一个系统性的过程，包含从技术研发到成果推广和应用的全过程，农村科技创新制度体系建设应该要抓好以下几个方面的内容：一是农村科技创新人才培育制度，二是农村科技创新经费保障制度，三是农村科技创新试验点及实验基地遴选确定制度，四是农村科技创新成果验收和绩效考核制度，五是城乡科技创新融合制度，六是多元主体参与农村科技创新制度，具体见图9-1。

二、创新农村科技创新的制度实践

（一）农村科技创新人才培育制度

实现农村科技创新关键在人，农业的发展、农村科技创新制度的建设都需要一大批优秀的农业科技创新人才的支撑，农业在我国一直都是弱质产业，农村科技创新的人才较少、创新能力不强，这直接制约了我国农业的科技创新和产业化

① 朱世桂. 2012. 中国农业科技体制百年变迁研究[D]. 南京：南京农业大学.

发展。为此，要实现农业现代化的目标，就必须要建立农村科技创新人才培育制度，建设农业科技创新人才队伍，培育一支包括农民在内的高素质人才创新队伍，为当前的农业科技创新培育更多优秀人才。第一，建立农村科技创新体系专家库，专家队伍是农村科技创新制度的重要技术支撑，也是实现现代化农业转型的重要保证，应该建立农业领域专业人才专家库，对农业专家进行网络化配置，推进农业的信息化服务，构建农业资源和农业人才共享数据库。第二，鼓励各农村地区通过与农业科研机构进行合作共建、机构交流、人员兼职等方式，按照“政府主导、科研机构指导、企业参与”的原则搭建产学研合作平台，开展人才交流活动。建立完善农民教育培训体系，发展农业职业教育，在农村地区积极建立产教融合的田间学校和农业技术推广基地，推广各种新型的农业生产技术和农业经营方式，不断提高农民的专业素质，提高农业生产效率。

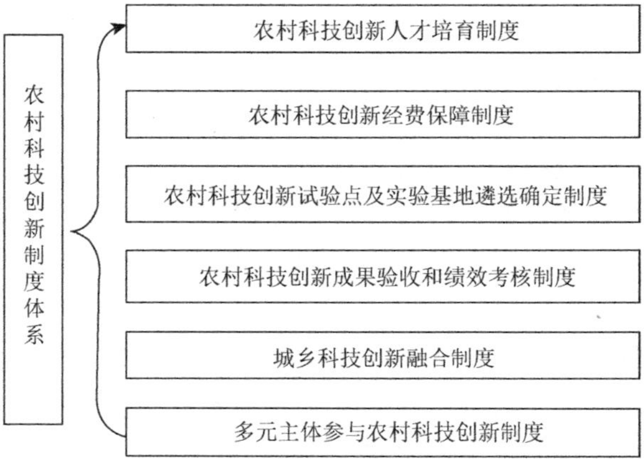

图 9-1　农村科技创新制度体系

（二）农村科技创新经费保障制度

建立农村科技创新制度最根本的目的就是要通过农业科技进步来提高农业增长的科技含量，注重对农业科技研究的开发与利用，而科技的进步与创新则需要以科研经费的投入为保障。相比较于城市地区而言，农村地区在人力、财力、物力上都存在短板，尤其是科技创新经费不足、人员不够；且农业科技创新的基础性研究所需周期长，并具有高投入和低回报的特点，仅仅依靠农业企业和农民自身很难拥有充足的科研资金进行技术创新，因而现阶段我国农村科研投入的经费仍然需要以政府支持为主。为了保障农村科技创新制度的建设，需要从生产实践出发，健全以财政投入为主的农村科技创新经费保障制度，加大对农村科技创新活动的经费支持和保障力度，尤其是加大对有利于提高农业生产效率的基础性、应用性农业科技研发项目的投入力度，发挥好政府财政投入的引导和激励作用，促进高质量、高价值的农业科研成果的产出，对于有些农村地区存在科技创新经费不足的现象，可以鼓励政府创新利用政府购买服务、政府和社会资本合作（Public-Private Partnership，PPP）等多元化的财政资金来源方式，引导金融和社会资本进入，逐步建立以政府财政投入为主，多渠道并存的农村科研经费投入机制，增强科技创新投入的总体水平。

（三）农村科技创新试验点及实验基地遴选确定制度

农村科技创新试验点及实验基地是指根据农村科技创新项目的要求，由基层政府围绕地方农业主导产业需求和区域经济发展的实际需求遴选具有一定规模和服务功能、能起到示范和辐射带动作用的农业科技示范场地。农村科技创新试验点及实验基地遴选确定制度作为农村科技创新工作的重要方式，其实质是依托现有的农业示范基地，将农业科技创新的先进技术成果应用于生产实践过程中，通过农业科技创新试验点和实验基地建设，将生产实践和科技创新研究紧密结合起来，使其成为农业标准化生产基地，以此来解决农业生产中遇到的技术难题，更好地提升农业生产效率及农业资源利用率。农业科技创新试验点和实验基地应该根据农业科技创新的发展前沿及其需要，开展相关基础性研究，积极与基层农村科技创新服务推广机构和农业科研院所进行对接，建立长效的合作机制，依靠农业科技项目的开发来转化和应用农村科技创新成果，实现各类科技基础条件平台和基地实验平台的资源共享，将农业科技创新试验点和实验基地建设成集自主创新、集成示范、推广服务、教育培训于一体的综合性示范基地。

（四）农村科技创新成果验收和绩效考核制度

受到传统农村科技创新成果绩效考核体制的限制，我国的农村科技创新成果长期以来存在与市场需求脱节的状况，农业科技创新成果的绩效考核偏重论文和科研成果等学术性指标，而对科技成果转化和应用价值等市场性指标的重视程度不够，科学研究与生产实践脱离，农业科技创新成果转化率低。另外，绩效考核评价机制的不合理也导致难以对科技创新人才形成有效的激励。科技创新成果的验收和考核制度对科技创新的方向起着重要的引导作用，是科技创新活动的指挥棒，要按照科技创新驱动发展的要求，建立符合科技创新规律、以科技创新质量为主导的绩效考核评价体系，从根本上提高我国农村科技成果的转化效率和实际利用率，营造有利于创新的绩效考核激励机制，健全农村科技创新成果的验收和评价机制。根据不同的农业科技创新活动性质，建立科学的分类创新评价体系，将农业科技创新成果的经济效益和社会效益纳入绩效考核指标，绩效考核的重点也要由以往的以学术性指标为主转向以实践价值和应用价值为主，以研究数量为主转向以研究质量为主，强调农业科技成果的中长期效益，探索建立农业科技创新成果的第三方评价机制，鼓励政府、农业科研机构、农民企业、社会组织、农民等多主体共同参与绩效考核指标体系，保证科技创新成果验收和绩效考核的公平、公开、公正。

（五）城乡科技创新融合制度

从农业经济发展模式上来看，我国所采取的农村城市二元结构模式，导致科技创新资源配置失衡，农业科技的发展和制度建设长期受到忽视，城乡之间发展的不平衡、农村发展的不充分是新时期我国社会矛盾的突出表现。而实现城乡融合发展既是新时期社会发展的内在要求，也是乡村振兴战略实施的有力举措。为了破解城乡分割的思想理念，树立城乡融合发展的新理念，需要重构城乡融合发展的体制机制，通过推动农业科技的进步来实现农业发展模式的转变，实现科技创新资源要素的自由流动，确保资金、人才、技术、信息等生产要素积极向农村地区转移，将乡村和城市放在更加平等的位置上，强化城乡融合的制度供给和机制保障，激发农村地区的科技创新活力。随着市场化改革的推进，以政府为单一主导的农村科技创新制度与市场经济体制存在较大的偏差，已经难以继续维持农村科技创新的发展，适应新时期农村和农业发展的需要，应该建立与市场经济体制相适应的农村科技创新管理运行机制，在农村科技创新制度中引入市场机制，将政府政策和市场机制进行有效衔接，充分尊重农业产业的生产和发展规律，推动城乡科技创新制度融合，树立城乡资源互利共赢和良性发展的思想和观念，形成包含经济、政治、社会、文化、生态文明建设“五位一体”的城乡一体化发展新格局，探索新农村科技创新制度的高效模式。

（六）多元主体参与农村科技创新制度

以往的农村科技创新制度主要是以政府为主导，农业科研机构、农业企业和农民等农业科技创新主体并没有参与其中，这导致农村科技创新制度组织结构单一、主体功能缺位，与新时期农村农业创新发展战略结构不相适应。在新时期，要完善多元主体参与农村科技创新的制度建设，发挥农村社会组织对农业科技创新的积极作用，将农业科技创新资源向农村基层倾斜，引导农村地区各类农业科技领域社团组织、学会、协会的建设，充分发挥其在知识普及、技术推广、人才培养等方面的优势，实现多元主体共同参与、协同发展的支持和引导作用。在农村经济市场化改革的背景下，政府部门不应再是农村科技创新制度的主导力量，而是需要积极转变自身的职能，将与农村科技创新有关的公共服务职能转移给农业科技群团组织，以推动农村科技创新体制改革为契机，以农业企业和农民为中心，大力支持农业企业、农村合作社和农民个人的自主创新与合作创新行为，加快农村科技创新制度调整的步伐，按照政府、高校、科研机构、农业企业、农村合作组织等主体共同参与的农村科技创新制度，为农村科技创新提供宽松的创新氛围和有效的激励机制，从而对农村的科技创新活动进行整体的优化和提升。

第三节　推动整体性农村科技创新制度下沉

一、推动各类制度转化为具体政策

制度的生命力在于执行，执行制度的过程实际上是排除执行干扰、解决制度梗阻的相关问题，从而维护制度的权威性。推动农村科技创新制度下沉的重要意义在于加快促进各类相关制度转化为具体政策，更进一步地构建农村科技创新政策体系，为制度的有效执行提供保障。整体而言，从农村科技创新的制度体系上来看主要包括：人才培育制度、经费保障制度、试验点及实验基地遴选确认制度、成果验收和绩效考核制度、城乡科技创新融合制度、多元主体参与制度。农村科技创新的具体政策是实现整体制度目标的手段以及为落实农村科技创新制度而制定的具体实施细则，即将以上六种制度设计通过具体的政策手段表现出来，主要包括以下几个方面。

（1）加强农村科技创新的人才队伍建设，培养各类科技和管理人才。用好现有科技人才和培养一批未来的科技推广骨干，是建设农村科技创新体系的关键。面向国内外引进农村科技建设相关的人才，以优惠的政策条件支持其开展前沿性的研究工作。制订农村科技创新人才培养计划，成立专门的人才培训机构，邀请专家团队指导农业技术的应用，结合当地的特色，通过组织讲座、现场指导等多种方式对农村人才进行培训，提高团队人员的整体水平和素质，尤其是鼓励农业专业合作组织、种养大户、农村企业等参与到培训中来，同时培育团队中的管理者和带头人，做好组织、协调、决策等工作，保障整个团队体系有效运行。

（2）以财税政策为支撑，为农村科技创新工作的顺利开展提供经费上的支持。一方面，从中央到地方要充分重视农村科技创新工作，加大对农业科技的投入力度和强度，实现中央财政投入和地方科技创新发展需求之间的有效衔接，实现供求平衡，这就需要地方政府部门对本地的农业发展需求和现状有准确的定位和认知。中央和地方的上下联动应发挥财政的杠杆作用，引导多方的金融资金和社会资本注入农业科技创新领域，形成多元化、多渠道、多层次的农村科技创新投入体系。另一方面，建立农业科技创新的“后补助”机制。政府部门可通过成立专项基金用于农业科技的研发和推广，确保技术创新过程的持续有效，同时各级部门通过财政拨款支持农业科技推广机构的创新发展，保障工作人员的工资待遇和生活水平。对于同样是农村科技创新主体的农村龙头企业和中介组织来讲，要给予其适当的税务优惠并减少各项收费，同时在必要时给予其适当的财政补贴，吸引和留住更多的机构加入农村科技创新中。

（3）以公开公正的态度推进农业科技创新试验点及实验基地的遴选确认。政府部门提前对遴选工作做出具体的规划和指标预估，确认公开遴选农业科技示范基地和农业科技示范户的数量与遴选范围，制定合理的遴选程序，标注需提前准备的材料，制定出农业科技试验示范基地和农业科技示范户需满足的各项条件、权利与职责的分配，在此基础上对报送的资料组织评审和实地考察，形成评审意见，并予以遴选认定，公示无异后确定正式农业科技示范基地和科技示范户的名单。一定要确保整个遴选程序的公平公正与合法性，结合当地的实际情况制订遴选计划和基本条件。

（4）以绩效考核为平台，对农村科技创新成果进行验收。绩效考核是通过特定的标准和指标体系对农业科技创新战略目标、实施效果等方面的阶段性审视。对农村科技创新各主体行为及其取得的工作成果进行评估和验收，以督促和引导各主体行为的选择，为更好地开展科技创新工作提供指导。针对农村科技创新成果验收的绩效考核内容包括：农村科技创新体系的建设情况，如技术管理、组织管理、文化建设和平台建设各方面；农村科技创新体系的创新保障机制建设情况，如人才管理、奖励基金、科技投入等；农村科技创新的市场运作情况，如项目计划、项目实施、城市评价、市场考核等；农村科技创新成果推广转化情况，如科技成果的推广、推广成果的验收结算。同时要建立多元的成果评价机制，针对不同类型的农村科技创新绩效建立不同的评价指标体系，健全绩效评价结果的应用机制，对表现优秀的农业科技创新工作人员或组织机构给予表彰和奖励，以激励工作人员或组织机构继续保持良好的态势并创造更为丰富的科技成果。

（5）整合城乡资源，构建城乡融合发展的机制。在我国经济社会建设中，缩小城乡区域差距、加快推进城乡融合发展一直都是城乡工作的重点和努力的方向，在建设农村科技创新体系过程中，发挥城乡的科技资源优势能够有效促进城乡科技创新的融合发展。相对于农村地区，城市拥有更为广阔的市场和更为先进的技术，以城带乡需要促进科学技术向农村地区转移，引进适宜于当地农林牧新优品种培育与规模化经营的养殖技术、生产技术，逐步促进农业现代化建设，实现“藏粮于技”。同时，利用城市中大量的市场需求，连接城市和乡村的市场开发，能够有效带动农村相关农业产业的发展，以产业互动为核心，创新发展特色科技产业，农村地区可提供丰富的劳动力资源和农产品资源，成立农产品深加工基地，延长产业链提高附加值，以促进农林牧渔的结合、种养加一体化。城市可利用资金、技术、人才等优势，壮大新兴产业，推动城乡产业的互动发展，城市与乡村之间互通有无，相互承接促进城乡资源的合理配置和应用。

（6）发挥多元主体的协同效应。农村科技创新工作需要多元主体的协同参与和共同行动，在这个过程中既要充分发挥各级政府和相关部门的支持引导作用，也要积极赢得农民与其他社会组织的全力参与和配合①。具体而言，推动农村科技创新的多元行动主体主要有各级政府部门、农业龙头企业、生产合作社、农业高等院校、涉农类社会组织和农民及自治组织。多元主体协同效应需要充分地发挥各主体的优势，支持和鼓励农民及自治组织的自主创新和合作创新行动，助力创新成果的转化；联合农业龙头企业、农村生产合作社，发挥市场主体的积极效应，构建起市场化联合的科技创新体系。此外，发挥农业高等院校的外脑作用，鼓励高校和农业类科研机构深入农村基层，积极了解农民和现代农业的发展需求，为农村科技创新行动提供智力支持；积极引导和支持涉农类社会组织参与到农村科技创新体系的建设中，借助其在农业方面的专业性研究，发挥其外部力量的推动作用。

二、加速释放科技创新制度的功效

科技创新工作的开展离不开相关政策的支持，科技创新制度是塑造创新环境和激发创新活力的重要手段，当前我国正处于落实创新驱动发展战略的关键时期，必须不断地完善和优化科技创新制度体系，充分发挥制度体系对于农村科技创新工作开展的环境营造和创新激励作用。总体而言，一系列农村科技创新的制度设计可以为农村科技创新工作的顺利开展提供以下便利。

第一，有助于营造宽松的社会环境，为农村科技创新工作提供“保护伞”。科技创新意味着运用新的手段、方法打破固有的模式，创新的过程也是不断试错、不断在失败中汲取经验教训的过程。农村科技创新制度的成立为其营造了鼓励创新、宽容失败的文化和社会氛围，对于相关工作人员在合法创新实践中出现的失误、失败给予更多的理解、宽容和帮助，这种社会容错氛围能够为科研机构、农业科技推广机构等减轻心灵上的负担和压力，有利于形成崇尚干事、鼓励开拓、保护人才的环境。科技创新制度发挥着“保护伞”的作用，使得各类人才有敢于

① 徐顽强. 2018-11-01. 推动完善农村科技创新体系[N]. 经济日报，（15）.

冒险和探索发现新事物的空间与勇气，可调动各方面的积极性、主动性和创造性，反过来又更加推动农业科技创新工作的开展。

第二，健全的制度保障是农村科技创新工作的“安全阀”。制度作为具有权威性和政治性的行为约束规范，能够从合法性和合理性上充分保障农村科技创新工作的开展。一方面，在建设上，制度能够给予农村科技创新主体以自由思考的权利和选择的自由，在从事相关的科研创作和技术创新时有章可循，可以在制度框架内维护自己的合法权益；另一方面，各项制度设计的进行都是围绕农村科技创新工作进行的，实际上是充分保障了各个组织机构和主体行为的有效性，从最大程度上维护各主体间的利益，纠正和打击一切违反制度规则的行为，利用法治化的手段和方法为农村科技创新工作提供安全保障。

第三，制度的有效性可协调利益关系，形成组织发展的“合力”。科技创新制度对人的行为选择具有激励和导向功能，规范着人们应当如何做出选择。农村科技创新工作的开展需要多元主体的协同参与，在这个过程中难免会存在利益的差异和冲突，科技创新制度作为一种社会关系的规范体系，能够对农村科技创新组织的资源和财富形式进行合理性配置，平衡和协调主体间的利益关系，将人们的利益矛盾和冲突控制在一定范围内，并能够整合因利益分化而出现的各种组织力量，防止和减少各种组织力量的内耗，形成促进组织发展的“合力”。

农村科技创新制度为农村科技创新工作的开展提供了“保护伞”“安全阀”，有助于充分发挥各主体之间的作用，形成“合力”。从这个角度看，制定农村科技创新制度是构建农村科技创新体系中的重要工作内容。事实上，农村科技创新体系的建立有助于推进科技创新工作的组织化和协同化，有效对接国家现代农业产业技术体系，促进现代科技成果在农业发展中的转化；与此同时，有助于科技资源的优化配置，充分发挥技术创新平台的示范作用，攻克农村发展中的科技难题。

第四，从乡村振兴的角度来看，加速释放农村科技创新制度的功效有助于实现“产业兴旺、生态宜居、乡风文明、治理有效、生活富裕”的乡村振兴战略总要求。农村的现代化建设离不开技术的推动，科技创新机制建设可以从顶层设计上实现农业科技工作重心的调整，使其向产业化、专业化、整体化方向发展；与此同时，加速科技、产业、金融、资本等各类要素在农村建设中的流动，培育发展新生力量，显著提升科技对农业质量效益竞争力和农村生态环境改善的支撑水平，在质量、效率和动力上焕然一新，实现乡村的全面振兴。同时，制度化的实践为农村社会化科技服务水平的提高、人力资源的充分开发提供了保障，使得乡村振兴战略下农村科技创新的各项活动均在制度的规范和约束之下进行，避免不正当手段参与竞争破坏社会公平正义的事情发生，整体推进我国农业农村科技创新，为实现乡村振兴战略添砖加瓦。

第四节　提高基层政府及组织承接上级政策的能力

党的十九大报告指出“深化简政放权，创新监管方式，增强政府公信力和执行力，建设人民满意的服务型政府”①。随着“放管服”深化改革的推进，从中央到地方，各级事权被大量地层层下放，在这样的背景下，被下放到下级行政单位的事权过多、过快和过于频繁，而与之配套的措施并没有随之同步跟进，其表现为基层政府在事权承接能力上存在明显的不足，基层政府承接上级下放事权的整体效果还有着很大的提升空间②。

当前，加强农村现代化的科技服务，深入推进和完善农村科技创新体系，为农村的生产生活提供强有力的技术支撑，已经成为乡村振兴战略实施的有效途径之一。基层政府承接上级事权或政策的能力水平作为推进深化改革的重要组成部分，直接反映着上级事权或政策在基层政府中实践的真实效果，因此在构建农村科技创新体系的过程中，有必要对地方政府，尤其是基层政府承接的事权进行清理和规范，培育基层政府的承接能力，完善农村科技创新的对接工作，以促进其更加全面有效地履行承接责任，提高承接能力。

一、培育基层政府的承接能力

农村科技服务的公共属性决定了在建立农村科技创新体系过程中政府居于主导地位，基层政府在其建设的过程中需要进行宏观的管理和给予必要的支持，从而保证农村科技创新体系建设的顺利实施。因此，在农村科技创新体系建立的过程中，培育和提高基层政府的承接能力需要明确农村科技工作职责定位，理顺部门之间的关系，整合农业科技创新资源，培育农业科技创新人才。

（一）明确职责，理顺部门关系

农村科技创新体系建设的基本任务和目标是通过体系的建立来带动科技成果与技术应用于农业生产。在这个过程中，基层政府承担着重要角色，一方面，基层政府开展农业科技方面的工作需要直接对上级负责，同时需要在上级的指导和要求下进行农村科技创新体系的建立与实施，即承接上级政策或任务；另一方面，基层政府在开展农业科技方面工作的过程中，面临的情况复杂多样，需要多个部

① 习近平：决胜全面建成小康社会 夺取新时代中国特色社会主义伟大胜利——在中国共产党第十九次全国代表大会上的报告[EB/OL]. http://www.gov.cn/zhuanti/2017-10/27/content_5234876.htm[2021-10-10].

② 李彦娅. 2020. 放管服改革背景下的基层机关事务管理创新[J]. 天津行政学院学报，(1)：54-60.

门相互协助、共同推进。明确农村科技工作的职责定位、理顺相关部门的关系是建立农村科技创新体系、发挥其功能和作用的基本前提。

细化和明确基层政府中负责引导农业科技工作的机构与岗位的具体职责。通过明确的岗位工作职责来细化农业科技工作任务，通过明确的职责划分来准确定位基层政府在农村科技创新体系构建过程中的主导角色。基层政府在农业科技方面的工作职责划分以“有所为，有所不为”为原则，从而强化基层政府在农村科技创新体系构建过程中的宏观调控职能，将构建农村科技创新体系的目标与基层政府在农村科技方面的具体情况相结合。在推进乡村振兴战略的背景下，大量的农村科技创新资源流向农村，基层政府在农村科技工作中涉及的人、财、物要对应特定的岗位和职责，为农村科技创新资源的有效配置创造基本条件。

理清农村科技创新工作相关部门的关系。当下科技创新成为社会发展的重要推动力，而农村在科技创新方面较为薄弱，因此国家开始重视农村科技方面的工作。近年来，在各级政府的统筹下，相关部门加强相互间的协助，部门之间的工作关系及运作机制得到了较好的梳理，构建农村科技创新体系有了较好的部门协作基础。同时，因农村科技创新工作的现实需求，客观上需要基层政府有良好的部门协作来推动农村科技创新体系构建工作的顺利开展，而良好部门协作的前提是理清基层政府部门之间在农村科技创新工作方面的关系。

（二）优化配置，整合服务资源

实现资源的优化配置是社会主义现代市场经济体制的重要目标，也是提高资源利用效率的有效手段。为适应社会的发展、正确处理政府与市场之间的关系，党的十八届三中全会明确表示“使市场在资源配置中起决定性作用和更好发挥政府作用”[①]，一方面要尊重市场经济的一般规律，使其正向激励社会经济向好的方向发展；另一方面需要政府更好地发挥宏观调控、市场监管、公共服务、社会管理等方面的职能以弥补市场的不足。基于此，在构建农村科技创新体系的过程中，要提升基层政府的承接力就需要正确处理基层政府在参与市场过程中所面对的问题，实现资源的互补与互通，从而整合农村科技创新资源，以实现资源优化配置的目标。

当前我国农村科技服务与创新的资源拥有量难以满足“三农”发展的需要。在乡村振兴战略背景下，农村科技创新体系的建立面对机遇与挑战，一方面，乡村振兴战略的推进为农村带来了大量的农村科技创新资源，为农村科技创新体系

① 中国共产党第十八届中央委员会第三次全体会议公报[EB/OL]. https://news.12371.cn/2013/11/12/ARTI1384256994216543.shtml[2013-11-13].

的构建带来了新的契机；另一方面，乡村振兴战略将进一步地推进“三农”问题的解决，同时对农村科技创新与服务提出了更多的需求以匹配现实发展的需要。因此，基层政府在科技创新工作的推进过程中需要做的就是把握发展契机，将农村科技创新与服务的资源进行有效的配置以匹配现实需要；正确把握农村科技创新服务的公共属性，积极争取上级的政策支持，通过上级的财政、政策来加大对农村科技创新体系构建的支持力度；同时，要将发力点着眼到本地区内，结合本地区的发展优势来改善本地区资源拥有的状况，从而培育本地区的发展资源，以提高农村科技创新资源的存量，以此来推动基层政府实现农村科技创新资源优化配置的目标，从而提升基层政府承接能力。

（三）培育人才，改善人才队伍结构

农村的发展离不开人才发挥作用，实施乡村振兴战略对人才有着巨大需求，基层政府作为主导农村科技创新工作的服务主体，农村科技工作的现实需求对其自身的人才队伍结构提出了更高的要求，加强农村科技创新工作队伍的培育，通过制定适当的人才政策引导更多的专业人才投身农村科技服务事业，以提升农村科技创新体系中主体的能力素质，从而逐步改善农村科技创新服务队伍人员的结构，从人才的能力素质和相对完整的人才队伍结构方面来提升基层政府的承接能力。

培育农村科技人才，改善人才队伍结构，具体而言要从人才的存量和增量两个方面考虑。首先，建立健全农业科技人才培训的机制，基层政府要定期组织农业科技人员的培训活动，通过专业的技术培训来提升农村科技人才的技术业务水平，从人才队伍的存量上考虑再教育和再培训，基层政府要丰富和完善与培训机制相对应的政策支持，如农村科技人才干部队伍的日常管理、资金支持、考核等，让农村科技人才能够更积极地投入农村科技创新工作中。其次，创新人才引进的机制，从人才队伍的增量上考虑干部队伍的提升。长期以来，人才能引进来但留不住是基层政府需要面对的问题。农村科技创新人才数量少、年龄大是客观存在的问题，而在乡村振兴中有着大量的农村科技人才缺口，要通过制定相应的人才引进机制来吸引优秀大学生和农村科技人才，增加农村科技人才队伍的数量，使其参与到农村科技创新服务的工作中，充实基层政府的人才队伍。通过上述两个方面来构筑“内外”结合、多层次的人才梯队，解决乡村振兴战略下农村科技创新服务人才的供给不足问题，也能直接提升基层政府开展农村科技创新工作的能力。

二、完善农村科技创新的对接工作

在相当长的一段时间内，农村科技创新工作存在与实际生产对接不匹配、成

果转换和应用转化率不高等问题，因而在乡村振兴战略背景下构建农村科技创新体系时，要在具体的实践中突出科技成果的有效转化率。基层政府在提升承接上级政策时，需要重视农村科技创新工作的对接效果，只有充分发挥基层政府在农村科技创新体系构建过程中的主导作用，通过营造良好的农村科技创新环境，积极吸引多元主体协同参与农村科技创新，构建农村科技成果应用体系，完善农村科技创新的对接工作，才能更好地实现其目标。

（一）营造良好的农村科技创新的环境

在乡村振兴战略下，基层政府在主导农村科技创新体系的构建过程中，营造良好的服务环境是新时代下农村科技创新体系建设的关键，也是提升基层政府在农村科技工作方面对接能力的必然要求，良好的农村科技创新环境可以为科技创新的对接工作提供更多空间，同时给农村科技创新体系的构建创造良好的条件。农村科技创新资源要素的流动和配置及科技创新服务主体的培育和发展，都需要以相应的行政政策、法律法规、社会文化及相应的基础设施条件等软、硬环境为支撑。

基层政府在营造良好的农村科技创新环境过程中，要重视营造良性的竞争环境，充分利用法律法规来规制市场中的失范行为，尊重市场中不同主体的利益诉求，营造“互利互信”的环境，从而实现多方主体共赢的科技创新成果共享局面。首先，要建立健全法律法规体系，基层政府科技创新对接工作的开展需要有健全的法律法规体系作为工作底线和工作方向，同时通过实际工作的开展进而不断调整和完善现有的农村科技创新方面的法律法规体系，这也是提升其对接工作能力的必然要求。其次，要重视政策的保障作用，农村科技创新体系的公共属性决定了农村科技工作的开展离不开政府政策的支持，基层政府只有充分利用相关政策，如财政、税收、金融保险等政策，才能有效地达成提升对接能力的目标。最后，基层政府要重视改善农村科技创新基础设施条件。当前农村科技创新基础设施的供给与农村发展需求之间仍然存在着较大差距，在乡村振兴战略下，国家将加大对“三农”的支持，农村的发展将迎来新的契机，相关的基础设施也将不断更新和完善，基层政府在推进农村科技工作的过程中要重视基础设施的建设，改善基层科技服务人员的工作条件。

（二）吸引多元主体协同参与农村科技创新

基层政府在农村科技创新体系的建立中起着主导角色，服务于参与农村科技创新工作的相关主体，为其提供更好的环境，因此基层政府完善农村科技创新的对接工作离不开各类主体之间的积极配合、密切交流，在相互平等的基础上形成相互协作的关系，从而形成一个良性互动的有机整体。

基层政府吸引多元主体系统参与到农村科技创新工作的关键是要打破各个主体之间的制度性壁垒，首先就需要基层政府积极主动地为各类主体搭建相互交流的平台。通过制定相关的优惠政策、项目规划等行政手段，在尊重市场规律的基础上，让主体之间形成良性的竞争与合作的关系，以此来促进科技成果的推广和应用，同时提升基层政府农村科技创新工作的对接能力，要积极鼓励各类主体之间的交流，如企业与农户、企业与合作组织、农户与合作组织等。实践表明，资源的流动才能带来更好的现实效益，农村科技创新的各类主体之间的多层级、多样化的交流，有利于其实现自身利益的同时，还能促进农村科技创新资源的多向流动，从而提高参与主体之间的合作意识和更新观念，在政府主导农村科技创新工作下充分发挥其“第三种力量”的作用。当然，在实际运作的过程中，由于各类主体之间的利益各异，且不同需求主体之间可能产生冲突，需要政府通过相关的法律法规来规制。

（三）构建农村科技成果应用体系

构建农村科技创新体系最终要将其转化为科技创新的成果应用在乡村振兴推进的过程中，农业的发展也迫切需要科技创新成果为其注入活力，农村的建设需要科技为其提供助力，农民群众的生活富裕需要科技成果来提供更多的致富技能，农村科技创新成果为乡村振兴的实施开辟出新的途径。

在这样的背景下，基层政府在推进农村科技创新工作的过程中，需要重视构建农村科技创新成果应用体系，实现农村科技成果在生产实践中的效益产出。基层政府在农村科技成果应用体系的构建中，首先，要坚持问题导向，提高农村科技创新工作解决问题的针对性，将农村科技成果的产出与生产实际进行对接，确保基层政府在农村科技工作的过程中，发挥出使科技成果供给与实际需求更加契合的职能；其次，基层政府在推进农村科技创新工作时，应在坚持上级政策的基础上，因地制宜地结合本地的实际情况来开展工作，善于突破体制机制的困境，且基层政府在工作推进的过程中面对的农村科技创新问题愈发复杂、细微，这也就需要基层政府在实践的过程中更加灵活地推进科技成果应用体系的工作；最后，基层政府要切实建立和实施科学的科技成果评价体系及科技成果转化激励的体系，要善于搭建科技成果转化平台，丰富和完善科技成果转化渠道，更好地实现农村科技成果“实验室”与“田间地头”的高效衔接。

第十章　构建农村科技创新体系的配套政策

为全面实现乡村振兴，构建农村科技创新体系，既要做好顶层设计，全方位地规划引领、整体系统性地构建农村科技创新体系的四梁八柱，还要从现代农业农村事业发展大局出发，不断完善健全农村科技创新的各项制度，并尽快形成可操作、可推广的一揽子配套政策。这需要整合政府、企业、社会组织、高校科研院所等多方资源，聚集更多政策、资本、人才、信息、服务、中介等创新要素组合，优化功能配置、创新组织结构、健全体制机制、规范运营监管，搭建起服务农村科技创新创业的综合性服务平台，进一步放活人才、放活成果、放活主体、放活要素，营造配套完善的创新创业生态系统，加快形成农村科技创新的生动局面①。

第一节　健全现有农村科技创新服务体系

整体来说，我国经济发展已从高速发展阶段转为高质量发展阶段，而产业转型升级正是促进农村高质量发展的重要举措。随着互联网和人工智能等新技术在农村的大面积应用，农村科技创新在推动农村发展中将具有更重要的意义。为了适应科技快速发展的趋势，农村科技创新服务体系也需要全面升级。实施乡村振兴战略是党的十九大提出的重大决策部署，这是对新时期“三农”工作的总体布局。实施乡村振兴战略，加快农业和农村现代化，实现产业兴旺、生态宜居、乡风文明、治理有效、生活富裕迫切需要农村科技创新服务体系的大力支持。

一、完善农村科技推广服务体系

农村科技推广对于我国农业农村经济的发展具有重要的推动作用，伴随着我国农业产业的不断发展及农村现代化建设的深入推进，农村科技推广服务作为农业科技与农业生产相结合的“桥梁”，在农村发展中起到越来越重要的作用。农村科技推广服务主要涉及农村科技咨询、农村科技推广等活动。农村科技推广服务有两个含义：首先，研究人员及基层科学技术推广工作者在不违背农业科学技术

① 推动完善农村科技创新体系[EB/OL]. https://share.gmw.cn/theory/2018-11/01/content_31876120.htm [2018-11-01].

自然原则的总前提下和农业组织或农民开展合作活动，利用各种途径和方法在农村地区运用各项农业科技创新技术成果；其次，由农业组织或农民结合自身对农业活动中某些科学技术的需求来引导研究人员开展针对性科研工作，并将科研成果运用在农业生产实践中。

伴随着我国互联网、大数据、人工智能等新技术的迅猛发展，农业科技服务系统中新科技的重要地位逐渐凸显出来，这促使着传统农村科技推广服务体系逐步朝具有高度智能化信息功能的现代农村科技推广服务体系转变，原本难以解决的人力稀缺、信息阻塞、服务不到位、体制不灵活等问题均有望迎刃而解。截至 2015 年，我国只有三成左右的农业科技成果得到实践运用，尽管我国农业科技水平提升较快，但其给农业生产带来的实际帮助仍然十分有限。结合有关数据调查显示，2020 年我国有九成以上的农民已经对农业技术重要性有了比较客观的认识。

随着互联网时代的到来，信息技术将成为农业技术服务体系的关键内容之一，基于现有农业科技服务体系，构建具有高度智能化特征的现代农业科技服务体系已经成为我国农业发展的必然趋势，可以改变原有系统的体制僵化、服务单一和人力不足等问题。与传统的农业科技推广服务体系相比，科技推广体制的新时代需要适应农业和农村发展新时代的需要：第一，农村科技推广服务体系具有知识结构的多元化，在结合多学科研究成果的基础上，可以充分利用其他行业的先进技术和经验来满足农业生产的科技需求，同时它还可以满足不同地区和不同农业组织的需求；第二，农村科技推广服务体系能够为农业生产提供公益性服务，从而促进农业科技创新的发展，将更多先进实用的科技成果引进到农业产业中；第三，农村科技推广服务体系具有生产、教育和研究的体系结构，产学研一体化可以开辟信息、成果、人才、资金等多种渠道，让科技成果改进农业生产方式，提高农业生产效率，改善农业生产模式①。

整体而言，我国的农村科技推广服务日益多元化。国家对“三农”问题的重视程度不断加强，也促进了我国农村科技推广服务的发展。截至 2012 年底，我国农村专业技术协会人数达到 13.3 万人。我国农村科技推广服务的主体由四部分组成：政府公益组织、农业类大学科研院所、农村基层组织和农业龙头企业。其中，政府部门及其主要的公益组织一般是由农业部门、财政部门、科学技术协会和公益推广服务机构组成的多元代理协调系统，它是我国农业科技服务的主力军。涉农类高校、农村基层组织和农业龙头企业则发挥着科技成果转化、农业技术咨询、产品推广和供销等功能。虽然我国农村科技推广服务取得了丰硕成果，但新时期，

---

① 陈业兵，杨英阁，赵海军，等. 2019. 乡村振兴背景下对农业科技创新与服务模式的思考——以山东省农业科学院为例[J]. 农业科技管理，38（1）：57-60.

为了更好地支持农村科技创新，使农业科技成果更多地为农业、农村、农民服务，还需要从以下几个方面完善农村科技推广服务体系。

（一）加强法律保障

完善农村科技推广服务体系，应完善立法、执法、司法等各个方面。我国现行的《中华人民共和国农业技术推广法》是1993年制定的，在一定程度上已经无法满足当前农业和农村发展阶段的要求，特别是其可操作性较差。因此，2012年从国家法律层面加强了顶层设计，全国人大修订了新的农业技术推广法，以依法治国的理念推进了农业技术推广工作。同时，各级政府应该因地制宜，根据实际执行情况出台相应的配套制度措施，以配合法律的执行和落地[①]。

（二）完善体系机制

政府应积极改进农村科技推广服务机构的选择、就业、绩效和评估机制。在选人用人方面，政府应该建立公开、公正、公平的招聘制度，竞争上岗，选拔有能力、有经验、能扎根农村、热爱农村事业的优秀人才。这需要建立健全的考试、面试、复核和总结程序，严格筛选优秀的农村科技推广人才。在农村科技推广责任方面，有必要通过协议的形式明确责任，落实专业人员的责任，明确农村科技服务人员的服务领域、对象、责任、义务等；将任务与薪酬激励挂钩，建立专业推广人员与服务农民之间的直接联系，并履行责任包田、包户、包人专项服务。在对员工进行评估时，我们可以建立"四位一体"评估机制，并由政府部门、推广服务机构、专业人员和服务农民进行综合评估；制定细化定量考核标准，并实行末位淘汰制度，对任务完成不佳的个人和相关部门负责人制定相应的惩罚措施[②]。

（三）综合优化体系

农业科技推广服务体系是一个全面且具有重要意义的体系。从短期来看，政府主导的农业科技推广服务体系仍将是我国农业科技服务的支柱。为了更好地为农业生产服务，提高农业现代化水平，当前的农业科技推广服务体系需要全面升级，包括优化机构设置、缩短服务流程、提高系统的运营效率和实施。虽然现有的推广机构经过长期发展，形成了覆盖面广、模式成熟的推广服务体系，但是也

① 原涛，田东林. 2018. 关于完善县级农业科技服务的几点思考[J]. 农家参谋，(20)：31-33.

② 张黎明，刘维，杨霞. 2018. 大数据视角下区域创业孵化服务体系构建研究——以四川省泸州市为例[J]. 决策咨询，(6)：47-52.

暴露出了一些问题，如机构比较臃肿、服务流程较烦琐、对新科技新模式与新渠道的利用不足等。在当前环境下，农业科技推广服务体系需要根据市场需求整合资源，简化部门设置，废除多余部门，整合相似功能的机构，尝试建立新的综合性农业科技推广机构，统一领导，协调管理，为农产品市场提供简捷有效，适应性强的各项服务。

（四）多元化推广模式

为优化农业科技推广服务体系，有必要进一步探索出一套多渠道的多元化农业科技推广模式，当前我国以政府为主导的农业科技推广服务体系在长期实践过程中也暴露出了一系列局限性和资源优化不足的问题，不能完全满足农业需求，为此应该发展多元化、多学科、多渠道的农业科技推广模式。除政府部门外，各大高校科研院所可以积极参与，提供产学研一体式农业科技服务，更直接地将农业科技和农民需求对接。同时，一些机构还可以培养复合型人才，并充分发挥这些人才的主观能动作用，以此来促进我国农业科技推广体系的发展。培养专业农民是提高农业微观层面科技含量的重要途径。对于以企业和农民为主导的农业科技推广服务机构来说，也可以充分发挥市场在资源配置中的决定性作用。改善我国农业科技推广服务体系，为农业生产提供一系列多维度的服务，如科研、推广、生产、销售和深加工[①]。在探索农业服务模式的创新时，还可在有条件的地区构建起集约化农业科技示范园，依托“农民+企业+农业科技专家”模式直接为农民提供农业科技成果，并鼓励相关信息在学科之间流动。此外，各地方可以因地制宜，根据不同的情况，积极探索新方法，选择符合当地特征的发展类型，对合适的科技专家、农业人才、企业、园区等给予政策、土地和资金等支持[②]。

二、继续实施农村科技特派员制度工作

自 2002 年试点农村科技特派员制度以来，该制度覆盖了全国 90%的县、市和区，大约 9 万名科技特派员长期在农村工作直接为 1250 万农民服务。农村科技特派员制度是推动现代农业科技创新的基础，可以培养一批具有专业技能和专业素质的新型农民，建设一个具有信息和智能的新型农村[③]。

科技特派员在政府的引导和协助下，可以利用科学技术带动农业农村发展，与当地的政府、企业、社团、农民等主体结成创新创业的联盟，依托合作、入股、

① 刘艳岩. 2018. 农业基层科技推广体系存在的问题、挑战与对策思考[J]. 农家参谋，(5)：22.
② 陈丽华，林凯. 2019. 国家高新区创新型产业化供应链公共服务体系建设[J]. 科技中国，(1)：78-81.
③ 王海山. 2018. 农业科技推广服务体制和运行机制创新研究[J]. 乡村科技，(32)：14-15.

租赁等一系列方式来集中管理农村土地，实现农村土地的统一监管与经营，形成规模效应和为发展现代农业创造必要条件。不过农村科技特派员制度执行过程中也存在一些问题，如从统筹和分配的视角来看，科技特派员、企业、农户等主体之间的利益分配问题。大学与科技特派员具有政府公益性质，总体的利益分配方案是企业、农户及其他利益相关方主导，且用市场化原则主导利益分配可以做到更加客观公正，通过法律法规监督执行，采用现代企业制度来管理，有利于提升运营效率和形成利益共识，并形成稳定的合作关系，同时可以避免农户等弱势群体的利益受到损害，这样可以增加农户的信任度和积极性，让乡村振兴健康有序推进。高校作为科技特派员的归属单位属于事业单位，但是高校派出的科技特派员却应遵循市场化运作方式，通过涉及的项目和公司将科技成果转化为农业产出。另外，还需要激活市场主体活力，通过多种方式引进合作方，特派员和资金方可以通过资金入股和技术入股等形式与农村农业主体创办企业，加速要素流通，借助市场配置资源的决定性作用来优化现代农业的发展生态。为解决乡村振兴中科技、人才、资金、政策的瓶颈问题，提升科技服务农业发展的潜力，可以在更多角度、更多维度上不断完善农村科技特派员制度。

首先，政府应加大对农村科技特派员制度的支持力度。农村科技特派员制度是服务“三农”的重要手段，特派员的工资薪酬应列入政府预算，也可以设立专项基金，以支持科学技术专员的业务发展。科技特派员的财政经费支持主要用于其日常工作开展，而无法有效保障其工作报酬和绩效激励等福利。政府还可以通过参与项目开发评审过程、咨询或政府购买等方式向科技特派员购买有偿服务，同时，应鼓励科技特派员与当地农业相关企业共同承担科研项目。科技特派员还可以拓展农村科技融资渠道，建立科技特派员项目风险投资基金和担保机构，构建农业相关金融服务平台。

其次，建立科技特派员与其他主体的畅通交流渠道。政府可以统筹设计科技特派员、农业技术需求者、科学技术委员会及社会其他参与者之间的互动交流平台，促进干事创业效率的进一步提升。该交流互动平台应具备以信息平台、数据统计、项目库归档为代表的综合配套服务功能，积极探索利用互联网、大数据、人工智能等新技术，精准推送农业技能、农业科技知识、农业市场信息等内容，为农业科研人员提供指导与借鉴，促使农村科技特派员制度的运作更有方向性和连续性①。

最后，积极协调统筹多部门联动。由于科技特派员的工作开展涉及多个部门和多个层级，协调管理上容易出现政出多头、推脱责任等问题，因此要构建起一套多层级、多部门的统筹联动机制，对金融、人事、农村、农业、高校等各方资

① 魏黎，田力，樊丽霞，等. 2018. 高校科技特派员“三因素”激励模型及验证[J]. 中国高校科技，(12)：72-75.

源进行高度整合，并设立统一领导机构，成立专门的领导小组或委员会，定期对实践中出现的重难点问题进行研究，以便找出针对性解决办法。

第二节　夯实农村科技创新体系的资金投入

一、继续发挥政府的主导作用

为提高中国的自主创新能力，《国家中长期科学和技术发展规划纲要（2006—2020年）》提出，“建立多元化、多渠道的科技投入体系，充分发挥政府在投入中的引导作用，通过财政直接投入、税收优惠等多种财政投入方式，增强政府投入调动全社会科技资源配置的能力”。国家财政科技资金投入主要是指各级财政科技配置，财政科技配置包括中央财政和地方财政两个层次。实践中，我国需要重点扶持那些在市场机制下无法达到最优配置、较难融资的基础设施、公益事业、支柱产业及前沿技术等领域的研发活动，这些项目研究成果的转化往往具有正外部性，对社会经济发展具有重要意义，有助于鼓励和引导企业及全社会对技术的投入。中国各级财政一直在科技研发上增加投入，从1994年的268.3亿元增加到2016年的776.07亿元，增加了近2倍。在乡村振兴的背景下，政府应更加积极主动地发挥技术驱动、创新驱动和产业转型升级的主导作用，通过优化和整合有利于科技创新的各种资源，提高科技创新质量和效益，并全力促进产业结构升级。在充分发挥市场决定性作用的同时，政府还应构建起一套强有力的配套辅助机制，以便发挥宏观调控的作用。进一步推进我国农村科技创新，必须在新的发展观念中推广群众创业和创新，全面综合运用各项技术方法，促使政府财政资金的充分利用①。

首先，应充分发挥出政府的引导规划作用。可以结合当地条件和政策调整措施，明确该地区农业发展的领域、目标、任务、优先事项和举措，明确符合行业实际情况的高新科技项目规划，并制定配套的实施措施，而且还应充分明确各基层部门在规划实施过程中的具体职责，确保各阶段的计划得以顺利实施。其次，应充分发挥市场的资源配置作用。利用激烈的市场竞争来刺激我国农村产业升级创新，进一步深化农业市场制度改革，为后续我国农业市场的健康发展奠定坚实基础。再次，应充分发挥出政府政策制度的支撑引领作用。围绕国家出台的一系列新产业政策法规，强化基层政府部门的建设主体作用，各地区应结合长期以来积累的政策制度经验，不断完善本地农村产业升级与创新相关制度机制。最后，应充分发挥政府激励引导与经济扶持作用。整合当地现实，增加金融投资和科技投入，优化资源配置，优化税收政策，建立风险投资保障，加强财政支持，鼓励产业创新升级。

① 高昕. 2018. 金融支持下的农业科技创新研究[J]. 智库时代，（43）：44-45.

具体来说，政府主导农村科技创新措施主要包括以下方面。①所得税优惠。中国高新技术产业享受的所得税优惠主要体现在税率、税基和税额三个方面，这是通过降低税率、减少税基和减少应付税款来实现的。②增值税优惠待遇。与中国高新技术产业相关的增值税税收优惠主要包括：直接用于科学研究、科学测试和教学的进口仪器与设备免征增值税；对承担国家重大科技研发项目的企业进口项目，引进技术吸收和再创新项目，非国内生产的关键设备、原材料和零部件免征进口关税和进口增值税等。③政府采购。基层政府通过建立财政资金购买自主创新产品体系，研究开发企业自主研发的具有知识产权的农业高新技术产品，在投入市场时由政府首先对其购买以加快普及速度、提高创新积极性，通过政府采购，形成一定的技术标准①。

二、构建“多源流”的资金筹集机制

总的来说，农村金融主要采取以政府为主导，多层次、多渠道的金融体系尚未建立，为了提升农村金融服务实体经济的能力，解决农村中小型创新创业企业面临的融资难、融资贵的问题，可以通过更丰富的金融手段和工具，积极构建多源流的融资机制。当前，农村科技创业融资有两种主要渠道：一种是企业通过内部自筹所得，这是典型的内生融资范畴，如企业经营积累所得资本和亲朋好友的借款；另外一种则是外部融资所得，如企业向各类金融机构贷款所得等。实地走访可知，许多非正规金融机构的贷款是公司获得外部资金的主要渠道。所谓正规金融，即由国家法定的金融机构，如合作金融、商业金融及政策融资等，而非正规金融是指一种与传统金融机构不同的金融形式，有时不能由国家金融监管机构进行有效监管，这些金融渠道可以是直接融资，也可以是间接融资，如私人资本借贷、互联网金融、私募基金等。为提高金融对农村小微创新创业企业支持，可以在以下几个方面着力提升支持力度。

（1）农村政策性金融。由政府主导的农村政策性金融模式是通过构建专门的政策性金融机构来负责各项农村政策性金融业务的处理，包括保险、贷款等业务，为需要服务的农民或农村组织提供政策性金融服务。

（2）商业银行。创新商业银行贷款模式，通过利率引导、集中统贷、第三方增信等方法，加强农业农村小微企业的融资能力，让商业贷款可以更多惠及有资金需求的初创企业。

（3）农村信用社。我国特有的农村信用社正是为了有效解决农村市场的资金供需矛盾而设立的互助组织。这种组织很简单，不是基于盈利能力，而只强调借

① 卢兴文，刘文轩，薛魁中. 2017. 河北省产业创新升级中政府的职能作用[J]. 合作经济与科技，（2）：22-24.

贷和退还贷款，所有成员都平等互助。农村信用社通常会先充分了解有贷款需求的农业企业或农民，由于贷款人和借款人之间不会存在严重的信息不对称问题，所以贷款的坏账损失通常不会太大。

（4）民间借贷。针对依托自然经济而生的农业企业而言，这些企业的初始资本积累往往不多，难以有效满足自身发展需要，为了能够得到长久发展，农民企业家往往选择向亲朋好友借款，虽然这部分借款资金通常数额较小，但仍需通过一些私人贷款才能获得充足资金。当前，农村市场资金较为缺乏，这种民间贷款仍有一定市场。互联网金融的出现为私人间的借贷提供了一个高效、透明、通畅、公开、风险可控的新模式，通过互联网金融贷款，主要集中在生产资料的购买、生产工具的升级、农业科技创新、农业社会集约化管理及农产品深度加工等领域。虽然我国政府制定了较多涉农企业财政政策，但出于多种原因，对于绝大部分农业企业更侧重于农业扶持，对于由农民自己筹建的小微型企业则缺乏支持力度。互联网金融的网络属性可以让融资更加渗透到“毛细血管”，更好地惠及中小型农业企业。

通过实地调研发现，在中国广大的农村地区，多层次、多渠道的融资已成为促进农村经济发展的重要融资渠道，传统金融渠道与创新金融工具的结合显示出强大的生命力。这种组合不仅有效填补了正规金融资金的空缺，进一步促进了农村地区的金融改革，同时有助于缓解我国农村金融资源的供需矛盾，为后续农村经济社会的长远发展提供重要帮助。所以，考虑到我国当前农村创业企业的内部自筹资金过于有限，要想解决农村创业企业资金短缺的问题，应通过农村共同基金、农村银行、小额信贷公司和农村信用社及中国农业银行和中国农业发展银行的政策资金，配合其他辅助融资方式，共同构建多元化金融融资体系①。

三、增多运用互联网金融手段

在农业生产环节中，大批先进技术（包括大数据、人工智能等）的运用让传统农业生产方式发生了巨大改变。在产品的流通环节上，物联网、互联网等技术的普及与电子商务模式的崛起，进一步提高了产销间的信息整合效率，促进农产品市场的深度变革；在终端消费环节，因物流与互联网金融的全面参与让传统农产品销售方式也发生重大改变，以消费金融、网上商城、移动支付为代表的新兴消费模式让生产者和消费者间的距离被大大缩短，产业链的高速运转需要产业链融资的护航，也为互联网金融提供了新的契机。

在传统金融服务中，农村金融供给一直是最薄弱的环节，农村融资主体一般规模小、业务不标准化、信息不健全、抗风险能力不强，多重原因共同导致传统

① 何广文，何婧. 2018. 农村金融转型发展及乡村振兴金融服务创新研究[J]. 农村金融研究，(12)：14-18.

金融机构在服务“三农”时产生隔靴搔痒和力不从心的感觉。在我国互联网快速普及的今天，依托互联网渠道来降低农业交易成本、消除信息不对称已经成为当前我国农业金融创新的全新方向，互联网中推出的移动支付、网络理财、在线网贷等新型金融业务，让农村居民也能通过互联网渠道得到更多的金融服务，而且它还增强了农民的财务意识和风险意识。与此同时，也能降低中介产生的交易成本，进一步提高农村金融效率。

随着我国农村市场化程度的不断提高，以政策性金融机构、商业银行、保险公司、电子商务巨头及专业农业市场和互联网企业为代表的互联网金融服务提供商都已充分认识到我国农村市场所蕴涵的巨大潜力。许多“三农”财务的分销已经通过移动支付、网络管理、互联网金融点对点借贷平台（peer to peer lending，P2P）、众筹和在线供应链融资进行。“电子商务+农业”相关的金融模式、围绕商业银行的传统“三农”金融互联模式、围绕农业企业的“金融＋农业产业链”模式、围绕农产品交易市场的“三农+生产平台金融模式”、围绕P2P和众筹等的网络金融模式，这五大类型的金融模式已经成为我国主流的农业金融模式，但由于这些模式大多处于初步探索期，而且缺乏规模效应，所以仍需进一步完善。

就近些年的发展情况来看，互联网金融已经成为服务我国“三农”的主要方式，为了建立起全产业链金融服务平台，切实提高这一行业的服务能力，需要更多借助互联网、区块链、大数据和人工智能等新服务技术。进入21世纪以来我国采用粗放式“三农”金融发展模式，导致“三农”产业链集约化规模效应未能得到充分发挥，并且也缺乏和上下游紧密衔接的高效配合。尽管在最近几年中我国农业农村已经得到迅猛发展，农村地区的居民生活水平大幅度提升，但农村产业链仍相当脆弱，同时产业链的运作效率始终不高。此外，借助农村金融还可加深同一产业环境内各主体间的联系，从而大大降低产业风险。具体而言，要想进一步促进我国互联网金融对“三农”的服务，就必须从产业链各环节的互通互联着手，建立起一套精细化的互联网服务“三农”运作模式，并积极引入高新信息技术与现代金融工具，促进各产业链环节的有机整合，逐步形成能够有效提高互联网服务“三农”效率及质量的“三农”金融服务体系①。

在借助互联网金融服务农村时，需要重视互联网金融与传统金融的差异性，需要明确互联网金融是互联网对金融体系的赋能和革新，因此在设计和构建互联网金融服务“三农”的体系时要注意以下几个方面。

（1）强化大数据与互联网信息技术的运用。在农业领域引入互联网金融服务时必须要“因地制宜”，所开展的金融活动应尽量贴近农户生活生产方式，因此需要积极创新当前的互联网金融模式。依托大数据信息技术广泛收集农户的资金情

① 任秋娟. 2018. 互联网金融背景下农村金融转型发展问题及对策研究[J]. 财会学习，（33）：188-190.

况及其历史金融信用状况，在此基础上筛选出优质信贷客户，并建立相应的资信档案，以便为这些农户日后申请信贷提供便利；通过和农业银行、农业开发银行、当地农村商业银行和农村合作社合作，积极提供适合农民最后期限和资金需求的财务管理模式。

（2）“一地一策”的定制发展模式。由于我国不同地区间的经济发展水平差异较大，想要全面普及互联网产业链金融平台绝非易事，这就需要结合不同地区的实际情况制定对策，以确保全产业链正常运营为大前提，对于技术水平不高的地区则宜采用线下、线上相结合的方式进行互联网金融产业链的推广活动，来拓宽这些地区的农产品线上销售渠道。另外结合不同地区的发展实情调整互联网金融方式，做到因地制宜。

（3）加强信息共享和合作。各商业银行应树立“开放、共享、互助”的理念，主动对接农村互联网金融服务需求，积极参与农村金融领域，和第三方金融平台、电商平台、政府部门紧密协作，加强信息共享和合作工作。首先，农业信息数据共享是满足日益多样化农户需求的必然要求；其次，农业信息数据共享能够促进涉农信贷风险的进一步降低，有助于建立起一个多维度的数据分析体系。

（4）强化农民宣传教育工作。在农民群体中开展互联网金融宣传活动是确保互联网金融得以在农村地区广泛普及的基础所在，只有帮助农户正确了解互联网金融，才能让互联网金融真正融入农村中去。可依托广泛分布在农村地区的金融机构实体网点和农村合作社来做好农民宣传教育工作，同时还可直接通过实地走访的方式在农村地区普及互联网金融知识。此外，还可在农户培训课程中引入一些互联网金融知识，用直接教育方式让农户接受互联网金融模式，或是在农户实际操作电子商务时为其提供互联网金融操作指南，鼓励农户在日常经营生产中运用各项互联网金融服务①。

第三节　培育农村科技创新体系的人才队伍

在贯彻落实乡村振兴战略时，必须关爱、爱护农民，并以此为导向建立工作队伍。2018 年的中央一号文件明确指出，“实施乡村振兴战略，必须破解人才瓶颈制约。要把人力资本开发放在首要位置，畅通智力、技术、管理下乡通道，造就更多乡土人才，聚天下人才而用之”②。振兴人才是振兴乡村的前提条件，只有拥有足够的人才才能有效调整农村产业结构，创新升级农村技术，实现农村经济

① 支敏怡. 2017. 互联网金融服务“三农”发展路径探究[J]. 现代金融，（10）：41-43.

② 中共中央 国务院关于实施乡村振兴战略的意见[EB/OL]. http://www.gov.cn/zhengce/2018-02/04/content_5263807.htm[2018-02-24].

的发展，最重要的是发展过程中可以实现农民观念的更新换代，形成一种创新氛围，向基层组织注入新鲜的血液。

一、尽快出台免费农技生计划

免费农技生计划是为了鼓励更多的大学生选择农业技术相关专业而设立的激励政策，通过多种形式，可以帮助更多爱农村、爱农民的、懂农业的大学生，投身于农村发展事业中。由于农村地区的工作和生活条件相对较差，医疗卫生水平相对较低，对大学生及相关技术人才的吸引力不足，我们应当努力去探究社会需要何种大学人才，帮助大学生明确自己的社会定位，发挥自己的价值，尽管农村教育免收学费是公共财政体制下的一种必然趋势，但也存在不少的问题，具体表现在如下三个方面：一是农村急缺农技类优质生源；二是农技类人才从事农技类工作的比例在下降，向其他领域迁移的成本较低；三是师资分配不均，农村地区吸引不到优质师资，师资力量都集中在城市地区。广大农村地区对农技人才的需求是非常大的，相反优质教育资源却很少，与发达地区相比，教师收入高低不一，农村短缺优秀教师，即便有优秀教师愿意到农村工作，也不会停留太长时间，扶持农业教育一直都是我国发展区域经济的一大重任，但是由于缺乏配套的制度来运作和管理农村教育经费，资金的使用没有达到其最大价值。在当前的体制背景下，应该从以下几个方面入手开展好免费农技生培养计划。

（1）加大宣传和解读免费农技生政策的力度。为了确保免费农技生能够真正成为农业科技创新的核心力量，学生必须充分了解政策细节，并在正式录取之前签署相关协议。只有当学生真正了解相关政策并愿意在未来毕业时从事农业工作，才能真正吸引他们加入“三农”事业，否则将难以有效实施协议。免费农技生政策在高中阶段宣传需要学校配合，通过宣传和解读，使学生正确把握农技生教育政策的内涵，并基于此规划自己的未来发展，确保考生对于这些政策有自己的解读，这样才能增加学生成为免费农技生的积极性，有意愿在学校学习期间和毕业之后认真履行一个免费农技生的社会责任。

（2）地方政府要投入更多经费。定向免费农技生教育的意义就是帮助农村地区填补农技人才缺口，它属于外溢型公共产品，会产生比较大的社会影响力，政府应该出面给予政策和经济上的支持，减少高校的培养压力，提高这些高校培养免费农技生的积极性和学生选择农技专业的积极性。

（3）建立有针对性的免费农技学生奖励基金。对于愿意加入农村科技事业的学业成绩优秀的学生，构建配套的奖励制度，帮助学生形成正确的三观，调动他们的服务能动性，并鼓励他们毕业之后投身于农村农业科技发展事业当中。

（4）招生时新增综合评估环节。应当对定向免费生的思想动态进行全面了解和把握，从他们的社会交往、技能、心理、身体、思想品质、文化素质等方面判断其是否真正拥有投身农技事业的决心，是否适合农村工作，以及对农技政策的了解程度，这样才能保证所选出的人才都具有服务精神和责任心，以免浪费教育资源，同时要加强其思想建设，加强其服务“三农”的意识。

（5）充分发挥淘汰机制的作用。构建淘汰机制是贯彻落实免费农技生政策的必由之路，在此过程中，难免会发生免费农技生学习水平不达标、能力不匹配的现象，高校应严格落实优胜劣汰的筛选机制，促进学生群体的自我提高和自我净化，确保免费农技生真正学有所长，任何不符合标准或道德品质不佳并且拒绝批评和改进的学生可能会被取消其免费农业技能培训资格。

（6）坚定学生的信仰。农技生普遍关心“三农”事业，而且愿意投身其中，这是其成为优秀农技人员的前提条件，所以要使其主动建立专业精神和服务“三农”的决心，应当综合运用多种方式，分阶段、分主题地对入校的免费农技生进行职业理想和职业道德方面的教育，确保这些农技生拥有正确的价值观和思想，并愿意为农技事业奉献[①]。

二、培育农村科技定制型人才

在生产技术不断进步，农业市场竞争加剧的环境下，农业产品和产业的需求也开始多元起来，如何满足个性化的客户需求逐渐成为农业产业的主要竞争问题。灵活的定制化生产保留了原有生产方法的优点，也开发了各种各样的多样性，使得客户的不同需求得到了满足，在保持效率的同时控制了成本。

在培养农村科技个性化人才的过程中，我国高校、科研院所、培训机构也在对相关的模式和制度进行不断的优化、调整。高校的主要实践是特定专业和特定课程的学分制，但即便如此，个性化培训模式还是处于难出成效的状态，它也未能真正起到激发学生能动性的作用，考虑到中国当前农村科技创新的多样性与复杂性背景，定制人才培养是一种创新的人才培养模式，是应对外部环境变化而形成的。它指的是打破大学、研究机构和培训机构在培养各类专业人才的过程中的传统教育模式，打破长期的闭门制造和生产，并根据需求导向的指导思想，尽可能根据个性化需求，对教学计划、教学方法、教学内容、校园文化进行整合与调整，得到一个能够改善教育质量、为学生创造服务和实践机会的系统，最终培养出农村和农业产业所需的定制人才。

现代大学、研究机构和培训机构以服务学生与服务社会的理念为学生提供教育服务。学生对大学、研究机构和培训机构的培训满意度与自身学习热情呈正相

① 邓天丽，严佩升. 2018. 定向免费师范生培养计划发力教育精准扶贫[J]. 创造，(9)：76-77.

关的关系，这一点与当代教育领域主张的以人为本理念是完全相通的。因此，大学研究机构和培训机构的正确出发点是以学生的个人价值为根源，以“三农”事业的需求为导向，定制化培养可以划分为完全定制型、协作定制型、自适应定制型、标准化定制型四种类型的定制人才培训模式，这些模式是依据学生及高校、科研院所及培训机构参与定制的主动情况进行划分的。

（1）完全定制型：在这种模式中，大学、研究机构和培训机构必须完全按照学生的需要，进行人才培养目标设定和评估、学科安排、校园文化建设、课程设置、教师分配和实践。此种定制化的方法有利于学生能力的提升，而且给予了他们足够的自主权，培养学生的同时又满足其特定需求，是一种高度个性化的方法。

（2）协作定制型：在这种模式中，大学、研究机构和培训机构根据学生的价值要求和中心地位安排进行人员培训的目标设定和评估、校园文化建设、课程设置、教师分配、实践等，在服务学生的过程中充分发挥学生自身价值观的作用，主动挖掘学生内在价值需求，想办法满足此种需求，此种模式可以有效满足学生个性化需求，能够带给学生良好的培训资源。在此过程中，需要进行充分沟通，构建良好的交流互通机制。

（3）自适应定制型：在这种类型中，大学、研究机构和培训机构主动对学生的价值进行预测、分析、调查，然后基于调查结果制定相应的方案来培养人才，此种模式不一定能够彻底激发学生的自身价值，对学生个性化特征的重视程度也不高，甚至还会制约学生的创新能力。

（4）标准化定制型：此类模式的目的是用最少的培养成本来培训足够多的标准化人才，这样可以减轻大学、研究机构、培训机构的人才培养负担，缺点就是学生个性化需求未得到重视，可能会挫伤学生积极性。

对于农村科技人才培养来说，一方面各地方环境和条件会有较大差异，另一方面特殊的领域甚至交叉学科对人才素质的要求也非常精确。在合作定制模式下，大学、研究机构、培训机构可以充分调动学生的积极性，此时其对于学生的培训并非以盈利为目的，特别是针对农业这种复杂性、多样性、不确定性很高的领域，更需要从社会效益的角度来看待。高校、科研院所及培训机构应实现公平和效率的对立统一，用以人为本、因材施教的理念，利用合作定制模式可能是高校、科研院所及培训机构人才培养模式的最好选择。

三、培养农村基层农技人才

我国农业产业化水平较低，基层农业公共服务体系中还存在许多漏洞，农村急缺基层专业人才，也正是因为如此使得农业教育模式与农业生产矛盾横生，面向农民、农业、农村的一些先进理念也无法得到贯彻，一些涉农类院校本身都不重视农业发展，培养出来的人才也大都流向了政府、企业、城市。现行高等农业教育模式没有细分农科专业知识，理论性教育占比过重，学生胜任岗位的能力相对较低，难以真正适应农村发展工作，加上校外实习基地紧缺，学生无处积累实践经验，而且政府在资金投入方面的能力比较有限，只能在学校周围安排实习活动，实习的内容与时间都很紧凑，学生无法真正学习到有用的知识和技能，且学习的内容与行业发展关联性往往不强。

学生因为缺乏校外实习经验而欠缺服务“三农”的意识，难以实现向农村基层输送复合应用型农技人才的现实要求。培训目标的实现很大程度上都有赖于培训机制与培训体系的扶持，因此只有在一个高度开放、多元参与的体系中培养农村基层农技人才才能真正振兴乡村人才。在培养和改革农技人才的过程中，我们应该从以下两个方面来培养农村基层农技人才。

（1）注意发挥政策资金的作用，突破城乡壁垒，加速人才区域化流动。要鼓励人才到农村中发光发热，改变现有的户籍管理制度，使人才免受户籍限制，使得人才可以自由流动；还要打破就业壁垒，给予特殊优待，改变户籍与福利合一的规制，健全医疗保障制度，在就医方面给予返乡、下乡建设人才及其家属群体优惠待遇，加大财政投入，解决农业发展的资金问题，国家在构建相应资源供给机制的过程中应该向农业农村投放一定的资源资金。与此同时，还要积极推进城乡一体化和城乡共建工作，利用现有的资源来完成城市与乡村的建设，这样才能达成预期的利益目标。挖掘新的资金供给途径，健全农村金融体系，与金融机构建立合作关系，设置有利于农业发展的生态专项资金，通过宣传、推广的方式将补贴、优惠等金融措施落实到农户，利用现有资源挖掘资金供给渠道，体现资金供给渠道的多元性、层次性和全面性。

（2）利用乡土情怀来吸引外部人才，留住本土人才。具体而言，就是要关注人才本身的感受和当地情感，以各地自身的人文情怀和历史文化对优势特色资源进行开发，激发农村人才对乡土人情的留恋和依赖，积极宣传农村优秀文化与精神，加深人才对农村的情感，使之愿意长期留在农村开展建设工作，这样才能使得农村精英的智慧与专业技能、经验、服务能力得到最大程度的提升。视野开阔、技能娴熟、经验丰富、产业成熟、财富匀实是乡贤群体的一个共性，作为乡村人力资源的他们对于家乡建设起到了至关重要的作用，应以之为核心，鼓励更多精英人士回归乡村，振兴农村经济。

后　记

加速构建符合乡村振兴战略需求的农村科技创新体系，不仅能够为农业农村发展提供充足动力，同时能更好地保证乡村振兴的质量和成色。结合历史经验和农村发展的现实诉求来看，实施乡村振兴战略，根本出路在科技，要着力加强农村科技创新，尤其需要加快农业技术转移和成果转化，为农业转型升级提供强大支撑。当前，我国农村发展面临资源短缺和人才匮乏的现实难题，亟待寻找全新的发展要素和建设路径，这为充分发挥农村科技创新的价值作用提供了良好的机遇和平台。持续完善和优化农村科技创新体系，不断丰富和充实农村的科技创新服务，既能快速回应农村发展的各种科技需求、理顺农村科技创新工作，也可以及时调整改正现有发展工作的不足，寻找到一条行之有效、集约科学的发展道路。此外，将农村科技创新服务持续注入乡村振兴工作，也能深度挖掘农村现有发展资源的价值，帮助农村和农民获得更高的收益。

整体来说，构建农村科技创新体系是一项系统性工作，亟待获得多元主体参与及多种资源的持续投入。科学明确相关概念及梳理新中国成立以来的农村科技创新进程，有助于为下一步的体系建构工作提供更多经验借鉴。当前，我国初步构建的农村科技推广网络，已经基本将农村科技服务的节点延伸到了多数农村，能够成为支撑农村科技创新工作的基本架构。但我们也要清楚地看到，现有的科技推广网络仍旧存在较多致命性的缺陷，既表现为科技创新服务内容单一，科技工作的精准性不足，也表现为基层农村科技推广人才的工作状况不容乐观。为此，在科学构建农村科技创新体系的过程中，必须积极化解这些现实难题。为此，亟待借鉴科学管理手段对乡村振兴战略下的农村科技创新体系进行系统科学的部署安排。一方面，需要认准构建农村科技创新工作的突破口、解决方案、建构原则和行动方案，清晰选择出推进实际构建工作的重要指导方案；另一方面，要借助系统性制度设计和配套政策制定来刻画出具体有效的构建路径，以便为各级政府、村级组织、社会组织和农民主体共同构建农村科技创新体系提供更加务实的行动指导。

本书的写作和出版得到了多方面的支持和帮助，在此表示感谢。当然，本书的出版也离不开我的研究生的辛勤工作，他们承担了本书有关章节的专题研究、实地调研及部分内容的参编工作。参与相关专题研究和本书写作的有王文彬博士（西安建筑科技大学）、周丽娟博士（湖南农业大学）、王倩博士（中共北京市委党校）、李敏博士（安徽医科大学）及博士研究生钟钦崟、张婷、沈迁、胡植，硕士研究生胡文强、关欣、杨雨鸣、石铮、李莉、帅维、于周旭、任勇俊等。在写作过程中，编写人员参考了大量国内外的文献资料，依照学术惯例，列于章节内脚注中，在此我们向相关专家、学者一并表示衷心感谢，这些丰富的研究成果为本书出版提供了重要的学术参考和资料支持。

在全面实施乡村振兴战略的进程中，加速构建农村科技创新体系，为农业农村发展提供更加充足的科技创新支撑，将成为一项长期性的研究课题。与此同时，各级政府也需根据农业农村发展的新要求，不断调整农村科技创新体系，以便真正帮助农村发展插上科技的翅膀。囿于时间、研究能力及相关学术条件，本书先行尝试从公共管理角度对农村科技创新体系建构问题进行解读，更多的是做理论挖掘与整理，其中难免会出现疏漏，真诚期待各位学界同仁不吝赐教。